elefante

COLETIVO SYCORAX
CECILIA FARIAS
CECILIA ROSAS
JULIANA BITTENCOURT
LEILA GIOVANA IZIDORO
LIA URBINI
SHISLENI DE OLIVEIRA-MACEDO

CONSELHO EDITORIAL
BIANCA OLIVEIRA
JOÃO PERES
TADEU BREDA

SILVIA FEDERICI

—

O PONTO ZERO DA REVOLUÇÃO

—

TRABALHO DOMÉSTICO, REPRODUÇÃO E LUTA FEMINISTA

TRADUÇÃO COLETIVO SYCORAX

NOTA DAS TRADUTORAS 7
PREFÁCIO À EDIÇÃO BRASILEIRA 14
PREFÁCIO À EDIÇÃO ESTADUNIDENSE 16
INTRODUÇÃO 20

1

TEORIZANDO E POLITIZANDO O TRABALHO DOMÉSTICO

SALÁRIOS CONTRA O TRABALHO DOMÉSTICO (1975) 40 · POR QUE SEXUALIDADE É TRABALHO (1975) 55 · CONTRAPLANEJAMENTOS DA COZINHA (1975) 62 · A REESTRUTURAÇÃO DO TRABALHO DOMÉSTICO E DA REPRODUÇÃO NOS ESTADOS UNIDOS NOS ANOS 1970 (1980) 87 · COLOCANDO O FEMINISMO DE VOLTA NOS TRILHOS (1984) 114

3

REPRODUZINDO OS COMUNS

RUMO A PEQUIM: COMO A ONU COLONIZOU O MOVIMENTO FEMINISTA (2000) 238 · SOBRE O CUIDADO DOS IDOSOS E OS LIMITES DO MARXISMO (2009) 253 · MULHERES, LUTAS POR TERRA E GLOBALIZAÇÃO: UMA PERSPECTIVA INTERNACIONAL (2004) 277 · FEMINISMO E A POLÍTICA DO COMUM EM UMA ERA DE ACUMULAÇÃO PRIMITIVA (2010) 303 · SOBRE O TRABALHO AFETIVO (2011) 324

2
GLOBALIZAÇÃO E REPRODUÇÃO SOCIAL

REPRODUÇÃO E LUTA FEMINISTA NA NOVA DIVISÃO INTERNACIONAL DO TRABALHO (1999) 136 · GUERRA, GLOBALIZAÇÃO E REPRODUÇÃO (2000) 162 · MULHERES, GLOBALIZAÇÃO E O MOVIMENTO INTERNACIONAL DAS MULHERES (2001) 182 · A REPRODUÇÃO DA FORÇA DE TRABALHO NA ECONOMIA GLOBAL E A REVOLUÇÃO FEMINISTA INACABADA (2009) 194

AGRADECIMENTOS 354
SOBRE A AUTORA 358
IMAGENS 361
BIBLIOGRAFIA 362

Mulher senta-se tristemente à mesa enquanto seus filhos brincam no chão. Ilustração publicada pelo jornal alemão *Die Gartenlaube* no final do século XIX.

NOTA DAS TRADUTORAS

Quando se escolhe uma obra para ser traduzida, assume--se a tarefa de aproximar mundos. Nós, Sycorax, como coletivo feminista de tradução, preferimos dizer "aproximar", e não "transpor". Segundo o *Dicionário Caldas Aulete*, "transpor" pode ser entendido como ato de "passar de um meio de expressão para outro", mas também como "passar por sobre" ou "alterar a ordem de". Já "aproximar" pode significar "avizinhar-se", ou mesmo "fazer parecer mais próximo". Qualquer pessoa que tenha acompanhado os debates em torno da transposição do rio São Francisco, por exemplo, percebe a diferença nem tão sutil, técnica e socialmente falando, de se usar um termo ou outro.

Também caberia utilizar o mais poético "verter", que engloba "passar de uma língua para outra", "fazer transbordar", "manar, brotar, ter início em". Quando escolhemos traduzir *Calibã e a bruxa: mulheres, corpo e acumulação primitiva* – nosso primeiro trabalho com um texto de Silvia Federici –, passamos de uma frente de mulheres que atuaria na tarefa específica de trazer para o português um texto de que gostávamos a um coletivo feminista que se dedicou a transbordar para territórios de língua portuguesa e além-mar as ideias e os debates que o livro inspirava nos cursos de outros idiomas.

Com o indispensável aval e o suporte de Silvia Federici, e a companhia de mulheres do nosso contexto de luta, *Calibã e a bruxa* começou a circular pela internet – o PDF segue disponível gratuitamente em coletivosycorax.org. Com o apoio da Fundação Rosa Luxemburgo e da Editora Elefante, ele se tornou livro impresso e ganhou mais pernas. Esse impulso se somou à parceria de muitas mulheres interessadas. Isso tudo nos permitiu conhecer grupos de leitura e realizar encontros e oficinas sobre os grandes temas do livro: a "generificação" da opressão, a manipulação e o controle da história e dos saberes, as formas de controle do corpo e da sexualidade das mulheres de ontem e de hoje, entre outros. Pudemos nos unir a parteiras, funcionárias públicas, estudantes e professoras, militantes antirracistas, economistas, comunicadoras, artistas e trabalhadoras do sexo, atestando não apenas o sucesso da difusão do livro impresso, mas também uma necessidade de movimentação coletiva para a experiência com o texto. Nesse sentido, o percurso de traduzir para ampliar o debate — contra uma forma de tradução que assina embaixo ou que crava a bandeira dos direitos de propriedade sobre a tradução de uma obra, capitalizando o mercado editorial do feminismo de esquerda — é o que orientou e segue orientando nossos sabás.

Em meio à entusiasmante recepção e vibração de *Calibã e a bruxa*, e também a um ano especialmente duro em termos políticos — no qual os parcos direitos dos nossos "rebeldes coloniais" e das nossas "bruxas" foram rifados ao longo de um processo eleitoral sujo, viabilizado por uma mídia concentrada e vendida, em nome de uma institucionalidade "para burguês ver" —, vertemos para o português outro livro de Silvia Federici, *O ponto zero da revolução: trabalho doméstico, reprodução e luta feminista*, originalmente publicado em inglês, em 2012, com o título *Revolution at Point Zero: Housework, Reproduction, and Feminist Struggle*. A escolha por essa obra envolve algumas questões.

Em 2017, Silvia Federici nos concedeu uma entrevista que nos permitiu conhecer mais profundamente outros aspectos de sua atuação política por meio de fotografias, documentos e cartazes de seu arquivo pessoal, revelando seu lado mais *callejero*, com megafone nas ruas do

Brooklyn, dialogando com outras mulheres, algumas delas também imigrantes. Muito interessadas pela produção de textos de intervenção mais imediatos, e pela urgência de nosso contexto, escolhemos *O ponto zero da revolução* como livro a ser trabalhado.

Como a própria autora resume nos agradecimentos da edição em inglês, a obra trata da "transformação do nosso cotidiano e da criação de novas formas de solidariedade". Completamos: diante da transformação imposta ao cotidiano das mulheres e dos subalternizados, principalmente operada pelas novas condições do capitalismo global e pela atualização do patriarcado, *O ponto zero da revolução* mapeia e descreve a criação de novos cotidianos de resistência, existência e luta.

A coletânea converge na proposta de pensar de forma complexa e articulada o trabalho reprodutivo, a luta pelo comum e os paradigmas de um processo histórico contínuo de expropriação pelo capital paralelamente à formulação de resistências – como bem demarca a contracapa da edição espanhola:

> Três grupos são protagonistas deste livro: as mulheres, as camponesas e as comuneiras. Sobre as primeiras recai um vasto trabalho que, por ser imprescindível para a acumulação capitalista, é desvalorizado e naturalizado como "próprio das mulheres". As segundas sofrem com o roubo e a contaminação de sua terra por parte do neoliberalismo (muitas vezes na forma de guerras), com o objetivo de eliminar a agricultura de subsistência, fonte de autonomia social. O terceiro grupo é formado por todos que geram formas de cooperação não mercantilizadas, relações sociais baseadas na solidariedade e na corresponsabilidade. A análise dessas práticas de resistência é central para aspectos ainda pouco explorados na luta por um horizonte

pós-capitalista: a crítica prática dos salários tanto como [operadores de uma] forma de divisão social como [sendo a materialização do] reconhecimento de todos os trabalhos não assalariados que servem de suporte para a vida em comum.

Acreditamos no potencial de *O ponto zero da revolução* para ampliar nosso repertório com outras experiências, contextualizar e situar alguns debates, entendendo o próprio movimento feminista como um campo complexo de pensamentos e práticas que, como diria Silvia Federici, precisamos recolocar no trilho da sua história. Não em uma história única, mas nos múltiplos e necessários matizes para refletir sobre as formas de luta contra a exploração e as opressões do capitalismo. No que tange à experiência latino-americana e, em especial, à brasileira — e a julgar pelo enorme sucesso criado pelas falsas polêmicas e pelo pequeno espaço conquistado por uma leitura mais complexa, historicizada e dialética —, cabe registrar uma ressalva sobre as críticas da autora "à Esquerda", "a Marx", ao "marxismo" e ao "autonomismo".

Muitos dos maiores movimentos críticos ao capitalismo reivindicam o legado marxista ou o autonomista. E, seja nos países do centro, seja nos periféricos, não podemos negar a existência de linhas desenvolvimentistas, machistas e autoritárias nesses movimentos. Mas eles não se reduzem a essas linhas. E, mais do que nunca, nos parece necessário identificar o que já temos como tradição de luta anticapitalista associada ao feminismo, ao horizontalismo, ao ecossocialismo. Portanto, entendemos que uma crítica à Esquerda, com o "E" maiúsculo utilizado por Silvia Federici, deve ser compreendida como crítica a uma esquerda hegemonizante no contexto em que ela escreve. Uma crítica ao "marxismo" sem mais adjetivos é entendida por nós como sinônimo de crítica a essas linhas especificamente desenvolvimentistas, machistas e autoritárias.

Concluímos com uma observação em relação ao título do livro, conectada com essa concepção de crítica feminista às análises e experiências revolucionárias. Diferentemente de um "marco zero" como um local estabelecido muitas vezes por bandeirantes ou outras forças dominantes como centro, como base na qual se cria uma medição, entendemos que *O ponto zero da revolução* pode significar um momento (que contempla algo de incerteza, mas que precisa ser estabelecido como recurso reflexivo e estratégico) a partir do qual não se tolerará reflexão revolucionária que não abarque as considerações sobre o trabalho doméstico, a reprodução e a luta feminista.

No que se refere à tradução, à pesquisa e à revisão dos textos de *O ponto zero da revolução*, o Coletivo Sycorax (composto hoje por Cecília Rosas, Cecília Farias, Leila Giovana Izidoro, Juliana Bittencourt, Lia Urbini e Shisleni de Oliveira-Macedo) contou com a colaboração de Liana Rocha, Elisa Rosas, Monique Prada e Mariana Ruggieri. Agradecemos às companheiras que embarcaram conosco neste projeto.

A edição original continha doze artigos, abarcando a reflexão e a intervenção de Silvia Federici de meados dos anos 1970 até os dias de hoje. A edição espanhola, publicada pela editora Traficantes de Sueños em 2013, agregou o artigo "Sobre o trabalho afetivo" (2011). Mantivemos essa adição e acrescentamos, a pedido da autora, o texto "Rumo a Pequim: como a ONU colonizou o movimento feminista" (2000). Apenas um dos artigos da coletânea, "Feminismo e as políticas do comum", já havia sido traduzido anteriormente ao português por Luiza Mançano, publicado no livro *Feminismo, economia e política* (Sempreviva Organização Feminista,

2014) e replicado pela n-1 Edições em um livreto de 2017. Optamos por fazer nova tradução desse artigo pela metodologia de trabalho coletivo que desenvolvemos.

Assim como fizemos em *Calibã e a bruxa*, acrescentamos algumas notas, identificadas da seguinte maneira: a sigla [N.T.E.] se refere às notas da tradução espanhola, e [N.T.] às notas da tradução ao português. As notas sem tais identificações foram feitas pela própria autora, com exceção daquelas sinalizadas com [N.E.], feitas pelo editor. Na medida do possível, nos referimos às obras citadas por Silvia Federici em suas versões disponíveis na língua portuguesa: neste caso, indicamos tais obras ao fim de cada referência bibliográfica. As traduções das citações são nossas, exceto quando foi possível referenciar citações já reconhecidas, creditadas nas notas da tradução ao português.

Por fim, é importante dizer que as imagens publicadas nesta edição foram selecionadas pela Editora Elefante, e não existem nem na versão estadunidense nem na versão espanhola de *O ponto zero da revolução*.

A todas e todos que estiveram conosco nesse processo de trabalho, nosso muito obrigada, um #EleNão e o convite para seguirmos juntas, criando, identificando e potencializando os "sins" possíveis.

COLETIVO SYCORAX
VERÃO DE 2019

Mulheres trabalhando no campo em Roscommon, Irlanda. Ilustração da revista *The Illustrated London News*, volume LVI, publicada em 7 de maio de 1870.

PREFÁCIO À EDIÇÃO BRASILEIRA
DEDICADO A MARIELLE FRANCO

É adequado que *O ponto zero da revolução* seja publicado no Brasil em um momento em que está ameaçada a vida de todos os brasileiros que não se beneficiam da expansão brutal das relações capitalistas proposta por Jair Bolsonaro. Este livro, na verdade, é em grande parte uma reconstrução das políticas públicas e dos desenvolvimentos que, desde o final dos anos 1970, reestruturaram a economia global, abrindo caminho para a violência contra o povo e contra o mundo natural defendida por Bolsonaro.

De fato, a guerra declarada por Bolsonaro contra o povo brasileiro e a floresta amazônica é coerente com a velha determinação do capital em privar milhões de pessoas planeta afora de seus meios de reprodução, entregar suas terras, suas águas, suas florestas e seus bairros ao controle de corporações e eliminar quem resiste à desapropriação. Para milhões, então, no Brasil e além, o "ponto zero" é uma experiência cotidiana. Mas o que o livro argumenta é que o ponto zero é tanto um local de perda completa quanto um local de possibilidades, pois só quando todas as posses e ilusões foram perdidas é que somos levados a encontrar, inventar, lutar por novas formas de vida e reprodução.

Neste sentido, falar de "o ponto zero da revolução" é tanto o reconhecimento de realidades vivas quanto um chamado para uma política de reversão na qual as mulheres desempenham um papel especial como principais sujeitos da reprodução de sua comunidade. "Mulheres", aqui, é usada como uma palavra codificada, sem que se assuma uma extensão universal e sem a defesa de uma política de exclusão. Além de se referir a histórias de lutas específicas, o que a constitui é uma política centrada no reconhecimento da importância da reprodução tanto como garantia de sobrevivência quanto como possibilidade de resistência.

Para reforçar esse aspecto, a presente edição de *O ponto zero da revolução* inclui um novo artigo que distancia o feminismo que inspira esse livro do feminismo institucional/estatal promovido pelo capital internacional desde meados dos anos 1970, com a primeira Conferência Mundial da Mulher da Organização das Nações Unidas (ONU), realizada em 1975, no México. Intitulado "Rumo a Pequim: como a ONU colonizou o movimento feminista", o artigo explora os fatores que motivaram a tentativa de controle das Nações Unidas sobre a política feminista, e seu uso do feminismo para integrar mulheres mais efetivamente à organização global capitalista da exploração.

Um aspecto importante dessa "integração" foi a comercialização das atividades e das capacidades reprodutivas das mulheres e sua posterior subordinação à reprodução das relações capitalistas. Esse desenvolvimento particular é o tópico de outro artigo que este volume acrescenta à coleção original, concentrado na questão do "trabalho afetivo".

O ponto zero da revolução, assim, não é apenas possível, mas indispensável, se nosso objetivo for recuperar nossa relação com a natureza e com a riqueza que produzimos, nosso corpo, nosso desejo e nossa capacidade de solidariedade, e construir para nós mesmas e nossa comunidade uma "vida digna de ser vivida", como diz o *slogan* que hoje em dia é compartilhado por movimentos sociais em todo o planeta.

SILVIA FEDERICI
VERÃO DE 2019

PREFÁCIO À EDIÇÃO ESTADUNIDENSE

> A força determinante na história é a produção
> e a reprodução da vida imediata.
> — FRIEDRICH ENGELS

> Esta tarefa [...] de fazer do lar uma comunidade
> de resistência tem sido compartilhada
> por mulheres negras do mundo inteiro,
> especialmente por mulheres negras que vivem
> em sociedades de supremacia branca.
> — BELL HOOKS

Este livro reúne mais de trinta anos de reflexão e pesquisa sobre a natureza do trabalho doméstico, a reprodução social e a luta das mulheres neste terreno — para escapar dele, para melhorar suas condições, para reconstruí-lo de maneira a oferecer uma alternativa às relações capitalistas. Este é um livro que mistura política, história e teoria feminista, mas que também reflete a trajetória do meu ativismo político nos movimentos feminista e antiglobalização e a mudança gradual na minha relação com esse trabalho, da "recusa" à "valorização" do trabalho doméstico, que agora reconheço como expressivo de uma experiência coletiva.

Não há dúvida de que a recusa do trabalho doméstico como um destino natural das mulheres era um fenômeno muito difundido depois da Segunda Guerra Mundial entre mulheres da minha geração. Isso era particularmente verdade na Itália, onde nasci e cresci, um país que, nos anos 1950, apesar de ainda estar impregnado pela cultura patriarcal consolidada sob o fascismo, já vivia uma "crise de gênero", parcialmente causada pela guerra, mas também pelas necessidades da reindustrialização do pós-guerra.

A lição de independência que a minha e outras mães aprenderam durante a guerra, e que nos transmitiram, nos ofereceu a perspectiva de uma vida dedicada ao trabalho doméstico, à família e à reprodução, que era impraticável para a maioria das mulheres – e intolerável para algumas. Quando escrevi "Salários contra o trabalho doméstico" (1975), artigo que abre a primeira parte deste livro, expressei minha própria atitude com relação a esse trabalho. De fato, eu fiz tudo o que pude para escapar dele.

Olhando em retrospectiva, teria sido irônico pensar que eu passaria os quarenta anos seguintes da minha vida lidando com a questão do trabalho reprodutivo, se não na prática, pelo menos teórica e politicamente. No esforço de demonstrar por quê, como mulher, eu deveria lutar contra esse trabalho, pelo menos da maneira como ele se constituiu no capitalismo, consegui entender sua importância não apenas para a classe capitalista, mas também para nossa luta e nossa reprodução.

Graças ao meu envolvimento no movimento de mulheres, eu me dei conta de que a reprodução de seres humanos é o fundamento de todo sistema político e econômico, e que a imensa quantidade de trabalho doméstico remunerado e não remunerado, realizado por mulheres dentro de casa, é o que mantém o mundo em movimento. Contudo, essa percepção teórica cresceu no campo prático e emocional fornecido pela minha própria experiência familiar, que me expôs a um mundo de atividades que por muito tempo subestimei e que, no entanto, quando criança e adolescente, muitas vezes observei com grande fascínio. Ainda hoje, algumas das minhas mais estimadas memórias da infância são da minha mãe fazendo pão, massa, molho de tomate, tortas e licores, além de tricô, costura, consertos de roupas e sapatos, bordados, ou cuidando das plantas. Às vezes eu a ajudava em certas tarefas — na maior parte do tempo, porém, com relutância. Como criança, eu via o seu trabalho; mais tarde, como feminista, eu aprendi a enxergar a sua luta. Assim, eu me dei conta da quantidade de amor que havia naquele trabalho e, ainda, do quão custoso foi para a minha mãe vê-lo ser frequentemente subestimado, sem nunca ser capaz de dispor de algum dinheiro para si mesma e de sempre ter que depender do meu pai para cada centavo que ela gastava.

Através da minha experiência em casa — pela relação com os meus pais —, eu também descobri o que eu chamo agora de "duplo caráter" do trabalho reprodutivo; passei a encará-lo como o trabalho que nos reproduz e nos "valoriza", não apenas tendo em vista nossa integração no mercado de trabalho, mas também contra isso. Eu certamente não posso comparar minhas experiências e memórias de casa com um relato como o de bell hooks, que registra o lar como um "lugar de resistência".[1] Todavia, a necessidade de não medir nossa vida pelas demandas e valores do mercado de trabalho capitalista era sempre tido, e às vezes abertamente afirmado, como o princípio que deveria guiar a reprodução da nossa vida. Ainda hoje, tudo o que minha mãe fez para desenvolver em nós o senso do nosso próprio valor me dá forças para encarar situações difíceis. O que geralmente me salva quando eu não posso me proteger é o meu compromisso em proteger seu trabalho e a mim mesma como a

---

1 bell hooks, "Constituir o lar: um espaço de resistência", em *Anseios: raça, gênero e políticas culturais* (Elefante, 2019).

criança a quem ele era dedicado. Não há dúvida de que o trabalho reprodutivo não é a única forma de trabalho que coloca em questão o que nós damos ao capital e "o que damos aos nossos".[2] Contudo, certamente é esse o trabalho no qual as contradições inerentes ao "trabalho alienado" são mais explosivas, e é por isso que este é o *estágio zero* (*ground zero*) para a prática revolucionária — mesmo que não seja o único *estágio zero*.[3] Nada sufoca tão efetivamente nossa vida quanto a transformação em trabalho das atividades e das relações que satisfazem nossos desejos. Do mesmo modo, é pelas atividades do dia a dia, através das quais produzimos nossa existência, que podemos desenvolver a nossa capacidade de cooperação, e não só resistir à nossa desumanização, mas aprender a reconstruir o mundo como um espaço de educação, criatividade e cuidado.

SILVIA FEDERICI
VERÃO DE 2011

2 bell hooks, *op. cit.*
3 Donna J. Haraway. *Simians, Cyborgs e Women: The Reinvention of Nature* [Símios, ciborgues e mulheres: a reinvenção da natureza]. Londres: Routledge, 1990, pp. 181-2. "As feministas afirmaram recentemente que as mulheres são dadas ao dia a dia, que as mulheres, mais do que os homens, sustentam de alguma forma a vida e, portanto, têm uma posição epistemológica potencialmente privilegiada. Existe um aspecto convincente nessa afirmação, que torna visível a atividade feminina não valorizada e a denomina como o fundamento [*ground*] da vida. Mas, o fundamento da vida?" (*ibidem*, pp. 180-1).

INTRODUÇÃO

Eu hesitei por algum tempo em publicar um volume de ensaios voltado exclusivamente para a questão da "reprodução", já que me parecia artificialmente abstrato separá-la dos variados temas e lutas aos quais tenho dedicado meu trabalho ao longo de tantos anos. Há, no entanto, uma lógica por trás do conjunto de textos nesta coletânea: a questão da reprodução, compreendida como o complexo de atividades e relações por meio das quais nossa vida e nosso trabalho são reconstituídos diariamente, tem sido o fio condutor dos meus escritos e ativismo político.

A confrontação com o "trabalho reprodutivo" — entendido, primeiramente, como trabalho doméstico — foi o fator determinante para muitas mulheres da minha geração, que cresceram após a Segunda Guerra. Depois de dois conflitos mundiais que, no intervalo de três décadas, dizimaram mais de setenta milhões de pessoas, os atrativos da domesticidade e a perspectiva de nos sacrificarmos para produzir mais trabalhadores e soldados para o Estado não faziam mais parte do nosso imaginário. Na verdade, mais do que a experiência de autoconfiança concedida pela guerra a muitas mulheres — simbolizada nos Estados Unidos pela imagem icônica de Rosie the Riveter [Rosie, a rebitadeira][4] —, o que moldou nossa relação com

---

4 Rosie, a rebitadeira é um ícone cultural que representa as mulheres estadunidenses que, durante a Segunda Guerra Mundial, trabalharam em estaleiros e fábricas, produzindo armas, munições e suprimentos, em substituição aos homens que haviam partido para a batalha. A partir dos anos 1980, Rosie passou a ser identificada com a imagem do cartaz *We Can Do It!* [Nós podemos fazer isso!], embora na época de sua criação, em 1942, o cartaz nada tivesse a ver com os sentidos atuais de empoderamento feminino. [N.E.]

a reprodução no pós-guerra, sobretudo na Europa, foi a memória da carnificina na qual nascemos. Esse capítulo da história do movimento feminista internacional ainda precisa ser escrito.[5] No entanto, ao me recordar das visitas que fiz com a escola, ainda criança na Itália, às exposições nos campos de concentração, ou das conversas à mesa de jantar sobre a quantidade de vezes que escapamos de morrer bombardeados, correndo no meio da noite à procura de abrigo sob um céu em chamas, não posso deixar de me questionar sobre o quanto essas experiências pesaram para que eu e outras mulheres decidíssemos não ter filhos nem nos tornar donas de casa.

Essa perspectiva antiguerra talvez tenha sido a razão pela qual não pudéssemos adotar uma atitude reformista com relação à casa, à família e ao trabalho doméstico, diferentemente das críticas feministas feitas em um momento anterior. Ao examinar a literatura feminista do início da década de 1970, fico impressionada com a ausência de temas que preocupavam as feministas dos anos 1920, época em que reimaginar a casa em termos de tarefas domésticas, tecnologia e organização espacial

---

5 Um primeiro passo para a escrita dessa história encontra-se no artigo de Leopoldina Fortunati, "La famiglia: verso la ricostruzione" [A família: em direção à reconstrução], que analisa as principais transformações operadas pela guerra na organização da família italiana e europeia, a começar pelo aumento da autonomia das mulheres e a rejeição da disciplina familiar e da dependência dos homens. Fortunati descreve a Segunda Guerra Mundial como um ataque massivo à classe operária e uma grave destruição da força de trabalho. Assim, afirma que o conflito "rasgou o tecido de reprodução da classe trabalhadora, minando de uma maneira irreparável qualquer benefício que as mulheres alcançavam se sacrificando pelo interesse da família. Dessa maneira, o modelo de família pré-guerra permaneceu enterrado sob os escombros." Em Mariarosa Dalla Costa & Leopoldina Fortunati, *Brutto Ciao: direzioni di marcia delle donne negli ultimi trent'anni* [Má saudação: direções da marcha das mulheres nos últimos trinta anos]. Roma: Edizioni delle donne, 1976, p. 82.

era a principal questão para a teoria e a prática feministas.[6] Pela primeira vez o feminismo pressupunha a falta de identificação com a reprodução, não apenas quando realizada para outras partes, mas também quando imaginada para nossa família e nossos parentes. Isso talvez possa ser atribuído ao fato de a guerra representar um divisor de águas para as mulheres, especialmente porque essa ameaça nunca chegou ao fim — pelo contrário, com o desenvolvimento das armas nucleares, só aumentou.

Ao mesmo tempo que a questão do trabalho doméstico era crucial para as políticas feministas, ela também tinha um significado especial para a organização que passei a integrar em 1972 e da qual participei ativamente durante os cinco anos seguintes: a International Wages for Housework Campaign [Campanha internacional salários para o trabalho doméstico]. A Wages for Housework (WfH) era bastante singular, pois reunia correntes políticas originárias de diferentes partes do mundo e de diversos setores do proletariado mundial, cada uma enraizada em uma história particular de lutas e buscando um terreno comum, fornecido e transformado pelo nosso feminismo. Enquanto a maioria das feministas encontrava suas referências na política liberal, anarquista ou socialista, as mulheres que lançaram a WfH vinham de uma história de militância em organizações que se identificavam como marxistas, com o filtro de experiências dos movimentos anticolonialistas, de direitos civis, do movimento estudantil e do operaísmo. Este último desenvolveu-se na Itália, no início da década de 1960, como resultado do ressur-

---

6 Sobre este tema, ver Dolores Hayden, *The Grand Domestic Revolution: A History of Feminist Designs for American Homes* [A grande revolução doméstica: uma história dos designs feministas para os lares americanos]. Cambridge: MIT Press, 1985.

gimento das lutas nas fábricas, o que levou a uma crítica radical ao "comunismo" e a uma releitura de Karl Marx que influenciaram toda uma geração de ativistas — esse movimento ainda conserva seu poder analítico diante do interesse mundial pelo movimento autonomista italiano.[7]

Foi *através* das categorias articuladas por esses movimentos, e também *contra* elas, que nossa análise da "questão das mulheres" se transformou em uma análise do trabalho doméstico como fator crucial na definição da exploração das mulheres no capitalismo, tema que atravessa a maioria dos artigos desta obra. Como explicam bem os trabalhos de Samir Amin, Andre Gunder Frank e Frantz Fanon, o movimento anticolonialista nos ensinou a ampliar a análise marxiana do trabalho não remunerado para além dos limites da fábrica e, assim, compreender que a casa e o trabalho doméstico não são estranhos ao sistema fabril, mas sim a sua base. A partir daí, também aprendemos a buscar os protagonistas da luta de classes não apenas entre o proletariado industrial masculino, mas sobretudo entre os escravizados, os colonizados e a massa de trabalhadores não remunerados marginalizada pelos anais da tradição comunista, à qual agora podemos acrescentar a figura da dona de casa proletária, reconceitualizada como sujeito da (re)produção da força de trabalho.

O contexto político e social em que o movimento feminista se desenvolveu facilitou essa identificação. Desde o século XIX, pelo menos, tem sido uma constante na história estadunidense que a ascensão do ativismo feminista siga os passos da ascensão da libertação negra. O movimento feminista na segunda metade do século XX

---

7 Para uma discussão sobre o operaísmo italiano e o movimento autonomista como derivação do primeiro, ver Harry Cleaver, "Introduction", em *Reading Capital Politically* [Lendo *O Capital* politicamente]. Edimburgo: AK Press, 2000.

não foi uma exceção. Há muito tempo acredito que a primeira manifestação do feminismo na década de 1960, nos Estados Unidos, foi a luta das mães por auxílios sociais. Lideradas por afro-americanas inspiradas no movimento dos direitos civis, essas mulheres se mobilizaram a fim de reivindicar do Estado um salário pelo trabalho de educar seus próprios filhos, estabelecendo as bases sobre as quais cresceram organizações como a Wages for Housework.

Com o operaísmo, que enfatizava a centralidade das lutas dos trabalhadores por autonomia na relação capital-trabalho, aprendemos a importância política do salário como um modo de organização da sociedade e, ao mesmo tempo, como uma alavanca que enfraquece as hierarquias estabelecidas dentro da classe trabalhadora. Na Itália, essa lição política se concretizou nas lutas operárias do Autunno Caldo [Outono quente] de 1969, quando os trabalhadores reivindicaram a igualdade de salários para todos, juntamente com aumentos inversamente proporcionais à produtividade, significando uma determinação em buscar não ganhos setoriais, mas o fim de divisões baseadas nas diferenças salariais.[8] Sob meu ponto de vista, essa concepção do salário — que rejeitava a separação leninista entre as lutas econômica e política — tornou-se um meio para desenterrar as raízes materiais da divisão sexual e internacional do trabalho, e, em meus trabalhos posteriores, o "segredo da acumulação primitiva".

Igualmente importante para o desenvolvimento da nossa perspectiva foi o conceito operaísta de "fábrica social". Isso se traduziu na teoria de Mario Tronti em

---

8 Ver Karl Marx, "Wages of Labour", em *Economic and Philosophic Manuscripts of 1844*. Moscou: Progress Publishers, 1974. [Ed. bras.: "Caderno I — |I| Salário", em *Manuscritos econômico-filosóficos*. São Paulo: Boitempo, 2004.]

Operai e Capitale [Trabalhadores e capital] (1966), segundo a qual, a partir de uma certa fase de desenvolvimento capitalista, as relações capitalistas tornam-se tão hegemônicas que toda relação social é subsumida pelo capital e a distinção entre sociedade e fábrica entra em colapso, e então a sociedade converte-se em fábrica e as relações sociais *tornam-se diretamente relações de produção.* Tronti se referia à crescente reorganização do "território" como um espaço social estruturado em função das necessidades da produção fabril e da acumulação de capital. Entretanto, para nós, logo ficou claro que o circuito da produção capitalista e a "fábrica social" produzida por ele começavam e estavam centrados, acima de tudo, na cozinha, no quarto, na casa (na medida em que esses eram os centros de produção da força de trabalho), e a partir daí mudaram-se para a fábrica, passando pela escola, pelo escritório, pelo laboratório. Em suma, nós não aceitamos passivamente as lições dos movimentos já mencionados, mas as viramos de cabeça para baixo, expusemos seus limites e usamos seus tijolos teóricos para construir um novo tipo de subjetividade e estratégia políticas.

A definição dessa perspectiva política e a defesa das acusações contra ela, tanto por esquerdistas quanto por feministas, conectam os textos que compõem a primeira parte deste livro, escritos entre 1974 e 1980, período de meu engajamento organizacional na Wages for Housework Campaign. A principal preocupação era demonstrar as diferenças fundamentais entre tarefas domésticas e outros tipos de trabalho; desmascarar o processo de naturalização que esse trabalho sofreu por causa de sua condição não remunerada; apresentar a natureza e a função especificamente capitalistas do salário; e demonstrar que historicamente a questão da "produtividade" sempre esteve relacionada à luta pelo poder social.

Esses ensaios tentam sobretudo estabelecer como os atributos da feminilidade são na realidade *funções de trabalho,* e refutar a maneira economicista pela qual a demanda por salários para o trabalho doméstico foi concebida por muitos críticos, devido à sua incapacidade de entender a finalidade do dinheiro além do seu caráter imediato como uma forma de remuneração.

A campanha por salários para o trabalho doméstico teve início no verão de 1972, na cidade italiana de Pádua, com a formação do International Feminist Collective [Coletivo feminista internacional], composto por mulheres da Itália, da Inglaterra, da França e dos Estados Unidos. O objetivo era provocar um processo de mobilização feminista internacional que forçaria o Estado a reconhecer o trabalho doméstico como um trabalho — ou seja, uma atividade que deve ser remunerada, pois contribui para a produção da força de trabalho e produz capital, favorecendo a realização de qualquer outra forma de produção. A WfH apresentava uma perspectiva revolucionária não só por expor as causas profundas da "opressão das mulheres" na sociedade capitalista, como também os principais mecanismos utilizados pelo capitalismo para perpetuar seu poder e manter a classe trabalhadora dividida. São eles a desvalorização de campos inteiros da atividade humana, a começar por aqueles que asseguram a reprodução da vida humana, e a capacidade de usar o salário para extrair o trabalho de uma grande parte da população de trabalhadores que parece estar fora da relação salarial: escravos, colonizados, prisioneiros, donas de casa e estudantes. Em outras palavras, a WfH era revolucionária para nós porque reconhecíamos que o capitalismo precisa de trabalho reprodutivo não remunerado a fim de conter o custo da força de trabalho, e acreditávamos que uma campanha de sucesso, que drenasse a fonte desse trabalho não remunerado, quebraria o processo de acumulação de capital e confrontaria capital e Estado em um terreno comum à maioria das mulheres. Finalmente, também víamos a WfH como revolucionária porque ela colocou um fim à naturalização do trabalho doméstico, desconstruindo o mito de que se trata de "trabalho feminino", e porque, em vez de batalhar por mais trabalho, exigíamos que as mulheres fossem pagas pelo trabalho que já exerciam. Devo salientar ainda que lutávamos por salários *para o trabalho doméstico*, não para donas de casa, pois estávamos convencidas de que essa demanda percorreria um longo caminho até que esse trabalho fosse "degenerificado". Além disso, reivindicamos que esses salários fossem pagos não pelos maridos, mas pelo Estado, como representante do capital coletivo — o verdadeiro "Homem" que se beneficia do trabalho doméstico.

Atualmente, sobretudo entre mulheres mais jovens, essa problemática pode parecer ultrapassada, porque elas têm uma possibilidade maior de escapar desse trabalho quando são mais novas. Inclusive, em comparação com a minha geração, as jovens mulheres de hoje têm maior autonomia e independência com relação aos homens. No entanto, o trabalho doméstico não desapareceu, e sua desvalorização — financeira e de outros tipos — continua a ser um problema para muitas de nós, seja ele remunerado ou não. Ademais, depois de quatro décadas com mulheres trabalhando fora de casa em regime de tempo integral, não se pode sustentar o pressuposto das feministas da década de 1970 de que o trabalho assalariado seria um caminho para a "libertação". Isso explica a melhor aceitação dos argumentos da WfH nos dias atuais, pelo menos no plano teórico. O trabalho de militantes e/ou pesquisadoras feministas, como Ariel Salleh, na Austrália, e Maria Mies, na Alemanha, teve um papel decisivo para essa aceitação, pois alçou a análise do trabalho reprodutivo a um novo patamar, a partir de uma perspectiva ecofeminista e do ponto de vista das mulheres nas "colônias".[9] Como consequência, temos visto de fato acadêmicas feministas utilizarem alguns dos argumentos clássicos da WfH como se fossem pensados por elas. Entretanto, em 1970, poucas posições políticas provocaram uma oposição tão veemente.

No final dos anos 1970, duas décadas de lutas internacionais que abalaram as bases do processo de acumulação capitalista chegaram ao fim, colocadas na defensiva pela engenharia de uma crise mundial ainda em curso. Começando com o embargo do petróleo de 1974, um longo período de experimentação capitalista na "decomposição" de classe foi iniciado sob o pretexto do "Consenso de Washington", do neoliberalismo e da "globalização". Do "crescimento zero" (em 1974 e 1975) à crise da dívida e, em seguida, à deslocalização industrial e aos ajustes estruturais impostos às regiões do antigo mundo colonial, um novo modelo foi forçado a existir, mudando radicalmente as relações de poder entre os trabalhadores e o capital em todo o planeta.

Eu analiso alguns dos efeitos dessa mudança na reprodução da força de trabalho nos artigos da segunda parte deste livro, bem como nas minhas contribuições no coletivo Midnight Notes [Notas da meia-noite], em especial na edição intitulada "The New Enclosures" [Os novos cercamentos]. Aqui, gostaria de acrescentar ainda que as

---

9 Ver Ariel Salleh, *Ecofeminism as Politics: Nature, Marx, and the Postmodern* [Ecofeminismo como política: natureza, Marx e o pós-moderno]. Londres: Zed Books, 1997; e Maria Mies, *Patriarchy and Accumulation on a World Scale: Women in the International Division of Labour* [Patriarcado e acumulação em escala mundial: mulheres na divisão internacional do trabalho]. Londres: Zed Books, 1986.

análises inicialmente desenvolvidas na WfH e, mais tarde, no Midnight Notes me ajudaram a compreender que estava em curso não uma reconversão industrial, mas uma reestruturação das relações de classe, começando pelo processo de reprodução social.[10] Minha compreensão sobre a nova ordem mundial foi facilitada por dois acontecimentos que marcaram profundamente minha prática teórica e política. Primeiramente, quando decidi estudar no final dos anos 1970 a história das mulheres na transição para o capitalismo, que culminou na publicação de *Il Grande Calibano* [O grande Calibã] (1984), escrito em coautoria com Leopoldina Fortunati, e, mais tarde, de *Calibã e a bruxa: mulheres, corpo e acumulação primitiva*, publicado originalmente em 2004.

Em segundo lugar, o trabalho como professora contratada pela Universidade de Port Harcourt, na Nigéria, em meados da década de 1980, deu-me a oportunidade de conhecer as consequências sociais devastadoras dos programas de austeridade impostos pelo Banco Mundial e pelo Fundo Monetário Internacional (FMI) aos "países devedores" em troca de novos empréstimos.

A pesquisa histórica aprofundou minha compreensão não apenas sobre as "mulheres no capitalismo", mas sobre o capitalismo em si. Isso me permitiu traçar uma conexão entre os processos ativados pelo "ajuste estrutural" (como uma peça central da nova economia global emergente) e aqueles que descrevo em *Calibã e a bruxa*

---

10 Ver "The New Enclosures" [Os novos cercamentos], em *Midnight Notes*, n. 10, outono de 1990; George Caffentzis, "The Work/Energy Crisis and the Apocalypse" [A crise de energia/trabalho e o apocalipse], em *Midnight Notes*, n. 3, 1981; Midnight Notes Collective (org.), *Midnight Oil: Work, Energy, War (1973-1992)* [Óleo da meia-noite: trabalho, energia, guerra (1973-1992)]. Nova York: Autonomedia, 1992.

como o "verdadeiro segredo" da "acumulação primitiva" — a começar pela guerra que o capitalismo empreendeu contra as mulheres ao longo de três séculos de caça às bruxas. Ao reexaminar a ascensão do capitalismo, também expandi meu conceito de reprodução do trabalho doméstico à agricultura de subsistência, "abrindo a porta" (como enunciou Mariarosa Dalla Costa em um recente ensaio) da cozinha ao jardim e à terra.[11] Essa nova maneira de abordar o trabalho reprodutivo foi, da mesma maneira, provocada pela situação na Nigéria. Em um contexto em que, apesar do impacto destrutivo da produção de petróleo, o acesso à terra continuava a representar uma condição vital para a reprodução da vida cotidiana, e a maior parte dos alimentos consumidos no país vinha da agricultura de subsistência realizada sobretudo por mulheres, o conceito de "trabalho doméstico" deveria obrigatoriamente assumir um significado mais amplo.

Os artigos reunidos na segunda parte deste livro refletem essa tomada de consciência e o alargamento do meu campo de análise, que logo se traduziram em novas práticas políticas. A estadia na Nigéria foi determinante para meu engajamento no movimento antiglobalização que já se formava na África desde o início da década de 1980, com a ascensão dos movimentos feministas, tal como Women in Nigeria [Mulheres na Nigéria] e outros movimentos contra o ajuste estrutural. Como um todo, esses ensaios são uma tentativa de entender a arquitetura da nova ordem econômica mundial e de combater os impulsos reformistas presentes nesse fenômeno, que se torna ainda mais forte quan-

---

11 Mariarosa Dalla Costa, "Mariarosa Dalla Costa", em Guido Borio, Francesca Pozzi & Gigi Roggero (orgs.), *Gli Operaisti: autobiografie di cattivi maestri* [Os operaístas: autobiografia de maus professores]. Roma: Derive & Approdi, 2005, pp. 121-2.

do alcança o mundo "desenvolvido". Contrariamente aos que viram nesse movimento uma vocação para reformar, humanizar e "generificar" o Banco Mundial e o FMI, esses textos tratam essas instituições como instrumentos de um novo processo de recolonização e de um ataque capitalista mundial ao poder dos trabalhadores. Em particular, eles examinam a relação entre os grandes movimentos migratórios desencadeados pelos programas de ajuste estrutural no início dos anos 1990 e o que Arlie Hochschild definiu como "globalização do cuidado". Eles também investigam a conexão entre a guerra e a destruição da agricultura de subsistência e, ainda mais importante, as motivações por trás dessa nova guerra econômica mundial contra as mulheres.

A crítica à institucionalização do feminismo e à redução da política feminista aos instrumentos da agenda neoliberal da Organização das Nações Unidas também são temas tratados nos ensaios da segunda parte deste livro. Para algumas de nós, que há anos defendem que a autonomia feminista não se resume apenas à independência em relação aos homens, mas também ao Estado e ao capital, a perda progressiva de iniciativa do movimento feminista e sua inserção sob as asas da ONU foram uma derrota, sobretudo no momento em que essa instituição mobilizava recursos militares e econômicos para legitimar novas guerras. Retrospectivamente, a crítica parece bem colocada. Quatro conferências mundiais sobre mulheres e uma década dedicada aos direitos das mulheres não produziram qualquer melhoria na vida da maioria das mulheres, nem uma crítica ou mobilização feminista séria contra o domínio corporativista das riquezas do planeta e da própria ONU. Pelo contrário, essas celebrações de "empoderamento feminino" têm andado de mãos dadas com a sanção de políticas sangrentas que custaram a vida de milhões, expropriaram terras e águas costeiras, onde foi despejado lixo tóxico, e transformaram populações inteiras em refugiadas.

Inevitavelmente, tal ataque histórico contra a vida de pessoas, eternizado pelas políticas de "crise permanente", levou muitos de nós a repensar nossas estratégias e perspectivas políticas. No meu caso, isso me impeliu a reconsiderar a questão do "salário para o trabalho doméstico" e a investigar o significado do apelo crescente de diferentes grupos internacionais radicais do mundo inteiro para a produção de "comuns".

O movimento WfH identificou a "trabalhadora doméstica" como o sujeito social crucial na premissa de que a exploração do seu trabalho não remunerado e as relações desiguais de poder construídas sobre a sua condição de não remuneração foram os pilares para a organização capitalista de produção. No entanto, o retorno da "acumulação primitiva" em escala global, a começar pela enorme expansão do mercado de trabalho mundial, fruto de incontáveis formas de expropriação, não me permite mais escrever, como fiz no início dos anos 1970, que a WfH é a estratégia não apenas do movimento feminista, mas da "classe trabalhadora como um todo". A realidade de populações inteiras praticamente desmonetizadas pelas desvalorações drásticas, além da proliferação de esquemas de privatização de terras e da comercialização de todos os recursos naturais, coloca urgentemente a questão da recuperação dos meios de produção e da criação de novas formas de cooperação social. Esses objetivos não devem ser, todavia, concebidos como alternativas às lutas pelo "salário" e em torno dele. A luta das trabalhadoras domésticas imigrantes pelo reconhecimento institucional do "trabalho do cuidado", por exemplo, é muito importante do ponto de vista estratégico, porque a desvalorização do trabalho reprodutivo tem sido um dos pilares da acumulação de capital e da exploração capitalista do trabalho das mulheres. Obrigar o Estado a pagar um "salário social" ou uma "renda garantida", a fim de assegurar a nossa reprodução, continua a ser um objetivo político essencial, posto que o Estado tem mantido como refém grande parte das riquezas que produzimos.

A criação dos comuns[12] deve ser considerada, então, como um complemento e um pressuposto da luta pelo salário, em um contexto em que o emprego se precariza, os rendimentos monetários sofrem constantes manipulações e a flexibilização, a gentrificação e a migração destroem as formas de sociabilidade que antes caracterizavam a vida proletária. De maneira clara, como argumento na terceira parte, reapropriar-se das terras, defender as florestas dos madeireiros e criar hortas urbanas é apenas o começo. O mais importante, como destacaram Massimo De Angelis e Peter Linebaugh em suas obras e atividades políticas, é gerar práticas de *commoning*,[13] começando por novas formas coletivas de reprodução, confrontando as divisões que foram incutidas entre nós por meio das distinções de raça, gênero, idade e localização geográfica. Esse é um dos assuntos que mais me interessaram nos últimos anos e ao qual pretendo dedicar uma boa parte

---

12 A expressão "comuns" deriva do termo em inglês *commons* e se refere ao que é "tido em comum", quase sempre com uma conotação espacial, mas não só: a internet é considerada por muitos teóricos como um comum, por exemplo. Os comuns trazem uma ética e uma prática em contraposição ao modelo capitalista neoliberal, defendendo maior cooperação, interdependência e autogoverno pelos cidadãos, com posse e uso coletivo. [N.E.]
13 O conceito de *commoning* pode ser entendido como atividades em torno do uso dos comuns e das relações sociais e jurídicas relacionadas ao uso dos comuns, remetendo à ideia de "fazer em comum", de atuar coletivamente para o desenvolvimento dos comuns. [N.E.]

do meu futuro trabalho,[14] tanto por causa da atual crise de reprodução — que compreende a destruição de uma geração inteira de jovens, sobretudo de pessoas não brancas, agora apodrecendo em nossas prisões — quanto em razão do reconhecimento crescente, de parte dos ativistas nos Estados Unidos, de que um movimento não consegue se sustentar se não aprender a se reproduzir.[15] Em Nova York, essa conscientização inspira há alguns anos um debate sobre a "autorreprodução dos movimentos" e as "comunidades de cuidado" junto ao desenvolvimento de uma variedade de estruturas de base comunitária. Expandir a noção dos comuns e dar-lhe um significado político mais amplo também moldou o horizonte do movimento Occupy, da Primavera Árabe e das muitas e contínuas lutas contra a austeridade desencadeadas no mundo todo. O poder de transformação dos movimentos de contestação resulta da capacidade que eles possuem de se apropriar de espaços controlados pelo Estado e pelo mercado para transformá-los de novo em terras comuns.

---

14 Em novembro de 2018, Silvia Federici publicou pela PM Press o livro *Re-enchanting the World: Feminism and the Politics of the Commons* [Reencantando o mundo: feminismo e a política dos comuns], que será traduzido pelo Coletivo Sycorax e publicado pela Elefante em 2020. [N.E.]

15 Sobre esta questão, ver Team Colors, "The Importance of Support: Building Foundations, Creating Community Sustaining Movements" [A importância do apoio: construindo fundações, criando movimentos de sustentação da comunidade], em *Rolling Thunder*, n. 6, pp. 29-39, outono de 2008.

Mulheres fazendo tarefas domésticas em uma casa inglesa do século XVIII.

PARTE 1

—

TEORIZANDO E POLITIZANDO O TRABALHO DOMÉSTICO

SALÁRIOS CONTRA O TRABALHO DOMÉSTICO (1975) 40 · POR QUE
SEXUALIDADE É TRABALHO (1975) 55 · CONTRAPLANEJAMENTOS DA
COZINHA (1975) 62 · A REESTRUTURAÇÃO DO TRABALHO DOMÉSTICO
E DA REPRODUÇÃO NOS ESTADOS UNIDOS NOS ANOS 1970 (1980) 87 ·
COLOCANDO O FEMINISMO DE VOLTA NOS TRILHOS (1984) 114

A COMUNIDADE É ESSENCIAL-
MENTE O LUGAR DAS MULHERES,
NO SENTIDO DE QUE É ALI QUE
ELAS APARECEM E REALIZAM
SEU TRABALHO DIRETAMENTE.
MAS A FÁBRICA É IGUALMENTE
O LUGAR ONDE É INCORPORADO
O TRABALHO DAS MULHERES
QUE NÃO APARECEM ALI E QUE
TRANSFERIRAM SEU TRABALHO
AOS HOMENS QUE LÁ ESTÃO.
SIMILARMENTE, A ESCOLA TAMBÉM
INCORPORA O TRABALHO DAS
MULHERES QUE NÃO APARECEM
ALI, MAS QUE TRANSFERIRAM O
SEU TRABALHO AOS ALUNOS QUE
RETORNAM TODAS AS MANHÃS
ALIMENTADOS, BEM CUIDADOS E
COM A ROUPA PASSADA PELA MÃE.

— MARIAROSA DALLA COSTA, "COMMUNITY,
FACTORY AND SCHOOL FROM THE WOMAN'S
VIEWPOINT" [COMUNIDADE, FÁBRICA E ESCOLA
NA PERSPECTIVA DA MULHER] (1972)

SE O GOVERNO FOSSE INTELIGENTE, CHAMARIA O AID TO FAMILIES WITH DEPENDENT CHILDREN [AUXÍLIO PARA FAMÍLIAS COM CRIANÇAS DEPENDENTES] DE "CRECHE DIÁRIA E NOTURNA", CRIARIA UMA NOVA AGÊNCIA, NOS PAGARIA UM SALÁRIO DECENTE PELO SERVIÇO QUE ESTAMOS FAZENDO E DIRIA QUE A CRISE DA ASSISTÊNCIA SOCIAL FOI RESOLVIDA, PORQUE AS MÃES BENEFICIÁRIAS DOS PROGRAMAS DE ASSISTÊNCIA SOCIAL FORAM TRABALHAR.

— MILWAUKEE COUNTY WELFARE RIGHTS ORGANIZATION [ORGANIZAÇÃO POR DIREITOS DE ASSISTÊNCIA SOCIAL DO CONDADO DE MILWAUKEE], *WELFARE MOTHERS SPEAK OUT!* [MÃES DA ASSISTÊNCIA SOCIAL ERGUEM A VOZ] (1972)

SALÁRIOS CONTRA O TRABALHO DOMÉSTICO (1975)

Eles dizem que é amor.
Nós dizemos que é trabalho não remunerado.
Eles chamam de frigidez.
Nós chamamos de absenteísmo.
Todo aborto é um acidente de trabalho.
Tanto a homossexualidade quanto a
heterossexualidade são condições de
trabalho... Mas a homossexualidade
é o controle da produção pelos
trabalhadores, não o fim do trabalho.
Mais sorrisos? Mais dinheiro. Nada será
tão poderoso em destruir as virtudes
de cura de um sorriso. Neuroses,
suicídios, dessexualização: doenças
ocupacionais da dona de casa.

Muitas vezes, as dificuldades e ambiguidades expressas pelas mulheres ao se discutir o salário para o trabalho doméstico provêm do fato de reduzirem os salários para o trabalho doméstico a uma coisa, a uma quantia de dinheiro, em vez de tratá-lo a partir de uma perspectiva política. A diferença entre esses dois pontos de vista é enorme. Entender o salário doméstico como uma coisa, e não como uma perspectiva, é separar o resultado final de nossa luta da luta propriamente dita e não compreender a importância disso para desmistificar e subverter o papel ao qual as mulheres têm sido confinadas na sociedade capitalista.

Quando observamos o salário para o trabalho doméstico dessa forma reducionista começamos a nos questionar: que diferença faria mais dinheiro na nossa vida? Nós podemos até concordar que, para muitas mulheres que não possuem outra escolha, exceto o trabalho doméstico e o casamento, ter mais dinheiro faria, de fato, muita diferença. Mas, para aquelas de nós que parecem ter outras escolhas – trabalho profissional, um marido esclarecido, um modo de vida comunal, relacionamentos lésbicos ou uma combinação de tudo isso –, ter mais dinheiro não faria muita diferença. Para nós, há supostamente outros caminhos para alcançar a independência econômica, e a última coisa que queremos é conquistá-la nos identificando como donas de casa, um destino que todas nós concordamos ser, por assim dizer, pior que a morte. O problema com esse posicionamento é que, na nossa imaginação, nós costumamos acrescentar um pouco mais de dinheiro à vida miserável que levamos hoje, e então nos perguntamos, "e daí?", sob a falsa premissa de que poderíamos conseguir esse dinheiro sem ao mesmo tempo revolucionar – durante o processo de luta – todas as nossas relações familiares e sociais. Mas, se olharmos para o salário pelo trabalho doméstico através de uma perspectiva política, podemos ver que lutar por isso produzirá uma revolução em nossa vida e em nosso poder social como mulheres. Também fica evidente que, se pensamos que não precisamos desse dinheiro, é porque aceitamos as formas particulares de prostituição física e mental pelas quais conseguimos dinheiro para esconder essa necessidade. Como tentarei demonstrar, o salário para o trabalho doméstico não é apenas uma perspectiva revolucionária, mas a única perspectiva revolucionária do ponto de vista feminista.

"UM TRABALHO DE AMOR"

É importante reconhecer que, quando falamos em trabalho doméstico, não estamos tratando de um trabalho como os outros, mas, sim, da manipulação mais disseminada e da violência mais sutil que o capitalismo já perpetuou contra qualquer setor da classe trabalhadora. É verdade que, sob o capitalismo, todo trabalhador é manipulado e explorado, e sua relação com o capital é totalmente mistificada. O salário dá a impressão de um negócio justo: você trabalha e é pago por isso, de forma que você e seu patrão ganham o que lhes é devido, quando, na realidade, o salário, em vez de ser o pagamento pelo trabalho que você realiza, oculta todo o trabalho não pago que resulta no lucro. Mas, pelo menos, o salário é uma forma de reconhecimento como trabalhador, sendo possível barganhar e lutar contra os termos e a quantidade desse salário. Ter um salário significa fazer parte de um contrato social, e não há dúvidas a respeito do seu significado: você não trabalha porque gosta, ou porque é algo que brota naturalmente dentro de você, mas porque é a única condição sob a qual você está autorizado a viver. Explorado da maneira que for, você não é esse trabalho. Hoje você é um carteiro, amanhã, um taxista. Tudo o que importa é quanto desse trabalho você tem que fazer e quanto desse dinheiro você pode receber.

A diferença em relação ao trabalho doméstico reside no fato de que ele não só tem sido imposto às mulheres como também foi transformado em um atributo natural da psique e da personalidade femininas, uma necessidade interna, uma aspiração, supostamente vinda das profundezas da nossa natureza feminina. O trabalho doméstico foi transformado em um atributo natural em vez de ser reconhecido como trabalho, porque foi destinado a não ser remunerado. O capital tinha que nos convencer de que o trabalho doméstico é uma atividade natural, inevitável e que nos traz plenitude, para que aceitássemos trabalhar sem uma remuneração. Por sua vez, a condição não remunerada do trabalho doméstico tem sido a arma mais poderosa no fortalecimento do senso comum de que o trabalho doméstico não é trabalho, impedindo assim que as mulheres lutem contra ele, exceto na querela privada do quarto-cozinha, que toda sociedade concorda em ridicularizar, reduzindo ainda mais o protagonismo da luta. Nós somos vistas como mal-amadas, não como trabalhadoras em luta.

No entanto, não existe nada natural em ser dona de casa, tanto que são necessários pelo menos vinte anos de socialização e treinamento diários, realizados por uma mãe não remunerada, para preparar a mulher para esse papel, para convencê-la de que crianças e marido são o melhor que ela pode esperar da vida. Mesmo assim, dificilmente se tem êxito. Não importa o quanto sejamos bem treinadas, poucas mulheres não se sentem enganadas quando o "dia da noiva"[16] acaba e elas se encontram diante de uma pia suja. Muitas de nós ainda possuem a ilusão de que casamos por amor. Grande parte de nós reconhece que nos casamos por dinheiro e segurança; mas é o momento de reconhecer que, enquanto há pouco amor ou dinheiro envolvidos, o trabalho que nos aguarda

---

16 Termo utilizado pela indústria do casamento para se referir ao dia da cerimônia. Evidencia o peso das expectativas sociais sobre a performance da mulher como objeto a ser contemplado no ritual de exibição pública da passagem da nubente das mãos do pai para as mãos do marido, bem como uma possível pressuposição, pela oposição complementar baseada no cotidiano patriarcal, de que os demais dias serão sempre do marido. [N.T.]

é excessivo. É por isso que as mulheres mais velhas sempre nos dizem: "aproveite sua liberdade enquanto você pode, compre o que você quiser agora". Mas, infelizmente, é quase impossível aproveitar qualquer liberdade se, desde os primeiros dias da sua vida, você tem sido treinada para ser dócil, subserviente, dependente e, o mais importante, para se sacrificar e até mesmo sentir prazer com isso. Se você não gosta, o problema é seu, o fracasso é seu, a culpa e a anormalidade são suas.

Devemos admitir que o capital tem sido muito bem--sucedido em esconder nosso trabalho. Ele criou uma verdadeira obra-prima à custa das mulheres. Ao negar um salário ao trabalho doméstico e transformá-lo em um ato de amor, o capital matou dois coelhos com uma cajadada só. Primeiramente, ele obteve uma enorme quantidade de trabalho quase de graça e assegurou-se de que as mulheres, longe de lutar contra essa situação, procurariam esse trabalho como se fosse a melhor coisa da vida (as palavras mágicas: "sim, querida, você é uma mulher de verdade"). Ao mesmo tempo, o capital também disciplinou o homem trabalhador, ao tornar "sua" mulher dependente de seu trabalho e de seu salário, e o aprisionou nessa disciplina, dando-lhe uma criada, depois de ele próprio trabalhar bastante na fábrica ou no escritório. De fato, nosso papel como mulher é sermos servas felizes e sobretudo amorosas da "classe trabalhadora", isto é, daqueles estratos do proletariado aos quais o capital foi obrigado a conceder mais poder social. Tal como Deus criou Eva para dar prazer a Adão, assim fez o capital criando a dona de casa para servir física, emocional e sexualmente o trabalhador do sexo masculino, para criar seus filhos, remendar suas meias, cuidar de seu ego quando ele estiver destruído por causa do trabalho e das (solitárias) relações sociais que o capital lhe reservou. É precisamente essa combinação particular de serviços físicos, emocionais e sexuais que está envolvida no papel que as mulheres devem desempenhar para que o capital possa criar a personagem específica da criada que é a dona de casa, tornando seu trabalho tão pesado e, ao mesmo tempo, tão invisível. Não é por acaso que a maioria dos homens começa a pensar em se casar tão logo encontra o primeiro emprego. Isso não ocorre apenas porque agora os homens podem pagar por isso, mas também porque ter alguém em casa para cuidar de você é a única condição para não enlouquecer depois de passar o dia todo em uma linha de montagem ou sentado em uma mesa. Toda mulher sabe que deve realizar esses serviços para ser uma mulher de verdade e ter um casamento "bem-sucedido". E, nesse caso também, quanto mais pobre a família, maior a escravidão a que a mulher está submetida, e não simplesmente pela situação econômica. Na realidade, o capital tem uma política dupla: uma para a classe média e outra para a família da classe trabalhadora. Não é por acaso que encontramos o machismo menos sofisticado nessa última: quanto mais pancadas o homem leva no trabalho, mais bem treinada deve estar sua esposa para absorvê-las e mais autorizado estará o homem a recuperar seu ego à custa da mulher. Bate-se na esposa e joga-se a raiva sobre ela quando se está frustrado ou exausto em decorrência do trabalho, ou quando se é derrotado em uma luta (embora trabalhar em uma fábrica já seja uma derrota). Quanto mais o homem serve e recebe ordens, mais ele manda. A casa de um homem é seu castelo, e sua esposa tem que aprender a esperar em silêncio quando ele está de mau humor, a recompor os pedaços dele quando estiver quebrado e praguejar contra o mundo, a se virar na cama quando ele disser "estou muito cansado esta noite", ou quando ele pratica sexo tão rápido que, como uma mulher descreveu uma vez, poderia tê-lo feito com um pote de maionese. As mulheres têm encontrado maneiras de reagir, de dar o troco, mas sempre de forma isolada ou privada. O problema é, então, como trazer essa luta da cozinha e do quarto para as ruas.

Essa fraude que se esconde sob o nome de "amor" e "casamento" afeta a todas nós, até mesmo se não somos casadas, porque, uma vez que o trabalho doméstico é totalmente naturalizado e sexualizado, uma vez que se torna um atributo feminino, todas nós, como mulheres, somos caracterizadas por ele. Se realizar certas tarefas é considerado natural, então se espera que todas as mulheres as realizem e que, inclusive, gostem de fazê-lo — até mesmo aquelas mulheres que, devido à sua posição social, podem escapar de (grande) parte desse trabalho, já que o marido pode pagar empregadas domésticas e psiquiatras e desfrutar de várias formas de diversão e relaxamento. Podemos não servir a um homem, mas todas estamos em uma relação de servidão no que concerne ao mundo masculino como um todo. É por isso que ser chamada de "mulher" é uma provocação, é algo degradante. "Sorria, querida, qual é o seu problema?", é algo que qualquer homem se sente legitimado a perguntar a uma mulher, seja ele o marido, o cobrador no ônibus ou o chefe no trabalho.

A PERSPECTIVA REVOLUCIONÁRIA

Se partirmos dessa análise, podemos observar as implicações revolucionárias da reivindicação por salários para o trabalho doméstico. *É a reivindicação pela qual termina a nossa natureza e começa a nossa luta, porque o simples fato de querer salários para o trabalho doméstico já sig-*

nifica recusar esse trabalho como uma expressão de nossa natureza, e, portanto, recusar precisamente o papel feminino que o capital inventou para nós.

Exigir um salário para o trabalho doméstico destruirá, por si só, as expectativas que a sociedade tem de nós, uma vez que essas expectativas — a essência de nossa socialização — são todas funcionais à nossa condição de não assalariada dentro de casa. Nesse sentido, é um absurdo comparar a luta das mulheres por salário doméstico com a luta dos trabalhadores do sexo masculino das fábricas por aumento salarial. Ao lutar por maiores salários, o trabalhador assalariado desafia seu papel social, mas permanece dentro dele. Quando lutamos por salários para o trabalho doméstico, nós lutamos inequívoca e diretamente contra nosso papel social. Da mesma forma, há uma diferença qualitativa entre a luta dos trabalhadores assalariados e a luta dos escravizados por um salário e contra a escravidão. Deve ficar claro, no entanto, que, quando lutamos por um salário, não lutamos para entrar na lógica das relações capitalistas, porque nós nunca estivemos fora delas. Nós lutamos para destruir o papel que o capitalismo outorgou às mulheres, que é um momento essencial da divisão do trabalho e do poder social dentro da classe trabalhadora, por meio do qual o capital tem sido capaz de manter sua hegemonia. Salários para o trabalho doméstico são, então, uma demanda revolucionária, não porque destroem por si só o capitalismo, mas porque forçam o capital a reestruturar as relações sociais em termos mais favoráveis para nós e, consequentemente, mais favoráveis à unidade de classe. Na verdade, exigir salários para o trabalho doméstico não significa dizer que, se formos pagas, seguiremos realizando esse trabalho. Significa exatamente o contrário. Dizer que queremos salários pelo trabalho doméstico é o primeiro passo para recusá-lo, porque a demanda por um salário faz nosso trabalho visível. Essa visibilidade é a condição mais indispensável para começar a lutar contra essa situação, tanto em seu aspecto imediato como trabalho doméstico quanto em seu caráter mais traiçoeiro como próprio da feminilidade.

Contra qualquer acusação de "economicismo", devemos lembrar que dinheiro é capital, ou seja, é o poder de comandar o trabalho. Portanto, reapropriar aquele dinheiro que é o fruto do nosso trabalho – e do trabalho da mãe e das avós de cada uma – significa, ao mesmo tempo, destruir o poder do capital de extrair mais trabalho de nós. E não devemos subestimar a capacidade do salário de desmistificar nossa feminilidade e de tornar visível nosso trabalho – nossa feminilidade como trabalho – na medida em que a ausência de um salário tem sido muito poderosa na construção desse papel e em esconder nosso trabalho. Exigir salários para o trabalho doméstico é tornar visível o fato de que nossa mente, nosso corpo e nossas emoções têm sido distorcidos em benefício de uma função específica, e que, depois, nos foram devolvidos sob um modelo ao qual todas devemos nos conformar para sermos aceitas como mulheres nesta sociedade.

Dizer que nós queremos salários para o trabalho doméstico é expor o fato de que o trabalho doméstico já é dinheiro para o capital, que o capital ganhou e ganha dinheiro quando cozinhamos, sorrimos e transamos. Ao mesmo tempo, isso mostra que temos cozinhado, sorrido e transado ao longo dos anos não porque realizar estas tarefas fosse mais fácil para nós do que para qualquer outra pessoa, mas porque não tínhamos outra opção. Nosso rosto se tornou distorcido de tanto sorrir, nossos sentimentos se perderam de tanto amar, nossa hipersexualização nos deixou completamente dessexualizadas.

Salários para o trabalho doméstico são apenas o

começo, mas sua mensagem é clara: a partir de agora, eles têm que nos pagar porque, como mulheres, já não garantimos mais nada. Nós queremos chamar de trabalho o que é trabalho, para que, eventualmente, possamos redescobrir o que é amar e criar a nossa sexualidade, a qual nós nunca conhecemos. E, do ponto de vista do trabalho, nós podemos reivindicar não apenas um salário, mas muitos salários, porque nós temos sido forçadas a trabalhar de várias maneiras. Nós somos donas de casa, prostitutas, enfermeiras, psiquiatras; essa é a essência da esposa "heroica" celebrada no Dia das Mães. Nós dizemos: parem de celebrar nossa exploração, nosso suposto heroísmo. De agora em diante, nós queremos dinheiro por cada um desses momentos, para que possamos recusar alguns deles e, ao final, todos eles. A esse respeito, nada pode ser mais efetivo do que demonstrar que nossas virtudes femininas já possuem um valor econômico calculável: até agora, possuíam valor apenas para o capital, que aumentou na medida em que fomos derrotadas; a partir de agora, possuem um valor contra o capital — e para nós, na medida em que organizamos o nosso poder.

A LUTA POR SERVIÇOS SOCIAIS

Essa é a perspectiva mais radical que podemos adotar, porque, embora possamos exigir creches, igualdade salarial, lavanderias gratuitas, nós nunca alcançaremos uma mudança real se não atacarmos diretamente a raiz dos papéis femininos. Nossa luta por serviços sociais, isto é, por melhores condições de trabalho, será sempre frustrada se nós não estabelecermos primeiramente que o nosso trabalho é trabalho. Se não lutarmos contra isso em sua totalidade, nunca alcançaremos qualquer vitória. Nós vamos fracassar na luta por lavanderias gratuitas se não lutarmos, em primeiro lugar, contra o fato de não podermos amar exceto pelo preço de um trabalho infinito, que, dia após dia, prejudica nosso corpo, nossa sexualidade, nossas relações sociais, e a menos que escapemos da chantagem baseada em nossa necessidade de dar e receber afeto – que se vira contra nós ao se tornar um dever de trabalho, pelo qual nós nos ressentimos constantemente com relação a nosso marido, nossos filhos e amigos, e depois ainda nos culpamos por estarmos ressentidas. Como anos e anos de trabalho feminino fora de casa têm demonstrado, conseguir um segundo trabalho não muda esse papel. O segundo trabalho não só aumenta nossa exploração como também reproduz simplesmente o nosso papel de diversas formas. Para onde quer que olhemos, podemos observar que os trabalhos executados por mulheres são meras extensões da condição de donas de casa em todas as suas facetas. Não apenas nos tornamos enfermeiras, empregadas domésticas, professoras, secretárias – todas as funções para as quais fomos treinadas dentro de casa –, mas estamos no mesmo tipo de relação que dificulta a nossa luta dentro de casa: isolamento, o fato de que a vida de outras pessoas depende de nós, a impossibilidade de enxergar onde começa o nosso trabalho e onde ele termina, onde nosso trabalho termina e onde começam nossos desejos. Levar um café para o seu chefe e conversar sobre os problemas conjugais dele faz parte do trabalho de secretária ou é um favor pessoal? O fato de termos que nos preocupar com a nossa aparência no trabalho é uma condição laboral ou um resultado da vaidade feminina? (Até há pouco tempo, nos Estados Unidos, as comissárias de bordo eram pesadas periodicamente e viviam fazendo regime – uma tortura que todas as mulheres conhecem – por medo de serem demitidas.) Quando o mercado de trabalho formal requer a presença feminina, é comum ouvir que "uma mulher pode realizar qualquer trabalho sem perder sua feminilidade", o que simplesmente significa que, não importa o que você faça, você continuará sendo uma "buceta".

Quanto às propostas de socialização e coletivização do trabalho doméstico, alguns exemplos serão suficientes para traçar uma linha entre essas alternativas e a nossa perspectiva. Uma coisa é construir uma creche da forma que queremos e então exigir que o Estado pague por ela. Outra coisa bem distinta é entregar nossas crianças ao Estado e pedir para que ele cuide delas, não por cinco, mas por quinze horas diárias. Uma coisa é organizar comunalmente a forma como queremos comer (sozinhos, em grupos) e então reivindicar que esse gasto seja assumido pelo Estado; outra diametralmente oposta é pedir que o Estado organize nossas refeições. No primeiro caso, nós recuperamos algum controle sobre nossas vidas; no segundo, ampliamos o controle do Estado sobre nós.

A LUTA CONTRA O TRABALHO DOMÉSTICO

Algumas mulheres se perguntam: como os salários pelo trabalho doméstico mudarão a forma como nosso marido se comporta conosco? Eles não continuarão esperando que façamos as mesmas tarefas de antes, e até mais, uma vez que seríamos pagas para isso? Essas mulheres não veem que os homens esperam muito de nós justamente porque não somos pagas pelo nosso trabalho, que eles consideram ser uma "coisa de mulher" que não nos custa muito esforço. Os homens são capazes de aceitar nossos serviços e tirar proveito disso porque eles presumem que o trabalho doméstico é uma tarefa fácil para nós e que gostamos de realizá-lo, pois o fazemos por amor. Na verdade, eles esperam que nós sejamos gratas, porque, ao casar e viver conosco, eles nos deram a oportunidade de nos expressarmos enquanto mulheres (isto é, servi-los). "Você é sortuda por ter encontrado um homem como eu", eles dizem. Apenas quando os homens compreenderem o nosso trabalho como trabalho – nosso amor enquanto trabalho – e, mais importante, nossa determinação em rejeitar ambos, eles mudarão suas atitudes em relação a nós. Somente quando milhares de mulheres saírem às ruas dizendo que é um trabalho duro, odioso e desgastante realizar tarefas intermináveis de limpeza, estar sempre emocionalmente disponível, ser coagida a transar para não perder o emprego, é que eles terão medo e se sentirão enfraquecidos como homens. E, no entanto, isso é o que de melhor poderia acontecer a eles, segundo seu próprio ponto de vista, porque, ao expor a forma pela qual o capital nos manteve divididos (o capital os disciplinou por meio de nós e nos disciplinou por meio deles, um contra o outro), nós – suas muletas, suas escravas, suas correntes – abrimos o processo de sua libertação. Nesse sentido, os salários para o trabalho doméstico serão muito mais educativos do que uma tentativa de provar que nós podemos trabalhar tão bem quanto eles, que podemos realizar os mesmos trabalhos. Deixamos esse valioso esforço para as "mulheres de carreira", que escapam de sua opressão não por meio do poder da unidade e da luta, mas por meio do poder de comando, do poder de oprimir – geralmente, outras mulheres. Não precisamos provar que podemos "quebrar a barreira do colarinho azul".[17] Muitas de nós

---

17 *Blue-collar worker*, em inglês, é o termo para se referir à pessoa que exerce um trabalho manual não agrícola, em geral em fábricas, em construção, manutenção, mineração, saneamento etc. [N.T.]

já quebramos essa barreira há muito tempo e descobrimos que o macacão de trabalho não nos dá mais poder do que o avental — muitas vezes, ainda menos, porque agora nós temos que vestir ambos e, por isso, nos sobrou menos tempo e energia para lutar contra eles. Precisamos evidenciar que o que nós já fazemos é trabalho, mostrar o que o capital está fazendo conosco e nossa força para lutar contra ele.

Infelizmente, muitas mulheres — em particular, as solteiras — se assustam com a perspectiva de receber salário para o trabalho doméstico porque elas têm medo de ser identificadas, nem que seja por um segundo, como donas de casas. Elas sabem que essa é a posição mais impotente na sociedade e não querem assumir que também são donas de casa. Essa é precisamente a nossa fraqueza, uma vez que nossa escravidão é mantida e perpetuada por meio dessa falta de autoidentificação. Nós queremos e devemos dizer que todas nós somos donas de casa, todas nós somos prostitutas e todas nós somos lésbicas, porque, enquanto aceitarmos essas divisões e pensarmos que somos melhores ou diferentes de uma dona de casa, nós aceitaremos a lógica do patrão. Todas nós somos donas de casa porque, não importa onde estamos, os homens sempre podem contar com mais trabalho nosso, com o medo de apresentarmos nossas demandas, e menos insistência de nossa parte para que essas exigências sejam atendidas, pois, presumivelmente, nossa mente é direcionada para um outro lugar, para o homem que, no nosso presente ou no nosso futuro, "cuidará de nós".

E nós também nos iludimos ao pensar que podemos escapar do trabalho doméstico. Mas quantas de nós, apesar de trabalhar fora de casa, escapamos disso? E podemos descartar, tão facilmente, a ideia de viver com um homem? E se perdermos nosso emprego? E quando chegar a velhice e a perda da pequena quantidade de poder que a juventude (produtividade) e a atratividade (produtividade feminina) nos proporcionam hoje? E o que fazemos a respeito de ter filhos? Será que nos arrependeremos da escolha de não os ter, uma vez que não conseguimos fazer essa pergunta de modo realista? E podemos assumir as relações homossexuais? Estamos dispostas a pagar o possível preço do isolamento e da exclusão? E, realmente, podemos nos permitir ter relações com homens?

A pergunta é: por que essas são nossas únicas alternativas, e que tipo de luta nos levará para além delas?

POR QUE SEXUALIDADE É TRABALHO (1975)

Sexualidade é a libertação que nós nos damos da disciplina do processo de trabalho. É o complemento necessário para a rotina e a arregimentação da semana de trabalho. É uma licença para "ficar natural", para "deixar rolar", para voltarmos mais revigorados para trabalhar na segunda-feira. "Sábado à noite" é a irrupção da "espontaneidade", a irracionalidade na racionalidade da disciplina capitalista da nossa vida. Isso supostamente seria a compensação para o trabalho e é ideologicamente vendido para nós como o "outro" do trabalho: um espaço de liberdade no qual presumivelmente podemos ser quem realmente somos — uma possibilidade de conexões íntimas e "genuínas" em um universo de relações sociais no qual somos constantemente forçados a reprimir, adiar, postergar, esconder, mesmo de nós mesmos, o que desejamos.

Sendo esta a promessa, o que realmente recebemos está muito longe das nossas expectativas. Assim como não podemos voltar para a natureza simplesmente despindo nossas roupas, também não podemos nos tornar "nós mesmos" simplesmente porque é hora de fazer amor. Pouca espontaneidade é possível quando o momento, as condições e o montante de energia disponível para o amor estão fora do nosso controle. Após uma semana de trabalho, nosso corpo e nossos sentimentos estão entorpecidos, e não podemos ligá-los como máquinas. Mas o que vem para fora quando nós "deixamos rolar" são mais frequentemente nossas frustrações e violência reprimidas do que o nosso eu oculto pronto para renascer na cama.

Entre outras coisas, estamos sempre conscientes da falsidade dessa espontaneidade. Não importa quantos gritos, suspiros e exercícios eróticos fizermos na cama, sabemos que isso é um parêntese e que amanhã todos nós voltaremos às nossas roupas civilizadas (tomaremos café juntos enquanto nos aprontamos para o trabalho). Quanto mais sabemos que isso é um parêntese que negaremos durante o resto do dia ou da semana, mais difícil será para nós nos transformarmos em "selvagens" e "esquecermos tudo". E não podemos evitar sentir um certo mal-estar. É o mesmo constrangimento que experimentamos quando nos despimos sabendo que faremos amor; o constrangimento da manhã seguinte, quando nós estamos ocupados restabelecendo as distâncias; o constrangimento (finalmente) de fingir ser completamente diferente do que se é durante o resto do dia. Essa transição é particularmente dolorosa para as mulheres; homens parecem ser especialistas nisso, possivelmente porque são sujeitos a uma arregimentação mais rigorosa em seu trabalho. As mulheres sempre se perguntaram como era possível que depois de demonstrações noturnas de paixão, "ele" poderia acordar prontamente em um mundo diferente, às vezes tão distante que se torna difícil até mesmo restabelecer uma conexão física. De qualquer modo, é sempre a mulher que sofre mais com o caráter esquizofrênico das relações sexuais, não apenas porque chegamos ao final do dia com mais trabalho e mais preocupações nas costas, mas também porque temos a responsabilidade de fazer a experiência sexual prazerosa para o homem. Esse é o motivo pelo qual mulheres costumam ser menos sexualmente responsivas que homens. Sexo é trabalho para nós, é um dever. O dever de agradar é tão construído em nossa sexualidade que aprendemos a ter prazer em dar prazer, em provocar os homens e excitá-los.

Pelo fato de se esperar que proporcionemos uma libertação, inevitavelmente nos tornamos o objeto sobre o qual os homens descarregam sua violência reprimida. Somos estupradas, tanto em nossa cama quanto na rua, precisamente porque fomos configuradas para ser as provedoras da satisfação sexual, as válvulas de escape para tudo o que dá errado na vida dos homens, e os homens têm sido sempre autorizados a voltar seu ódio contra nós se não estivermos à altura do papel, particularmente quando nos recusamos a executá-lo.

A compartimentalização é apenas um aspecto da mutilação da nossa sexualidade. A subordinação da nossa sexualidade à reprodução da força de trabalho significa que a heterossexualidade nos tem sido imposta como o único comportamento sexual aceitável. Na realidade, toda comunicação genuína tem um componente sexual, nosso corpo e nossas emoções são indivisíveis e nós nos comunicamos em todos os níveis o tempo todo. Mas o contato sexual com mulheres é proibido porque, na moral burguesa, tudo o que não é reprodutivo é obsceno, antinatural, pervertido. Isso significa a imposição de uma condição verdadeiramente esquizofrênica, pois aprendemos logo cedo na nossa vida a traçar uma linha entre as pessoas que podemos amar e as pessoas com quem apenas conversamos; aquelas para as quais podemos abrir nosso corpo e aquelas a quem podemos apenas abrir nossa "alma"; nossos amantes e nossos amigos. O resultado é que somos alma sem corpo para nossas amigas mulheres, e carne sem alma para nossos amantes homens. E essa divisão nos separa não apenas das outras mulheres como também de nós mesmas, em termos do que aceitamos ou não em nosso corpo e sentimentos, as partes "limpas" para serem exibidas e as partes "sujas", "secretas", que só podem ser mostradas (e assim se tornam limpas) no leito conjugal, no ponto da produção.

A mesma preocupação sobre a produção tem demandado que a sexualidade, especialmente nas mulheres, seja confinada a certos períodos da vida. A sexualidade é reprimida em crianças e adolescentes assim como em mulheres mais velhas. Portanto, os anos durante os quais estamos autorizadas a ser sexualmente ativas são os anos em que estamos mais sobrecarregadas com trabalho, quando aproveitar os encontros sexuais se torna uma proeza.

Mas a principal razão pela qual nós não podemos desfrutar do prazer que a sexualidade pode proporcionar é que, para as mulheres, *sexo é trabalho*. Proporcionar prazer para os homens é uma parte essencial do que se espera de todas as mulheres.

A liberdade sexual não ajuda. Certamente é importante não sermos condenadas à morte se formos "infiéis", ou se descobrirem que não somos "virgens". Mas a "liberação sexual" intensificou nosso trabalho. No passado, só esperavam de nós que cuidássemos de crianças. Agora, esperam que tenhamos um trabalho assalariado, que continuemos a limpar a casa e a ter crianças e que, ao final de uma jornada dupla de trabalho, estejamos prontas para pular na cama e sermos sexualmente atraentes. Para as mulheres, o direito de ter sexo é o dever de fazer sexo e gostar disso (algo que não é esperado da maioria dos trabalhos), e é por isso que tem havido tantas pesquisas, nos últimos anos, sobre quais partes de nosso corpo – a vagina ou o clitóris – são mais sexualmente produtivas.

Mas, seja em sua forma mais liberada ou em sua forma mais repressiva, nossa sexualidade ainda está sob controle. A lei, a medicina e nossa dependência econômica dos homens garantem que, embora as regras tenham sido flexibilizadas, a espontaneidade é descartada da nossa vida sexual. A repressão sexual dentro da família é uma função desse controle. A esse respeito, pai, irmãos, marido, cafetões, todos estão atuando como agentes do Estado, para supervisionar nosso trabalho sexual, para se certificar de que providenciaremos serviços sexuais de acordo com as normas de produtividade estabelecidas e socialmente sancionadas.

A dependência econômica é a última forma de controle sobre nossa sexualidade. É por isso que o trabalho sexual ainda é uma das principais ocupações para as mulheres, e que a prostituição sublinha cada encontro sexual. Sob essas condições não pode haver nenhuma espontaneidade para nós no sexo, e é por isso que o prazer é tão efêmero na nossa vida sexual.

Precisamente por causa da troca envolvida, a sexualidade para nós é sempre acompanhada por ansiedade, e essa é sem dúvida a parte do trabalho doméstico mais responsável pelo ódio que sentimos de nós mesmas. Além disso, a comercialização do corpo feminino torna impossível que nos sintamos confortáveis com o nosso corpo, independentemente de suas medidas ou formas. Nenhuma mulher pode se despir alegremente na frente de um homem sabendo que ela não apenas está sendo avaliada, mas que há padrões de desempenho para o corpo feminino a serem considerados, que todas as pessoas, homens e mulheres, estão conscientes deles, pois são salpicados ao nosso redor, nos muros das cidades e nas telas de TV. Sabendo que, de alguma forma, estamos nos vendendo, destruímos nossa confiança e nosso prazer no corpo.

É por isso que, magras ou gordas, de nariz grande ou pequeno, altas ou baixas, nós todas odiamos o próprio corpo. Nós o odiamos porque estamos acostumadas a vê-lo através de um olhar externo, com os olhos dos homens com quem nos encontramos, e com o mercado do corpo em mente. Nós o odiamos porque nos acostumamos a pensar sobre ele como um produto a ser vendido, alienado de nós mesmas e que está sempre exposto em uma vitrine. Nós o odiamos porque sabemos que muita coisa depende disso. É da aparência do próprio corpo que depende se vamos conseguir um emprego bom ou ruim (no casamento ou fora de casa), se poderemos conquistar algum poder social, alguma companhia para enfrentar a solidão que nos espera na velhice – e, muitas vezes, também na juventude. E sempre existe o medo de que nosso corpo se volte contra nós, pois podemos engordar, ter rugas, envelhecer rapidamente, tornar as pessoas indiferentes a nós, perder nosso direito à intimidade, perder a chance de ser tocada ou abraçada.

Em suma, nós estamos ocupadas demais performando, ocupadas demais agradando e temerosas demais de falhar para gostar de fazer amor. O sentido do nosso valor está em jogo em todas as relações sexuais. Se um homem diz que fazemos amor bem, que o excitamos, quer gostemos ou não de fazer amor com ele, nós nos sentimos ótimas, isso impulsiona nossa sensação de poder, mesmo sabendo que ainda teremos que lavar os pratos depois. Mas nunca estamos autorizadas a esquecer a troca envolvida, porque nunca transcendemos a relação de valor em nossa relação amorosa com um homem. "Quanto custa?" é a pergunta que sempre governa nossa experiência de sexualidade. A maioria de nossos encontros sexuais é gasta em cálculos. Nós suspiramos, soluçamos, arfamos, ofegamos, pulamos para cima e para baixo na cama, mas, enquanto isso, nossa mente continua calculando "quanto" – quanto de nós mesmas podemos dar antes de nos perdermos ou nos desvalorizarmos, quanto teremos de retorno? Se é nosso primeiro encontro, pensamos no quanto vamos deixá-lo ter acesso a nós: ele pode levantar nossa saia, abrir nossa blusa, pôr os dedos dentro do nosso sutiã? Em que ponto devemos dizer a ele: "pare!"? Com qual intensidade devemos recusar? Quando podemos dizer que gostamos dele antes que ele pense que "não valemos nada"?

Mantenha o preço lá em cima — essa é a regra, ao menos é o que nos ensinaram. Se já estamos na cama, os cálculos se tornam ainda mais complicados, porque também precisamos calcular nossas chances de engravidar, o que significa que, durante os suspiros e gemidos e outras demonstrações de paixão, nós também temos que rapidamente fazer a tabelinha do período menstrual. Mas fingir excitação durante o ato sexual na ausência de um orgasmo é um trabalho extradifícil, porque, enquanto você está fingindo, nunca sabe até onde deve ir, e você sempre acaba fazendo mais por medo de não fazer o suficiente.

De fato, custou muita luta e um salto de poder do nosso lado para finalmente começarmos a admitir que *nada estava acontecendo*.

CONTRAPLANEJAMENTOS DA COZINHA (1975)[18]

[COM NICOLE COX]

Está claro desde Marx que o capital constrói seu domínio e se desenvolve por meio do salário, isto é, que a fundação da sociedade capitalista foi o trabalhador e a trabalhadora assalariada e sua exploração direta. O que não está claro nem tem sido visto como pressuposto entre as organizações dos movimentos da classe trabalhadora é precisamente o fato de que é por meio do salário que se organiza a exploração do trabalho não assalariado. Essa exploração tem sido especialmente eficaz porque a ausência de salário a escondeu... *no que se refere às mulheres, seu trabalho parece ser um serviço pessoal externo ao capital*.[19]

Não é nenhuma coincidência que nos últimos meses muitas revistas de Esquerda tenham publicado ataques contra a Wages for Housework. Sempre que um movi-

---

18 Este texto foi originalmente escrito em resposta a um artigo de Carol Lopate que apareceu na revista *Liberation* (v. 18, n. 8, pp. 8-11, mai.-jun. 1974), intitulado "Women and Pay for Housework" [Mulheres e pagamento por trabalho doméstico]. Nossa resposta foi recusada pelos editores da revista. Nós a publicamos agora porque Lopate tem argumentos mais abertos do que a maioria das premissas da Esquerda e sua relação com o movimento feminista internacional neste momento da história. Não estamos, com a publicação deste texto, abrindo um debate estéril com a Esquerda, mas encerrando um.

19 Mariarosa Dalla Costa, "Women and the Subversion of the Community" [Mulheres e a subversão da comunidade], em Mariarosa Dalla Costa & Selma James, *The Power of Women and the Subversion of the Community* [O poder das mulheres e a subversão da comunidade]. Bristol: Falling Wall Press, 1973, pp. 25-6.

mento de mulheres toma uma posição autônoma, a Esquerda se sente ameaçada. A Esquerda percebe que essa perspectiva tem implicações cujo alcance vai além da "questão das mulheres" e representa uma cisão com a sua política passada e presente, tanto no que diz respeito às mulheres quanto ao que se refere ao restante da classe trabalhadora. De fato, os hábitos sectários que a Esquerda tem demonstrado tradicionalmente em relação às lutas das mulheres são consequência de sua compreensão rasa do modo pelo qual o capitalismo constitui o seu domínio e da direção que a luta de classes deve tomar para quebrar esse domínio.

Em nome da "luta de classes" e "do interesse unificado da classe trabalhadora", a Esquerda sempre selecionou certos setores da classe trabalhadora como sujeitos revolucionários, condenando outros ao mero papel de coadjuvantes nas lutas travadas pelos setores escolhidos. A Esquerda tem, assim, reproduzido em seus objetivos estratégicos e organizacionais a mesma divisão de classe que caracteriza a divisão capitalista do trabalho. Neste ponto, apesar da variedade de posições táticas, a Esquerda tem estado estrategicamente unida. Quando se trata da escolha dos sujeitos revolucionários, stalinistas, trotskistas, anarco-libertários, velha e nova Esquerda dão as mãos com os mesmos pressupostos e argumentos por uma causa comum.

ELES NOS OFERECEM "DESENVOLVIMENTO"

Já que a Esquerda aceitou o salário como a linha divisória entre trabalho e não trabalho, produção e parasitismo, energia potencial e impotência, a imensa quantidade de trabalho não assalariado que as mulheres realizam para o capital dentro do lar tem escapado às suas análises e à sua estratégia. Desde Lênin, passando por Antonio Gramsci até Juliet Mitchell, a tradição inteira da Esquerda tem concordado com a marginalidade do trabalho doméstico na reprodução do capital e com a marginalidade da dona de casa na luta revolucionária. De acordo com a Esquerda, as mulheres, como donas de casa, não estão sofrendo com o capital: estão sofrendo com a sua ausência. O nosso problema, ao que parece, é que o capital falhou em alcançar nossa cozinha e nosso quarto, com a dupla consequência de que nós presumivelmente permanecemos em um estágio feudal e pré-capitalista, e tudo que fazemos na cozinha e no quarto é irrelevante para as mudanças sociais. Obviamente, se a cozinha está fora do capital, a nossa luta para destruí-la nunca ocasionará a derrocada do capital.

A razão de o capital, para sobreviver, permitir tanto trabalho não lucrativo, tanto tempo de trabalho improdutivo, é uma pergunta que a Esquerda nunca faz, pois está sempre confiante na irracionalidade e na incapacidade de planejamento do capital. Ironicamente, eles traduziram esse desconhecimento sobre as relações específicas das mulheres com o capital para uma teoria do atraso da política das mulheres, cuja defasagem só será superada ao passarmos pelos portões de entrada das fábricas. Portanto, a lógica de uma análise que vê a causa da opressão das mulheres como a sua exclusão das relações capitalistas resulta inevitavelmente em uma estratégia para que adentremos nessas relações, em vez de destruí-las.

Nesse sentido, há uma conexão imediata entre a estratégia da Esquerda para as mulheres e para o "Terceiro Mundo". Da mesma forma que eles querem trazer as mulheres para as fábricas, querem levar as fábricas para o "Terceiro Mundo". Em ambos os casos, pressupõe-se que os "subdesenvolvidos" — aqueles de nós que não são assalariados e trabalham em níveis tecnológicos mais baixos — são atrasados em relação à "verdadeira classe trabalhadora", e somente podem alcançá-la por meio da obtenção de uma forma mais avançada de exploração capitalista, uma fatia maior do trabalho fabril. Em ambos os casos, a luta que a Esquerda oferece aos não assalariados, aos "subdesenvolvidos", não é uma luta contra o capital, mas uma luta pelo capital, em uma versão mais racionalizada, desenvolvida e produtiva. No nosso caso, eles nos oferecem não só o "direito ao trabalho" (oferecido a qualquer trabalhador), mas o direito a trabalhar mais, a ser mais explorado.

UM NOVO CAMPO DE LUTA

O fundamento político da Wages for Housework é a recusa dessa ideologia capitalista que equaciona não assalariamento e baixo desenvolvimento tecnológico com atraso político, impotência e, em última instância, com a necessidade de sermos organizadas pelo capital como uma precondição para a nossa própria organização. É a nossa recusa em aceitar que, porque não somos assalariadas ou porque trabalhamos em níveis técnicos mais baixos (e essas duas condições estão profundamente conectadas), nossas necessidades devem ser compreendidas como distintas das do restante da classe trabalhadora. Nós nos recusamos a aceitar que, enquanto um operário do sexo masculino da indústria automotiva em Detroit pode lutar contra a linha de montagem, o nosso objetivo — a partir da nossa cozinha na metrópole, ou das cozinhas e dos campos do "Terceiro Mundo" — deve ser o trabalho fabril que trabalhadores de todo o mundo estão rejeitando cada vez mais. A nossa rejeição da ideologia esquerdista é idêntica à nossa rejeição do desenvolvimento capitalista como um caminho para a libertação ou, mais especificamente, à nossa rejeição a qualquer forma materializada pelo capitalismo. Inerente a essa rejeição está a redefinição do que é capitalismo e de quem é a classe trabalhadora — isto é, uma nova avaliação das forças e necessidades de classe.

O salário para o trabalho doméstico, então, não é uma demanda entre outras, mas uma perspectiva política que abre um novo campo de luta, começando pelas mulheres para depois atingir toda a classe trabalhadora.[20] Isso deve ser enfatizado, já que a redução da Wages for Housework a uma demanda é um elemento comum aos ataques vindos da Esquerda, como uma forma de desmerecê-la e, assim, evitar que seus críticos confrontem as questões políticas levantadas pela campanha.

O artigo de Carol Lopate, "Women and Pay for Housework" [Mulheres e pagamento por trabalho doméstico], é exemplar dessa tendência. Já no título — "Pay for Housework" — há uma deturpação da questão, porque o salário não é só um pouco de dinheiro, mas é a expressão da relação de poder entre o capital e a classe trabalhadora. Uma maneira mais sutil de desmerecer a Wages for Housework é afirmar que essa perspectiva é importada da

---

20 Ver o artigo "Salários contra o trabalho doméstico (1975)", neste volume, p. 42.

Itália e apresenta pouca relevância no quadro estadunidense, onde as mulheres "de fato trabalham".[21] Aqui podemos encontrar outro exemplo de deturpação. *The Power of Women and the Subversion of the Community* [O poder das mulheres e a subversão da comunidade] – a única fonte citada por Lopate – reconhece a dimensão internacional do contexto em que surgiu a Wages for Housework. Em todo o caso, rastrear a origem geográfica da Wages for Housework não é exatamente o ponto, ainda mais no estado atual da integração internacional do capital. O que importa é a sua gênese política, que é a recusa a enxergar o trabalho, a exploração e o poder de revoltar-se contra ele somente diante da presença de um salário. No nosso caso, trata-se do fim da divisão entre mulheres "que de fato trabalham" e mulheres "que não trabalham" (elas são "apenas donas de casa"), o que implica que trabalho não assalariado não é trabalho, que trabalho doméstico não é trabalho e, paradoxalmente, apenas nos Estados Unidos grande parte das mulheres trabalha e luta porque muitas têm um segundo emprego. Não enxergar o trabalho das mulheres no lar é estar cego ao trabalho e à luta da esmagadora maioria da população mundial que não é assalariada. É ignorar que o capital estadunidense foi constituído por meio de trabalho escravo assim como de trabalho assalariado e, até hoje, prospera por causa do trabalho não assalariado de milhões de mulheres e homens nos campos, nas cozinhas e nas prisões dos Estados Unidos e do mundo.

---

21 "A demanda por trabalho doméstico assalariado vem da Itália, onde a esmagadora maioria das mulheres de todas as classes permanece no lar. Nos Estados Unidos, mais da metade de todas as mulheres trabalham." Carol Lopate, *op. cit.*, p. 9.

O TRABALHO OCULTO

Se começarmos olhando para nós mesmas, que, como mulheres, sabemos que o dia de trabalho para o capital não necessariamente resulta em pagamento, que não começa e termina nos portões das fábricas, acabaremos redescobrindo a natureza e o escopo do próprio trabalho doméstico. Porque logo que levantamos a cabeça das meias que costuramos e das refeições que cozinhamos e contemplamos a totalidade da nossa jornada de trabalho vemos que, embora isso não resulte em um salário para nós mesmas, produzimos o produto mais precioso que existe no mercado capitalista: a força de trabalho. O trabalho doméstico é muito mais do que limpar a casa. É servir aos assalariados física, emocional e sexualmente, preparando-os para o trabalho dia após dia. É cuidar das nossas crianças — os trabalhadores do futuro —, amparando-as desde o nascimento e ao longo da vida escolar, garantindo que o seu desempenho esteja de acordo com o que é esperado pelo capitalismo. Isso significa que, por trás de toda fábrica, de toda escola, de todo escritório, de toda mina, há o trabalho oculto de milhões de mulheres que consomem sua vida e sua força em prol da produção da força de trabalho que move essas fábricas, escolas, escritórios ou minas.[22]

22 "A comunidade é essencialmente o lugar das mulheres, no sentido de que é ali que elas aparecem e realizam seu trabalho diretamente. Mas a fábrica é igualmente o lugar onde é incorporado o trabalho das mulheres que não aparecem ali e que transferiram seu trabalho aos homens que lá estão. Similarmente, a escola também incorpora o trabalho das mulheres que não aparecem ali, mas que transferiram o seu trabalho aos alunos que retornam todas as manhãs alimentados, bem cuidados e com a roupa passada pela mãe." Mariarosa Dalla Costa, "Community, Factory and School from the Woman's

É por isso que, até hoje, tanto nos países "desenvolvidos" como nos "subdesenvolvidos", o trabalho doméstico e a família são os pilares da produção capitalista. A disponibilidade de uma força de trabalho estável e disciplinada é uma condição essencial da produção em cada um dos estágios do desenvolvimento capitalista. As condições do nosso trabalho variam de país a país. Em alguns países somos forçadas a uma produção intensa de crianças; em outros, nos dizem para não reproduzirmos, especialmente se somos negras ou contamos com auxílios do governo, ou que temos a tendência de reproduzir "pessoas causadoras de problemas". Em alguns países nós produzimos trabalho pouco qualificado para o campo; em outros, produzimos trabalhadores e técnicos qualificados. Mas em todos os países o nosso trabalho não assalariado e a função que realizamos para o capital são os mesmos.

Conseguir um segundo emprego nunca nos libertou do primeiro. Ter dois empregos apenas significou para as mulheres possuir ainda menos tempo e energia para lutar contra ambos. Além disso, uma mulher, trabalhando em tempo integral fora ou dentro de casa, casada ou solteira, tem que gastar horas de trabalho na reprodução da sua própria força de trabalho, e as mulheres bem sabem a tirania dessa tarefa, pois um vestido bonito e um cabelo arrumado são condições para arranjar um emprego, tanto no mercado conjugal quanto no mercado de trabalho assalariado.

Por isso, duvidamos de que nos Estados Unidos "as escolas, os berçários, as creches e a televisão tiraram das mães grande parte da responsabilidade pela socialização

Viewpoint" [Comunidade, fábrica e escola na perspectiva da mulher], em *L'Offensiva* [A ofensiva], n. 1. Turim: Musolini, 1972.

de seus filhos e filhas", que "a diminuição do tamanho das casas e a mecanização do trabalho doméstico significam que a dona de casa tem potencialmente a seu dispor muito mais tempo de lazer" e que ela apenas "se ocupa com a compra, a utilização e o conserto dos aparelhos [...] que foram em teoria desenvolvidos para economizar o seu tempo."[23]

As creches e os berçários nunca nos proporcionaram tempo disponível para nós mesmas, mas, sim, para trabalho adicional. No que diz respeito à tecnologia, é nos Estados Unidos que nós medimos a distância entre a tecnologia socialmente disponível e a tecnologia que chega até nossa cozinha. E nesse caso, também, é a nossa condição não assalariada que determina a quantidade e a qualidade da tecnologia que adquirimos. Pois, "se você não ganha por hora, dentro de certos limites, ninguém se importa com o tempo que você leva para realizar o seu trabalho".[24] A situação nos Estados Unidos no mínimo prova que nem a tecnologia nem um segundo emprego podem libertar a mulher do trabalho doméstico, e que "a produção de um técnico não é uma alternativa menos trabalhosa do que a produção de um trabalhador não qualificado, se entre ambos os destinos não existe a recusa da mulher em trabalhar de modo gratuito, independentemente do nível técnico em que esse trabalho é realizado, e a recusa da mulher em viver para produzir, independentemente do tipo de criança a ser produzida."[25]

É importante esclarecer que, ao dizer que o trabalho que realizamos no lar é uma produção capitalista, não estamos expressando um desejo de nos legitimarmos

---

23 Lopate, *op. cit.*, p. 9.
24 Dalla Costa, "Women and the Subversion of the Community", pp. 28-9.
25 Dalla Costa, "Community, Factory and School from the Woman's Viewpoint".

como parte das "forças produtivas" — em outras palavras, não é um recurso ao moralismo. Somente do ponto de vista capitalista é que ser produtiva é uma virtude moral, quando não um imperativo moral. Do ponto de vista da classe trabalhadora, ser produtiva simplesmente significa ser explorada. Como reconheceu Karl Marx, "ser trabalhador produtivo não é, portanto, uma sorte, mas um azar".[26] É por isso que obtemos pouca "autoestima" disso.[27] Mas quando dizemos que o trabalho doméstico é uma instância da produção capitalista expomos, assim, a nossa função específica na divisão capitalista do trabalho e as formas específicas que a nossa revolta contra ela deve tomar. No fim, quando dizemos que nós produzimos capital, estamos dizendo que podemos e queremos destruí-lo, em vez de travar uma batalha perdida para passar de uma forma e um grau de exploração para outro.

Devemos também esclarecer que não estamos "tomando emprestadas categorias do universo marxista".[28] No entanto, admitimos que estamos menos dispostas do que Lopate a descartar o trabalho de Marx, já que ele nos deu uma análise que é indispensável até os dias de hoje para compreender como funcionamos em uma sociedade capitalista. Nós também suspeitamos que a indiferença aparente de Marx ao trabalho doméstico possa estar ancorada em fatores históricos. Não nos referimos apenas à dose de machismo que Marx certamente partilhava com os seus contemporâneos (e não apenas

---

26 Karl Marx, *Capital*, v. 1. Londres: Penguin Books, 1990, p. 644. [Ed. bras.: *O capital*, livro I. São Paulo: Boitempo, 2011, p. 707.]
27 "Pode ser que as mulheres precisem tornar-se assalariadas para alcançar a autoconfiança e a autoestima que são os primeiros passos em direção à igualdade." Lopate, *op. cit.*, p. 9.
28 Lopate, *op. cit.*, p. 11.

com eles). No tempo em que Marx estava escrevendo, a família nuclear e o trabalho doméstico em torno dela ainda estavam para ser consolidados.[29] O que estava diante dos olhos de Marx era a mulher proletária, que estava empregada junto com o marido e as crianças na fábrica, e a mulher burguesa, que tinha uma empregada e, independentemente de trabalhar ou não, não estava produzindo a mercadoria força de trabalho. A ausência da família nuclear não queria dizer que os trabalhadores e as trabalhadoras não acasalavam e copulavam, mas que era impossível existir relações familiares e trabalho doméstico quando cada membro da família gastava quinze horas por dia na fábrica; não havia nem tempo nem espaço físico para uma vida familiar.

Somente após as epidemias e o trabalho exaustivo dizimarem a força de trabalho — e, mais importante, depois de as lutas proletárias entre 1830 e 1840 deixarem a Inglaterra à beira de uma revolução — foi que a necessidade de uma força de trabalho mais estável e disciplinada levou o capital a organizar a família nuclear como o centro de reprodução da força de trabalho. Longe de ser uma estrutura pré-capitalista, a família, como a conhecemos no "Ocidente", é uma criação do capital para o capital, como uma instituição que deveria garantir a quantidade e a qualidade da força de trabalho e o seu controle. Assim, "como o sindicato, a família protege o trabalhador, mas também garante que ele e ela nunca serão nada além de trabalhadores. E é por isso que a luta da mulher da classe trabalhadora contra a família é crucial".[30]

---

29 Estamos agora trabalhando no nascimento da família nuclear como um estágio das relações capitalistas.
30 Dalla Costa, "Women and the Subversion of the Community", p. 41.

NOSSO NÃO ASSALARIAMENTO COMO DISCIPLINA

A família é essencialmente a institucionalização do nosso trabalho não assalariado, da nossa dependência não assalariada dos homens e, consequentemente, a institucionalização da divisão desigual do trabalho que tem disciplinado a nós e também aos homens. O nosso não assalariamento e dependência têm mantido os homens presos ao emprego, ao garantir que, sempre que eles quisessem recusar esse trabalho, teriam de encarar a esposa e as crianças, que dependiam de seu salário. Aqui se encontra a base daqueles "hábitos antigos – os nossos e os dos homens" – com os quais Lopate achou difícil romper. Não é por acaso que é difícil para um homem "pedir por escalas específicas de trabalho para que ele possa se envolver igualmente nos cuidados dos filhos".[31] Uma das razões pelas quais os homens não podem trabalhar meio período é o fato de que o salário deles é crucial para a sobrevivência da família, mesmo quando a esposa contribui com um segundo salário. E se nós "preferimos ou encontramos trabalhos menos exaustivos, que nos deixam ter mais tempo para o trabalho doméstico", é porque estávamos resistindo a uma exploração mais intensa, sendo consumidas na fábrica para depois sermos consu-

---

[31] "A maioria de nós, mulheres, que lutamos em nossa vida por essa reestruturação, nos encontramos periodicamente à beira do desespero. Primeiro, havia os hábitos antigos – os nossos e os dos homens – a serem rompidos. Segundo, havia sérios problemas de tempo. [...] Pergunte a qualquer homem como é difícil para ele conseguir algum emprego de meio período, ou pedir por escalas específicas de trabalho para que ele possa se envolver igualmente nos cuidados dos filhos." Lopate, *op. cit.*, p. 11.

midas mais rapidamente em casa.[32]

A ausência de um salário para o trabalho que realizamos em casa é também a causa primária para a nossa fraqueza no mercado de trabalho assalariado. Os empregadores sabem que estamos acostumadas a trabalhar por nada e que estamos tão desesperadas para ganhar um dinheiro próprio que eles podem nos ter a um preço baixo. Desde que "feminino" se tornou sinônimo de "dona de casa", nós carregamos para qualquer lugar essa identidade e as "habilidade domésticas" que adquirimos ao nascer. É por isso que as possibilidades de emprego para mulheres são tão frequentemente uma extensão do trabalho doméstico, e o nosso caminho ao assalariamento muitas vezes nos leva a mais trabalho doméstico. O fato de que o trabalho doméstico não é assalariado tem dado a essa condição socialmente imposta uma aparência de naturalidade ("feminilidade") que nos afeta independentemente do que fizermos. Portanto, Lopate não precisa nos dizer que "a coisa essencial a se lembrar é que nós somos um SEXO".[33] Por anos o capital nos tem dito que nós apenas servimos para fazer sexo e ter bebês. Essa é a divisão sexual do trabalho, e nós nos recusamos a eternizá-la, como inevitavelmente acontece quando perguntamos: "o que realmente quer dizer ser mulher; quais são, se elas existem, as qualidades específicas, necessárias e eternas que se enquadram nessa característica?".[34] Fazer essa pergunta é implorar por uma resposta sexista. Quem pode dizer o que somos? Tudo o que podemos saber agora

---

32 *Ibidem.*

33 "A coisa essencial a se lembrar é que nós somos um SEXO. Essa é realmente a única palavra até agora desenvolvida para descrever o que temos em comum." Lopate, *op. cit.*, p. 11.

34 *Ibidem.*

é quem nós não somos, no sentido de que, por meio da nossa luta, reunimos poder para romper com a identidade social que nos é imposta. É a classe dominante, ou aqueles que aspiram ao domínio, que pressupõem uma personalidade humana natural e eterna – de modo a eternizar o seu poder sobre nós.

GLORIFICAÇÃO DA FAMÍLIA

Não surpreende que a busca de Lopate pela essência da feminilidade a leve a uma glorificação notável do trabalho não assalariado em casa e do trabalho não assalariado em geral:

> A casa e a família têm tradicionalmente providenciado o único interstício da vida capitalista em que as pessoas podem servir às necessidades alheias por amor ou cuidado, mesmo que frequentemente seja por medo e dominação. Os pais cuidam da criança, pelo menos em parte, por amor [...]. Eu até acho que essa memória perdura em nós quando crescemos, para que possamos sempre ter dentro de nós como uma espécie de utopia o trabalho e o cuidado que vêm do amor, em vez de serem baseados em gratificações financeiras.[35]

A literatura do movimento das mulheres demonstra os efeitos devastadores que esse amor, cuidado e serviço nos têm causado. Esses são os grilhões que nos têm prendido a uma condição de quase escravidão. Nós nos recusamos,

---

35 Lopate, *op. cit.*, p. 10.

então, a ter dentro de nós e elevar à condição de utopia a miséria de nossa mãe e nossas avós e a nossa própria miséria quando criança! Quando o capital ou o Estado não paga um salário, são aqueles que são amados e cuidados, e que também não são assalariados e ainda mais impotentes, que devem pagar com a própria vida.

Nós também recusamos a sugestão de Lopate de que pedir remuneração para o trabalho doméstico "serviria apenas para obscurecer ainda mais as possibilidades de trabalho livre e não alienado",[36] o que quer dizer que a forma mais rápida de "desalienar" o trabalho é realizá-lo gratuitamente. O presidente Ford[37] certamente apreciaria essa sugestão. O trabalho voluntário sobre o qual repousa cada vez mais o Estado moderno está baseado na disposição caridosa do nosso tempo. Se, em vez de confiarem no amor e no cuidado, minha mãe e a mãe das mulheres da minha geração tivessem recebido uma remuneração, com certeza teriam sido menos amargas, menos dependentes e menos chantageadas, e teriam chantageado menos suas crianças – constantemente lembradas de como a mãe se sacrificou para criá-las. Assim, elas teriam tido mais tempo e mais poder para lutar contra esse trabalho e nos teriam deixado em um estágio mais avançado dessa luta.

A essência da ideologia capitalista é glorificar a família como um "mundo particular", a última fronteira onde homens e mulheres "mantêm [sua] alma viva", e não é de se admirar que essa ideologia ganhe nova

---

36 "A eliminação de um grande espaço da vida capitalista onde todas as transações não têm valor de troca serviria apenas para obscurecer ainda mais as possibilidades de trabalho livre e não alienado." Lopate, *op. cit.*, p. 10.

37 Gerald Ford (1913-2006) foi presidente dos Estados Unidos entre 1974 e 1977, após a renúncia de Richard Nixon devido ao escândalo de Watergate. [N.E.]

popularidade entre planejadores capitalistas nos tempos atuais de "crise", "austeridade" e "dificuldade".[38] Como Russell Baker recentemente afirmou no jornal *The New York Times*, o amor nos manteve aquecidos durante a Grande Depressão, e seria melhor trazê-lo conosco na jornada atual a tempos mais difíceis.[39] Essa ideologia que opõe a família (ou a comunidade) à fábrica, o pessoal ao social, o privado ao público, o trabalho produtivo ao improdutivo é funcional à nossa escravização na casa — que, na ausência de um salário, sempre aparentou ser um ato de amor. Essa ideologia está profundamente arraigada na divisão capitalista do trabalho, que encontra uma de suas expressões mais nítidas na organização da família nuclear.

A forma com que a relação assalariada mistificou a função social da família é uma extensão da forma com que o capital mistificou o trabalho assalariado e a subordinação das nossas relações sociais ao "nexo monetário". Nós aprendemos com Marx que o salário oculta o trabalho não assalariado que é destinado ao lucro. Mas medir o trabalho pelo salário também esconde a extensão da subordinação das nossas relações familiares e sociais às relações de produção — *elas se tornaram relações de produção* —, de modo que todos os momentos da vida operam em função da acumulação de capital. O salário e a falta dele permitem ao capital obscurecer a verdadeira duração da nossa jornada de trabalho. O trabalho aparece apenas como um compartimento único da vida, realizado apenas em momentos e espaços determinados. O tempo que gastamos na "fábrica social",

---

38 "Eu acredito que é no mundo privado que mantemos viva a nossa alma." *Ibidem*.
39 Russell Baker, "Love and Potatoes", em *The New York Times*, 26 nov. 1974.

nos preparando para o trabalho ou indo ao trabalho, recuperando nossos "músculos, nervos, ossos e cérebro"[40] com lanches rápidos, sexo rápido, filmes, tudo isso aparece como lazer, como tempo livre, como escolhas individuais.

MERCADOS DE TRABALHO DIFERENTES

O uso do salário pelo capital também obscurece a identificação da classe trabalhadora e mantém os trabalhadores divididos. Por meio da relação salarial, o capital organiza mercados de trabalho diferentes (um mercado de trabalho para negros, jovens, mulheres e homens brancos), e opõe uma "classe trabalhadora" a um proletariado "não trabalhador", supostamente parasitário do trabalho da primeira. Portanto, como beneficiárias de auxílios do governo, nos dizem que vivemos dos impostos da "classe trabalhadora"; como donas de casa, somos retratadas como os sacos sem fundo dos holerites de nossos maridos.

Mas, em última instância, a fraqueza social dos não assalariados foi e é a fraqueza de toda a classe trabalhadora diante do capital. Como demonstra a história da *runaway shop* [loja que foge],[41] a disponibilidade de trabalho não assalariado, tanto nos países "subdesenvolvidos" quanto nas metrópoles, tem permitido ao capital abandonar aquelas regiões onde o trabalho tem se tornado muito caro, minando assim o poder que os trabalhadores ali conquistaram. Sempre que o capital não

---

40 Marx, *op. cit.*, p. 717. [Ed. bras.: p. 788.]
41 Nome dado nos Estados Unidos a fábricas cujos proprietários mudam de lugar com frequência para fugir das regulações dos sindicatos e das leis. [N.E.]

conseguiu operar no "Terceiro Mundo", ele abriu o portão das fábricas para mulheres, negros e jovens na metrópole ou para imigrantes do "Terceiro Mundo". Portanto, não é por acaso que, enquanto o capital está supostamente baseado no trabalho assalariado, mais da metade da população mundial não seja assalariada. O não assalariamento e o subdesenvolvimento são elementos essenciais do planejamento capitalista, tanto nacional quanto internacionalmente. São meios poderosos para forçar os trabalhadores a competir no mercado de trabalho nacional e internacional, e nos fazer acreditar que nossos interesses são diferentes e contraditórios.[42]

Aqui estão as raízes do sexismo, do racismo e do *welfarism* (desprezo pelos trabalhadores que obtiveram algum dinheiro do Estado), que são expressões de mercados de trabalho diferentes e, portanto, de diferentes maneiras de regular e dividir a classe trabalhadora. Se ignorarmos esse uso da ideologia capitalista e as suas raízes na relação salarial, nós não apenas terminamos por considerar o racismo, o sexismo e o *welfarism* como doenças morais, produtos de "falsa consciência", como também ficamos confinados a uma estratégia de "educação" que não nos deixa nada além dos "imperativos morais que reforçam o nosso lado".[43]

Nós finalmente concordamos em um ponto com Lopate, quando ela diz que a nossa estratégia nos exime de contar com "o fato de homens serem 'boas' pessoas"

---

42 Selma James, *Sex, Race and Class* [Sexo, raça e classe]. Bristol: Falling Wall Press & Race Today Publications, 1975, reeditado com um pós-escrito em *Sex, Race, and Class: The Perspective of Winning: A Selection of Writings, 1952-2011* [Sexo, raça e classe: a perspectiva de vencer: uma seleção de escritos, 1952-2001]. Oakland: PM Press, 2012, pp. 92-101.
43 Lopate, *op. cit.*, p. 11.

para atingir a libertação.[44] Como demostraram as lutas dos negros nos anos 1960, não foi por meio de boas palavras, mas por meio da organização de seu poder, que eles fizeram as suas necessidades serem "compreendidas". No caso das mulheres, a tentativa de educar os homens sempre significou que a nossa luta foi privatizada e travada na solidão de nosso quarto e nossa cozinha. O poder educa. Primeiro os homens terão medo, depois eles aprenderão, porque o capital terá medo. Porque não estamos lutando pela redistribuição mais igualitária do mesmo trabalho: estamos lutando para colocar um fim nesse trabalho, e o primeiro passo para isso acontecer é colocar um preço nele.

DEMANDAS SALARIAIS

O nosso poder como mulheres começa com a luta social pelo salário, não para sermos incluídas na relação salarial (porque nunca estivemos fora dela), mas para podermos sair dela, para que cada setor da classe trabalhadora possa sair dela. Aqui temos que esclarecer a natureza da luta pelo salário. Quando a Esquerda sustenta que as demandas salariais são "economicistas", "demandas de sindicatos", ela ignora que o salário, assim como a sua ausência, é a medida direta da nossa exploração, sendo, portanto, a expressão direta da relação de poder entre capital e classe trabalhadora e dentro da classe trabalhadora. Ela também ignora que a luta salarial toma muitas formas e não está restrita ao aumento de salário.

---

44 *Ibidem.*

A redução do tempo de trabalho, obtenção de melhores serviços sociais, assim como a obtenção de mais dinheiro — tudo isso representa ganhos salariais que determinam quanto trabalho é retirado de nós e quanto poder temos sobre a nossa vida. É por isso que o salário tem sido historicamente o principal campo de lutas entre trabalhadores e o capital. E, como uma expressão da relação de classes, o salário sempre tem dois lados: o lado do capital que o utiliza para controlar trabalhadores, garantindo que todo aumento de salário resulte em um aumento de produtividade; e o lado dos trabalhadores, que estão sempre lutando por mais dinheiro, mais poder e menos trabalho.

Como demonstra a história da atual crise capitalista, cada vez menos trabalhadores estão dispostos a sacrificar a vida a serviço da produção capitalista e a escutar os chamados para o aumento de produtividade.[45] Mas, quando a "troca justa" entre salário e produtividade é abalada, a luta por salário torna-se um ataque direto ao lucro do capital e à sua capacidade de extrair de nós trabalho excedente. Portanto, a luta por salário é ao mesmo tempo uma luta contra o salário, pelo poder que ela expressa e contra a relação capitalista que ela constitui. No caso do não assalariamento — no nosso caso —, a luta por salário é ainda mais claramente um ataque ao capital. Os salários para o trabalho doméstico significam que o capital terá de pagar pela enorme quantidade de serviços sociais que os empregadores economizam ao passar o fardo para nossas costas. Mais importante ainda: exigir salários para o trabalho doméstico é recusar-se a aceitar o nosso trabalho como um destino biológico,

---

45 *Fortune*, dez. 1974.

uma condição indispensável para lutar contra ele. Nada, na verdade, tem sido tão poderoso na institucionalização do nosso trabalho, da família e da nossa dependência dos homens quanto o fato de que não somos pagas por esse trabalho com um salário, mas com "amor". Mas para nós, assim como para os trabalhadores assalariados, o salário não é o preço de uma negociação de produtividade. Em troca de um salário nós não trabalharemos com a mesma intensidade, nem mais do que antes: nós trabalharemos menos. Queremos um salário para podermos dispor de nosso tempo e de nossa energia, para realizar uma luta, e não para sermos confinadas a um segundo emprego por causa da nossa necessidade de independência financeira.

A NOSSA LUTA PELO SALÁRIO ABRE TANTO PARA O ASSALARIADO QUANTO PARA O NÃO ASSALARIADO A QUESTÃO DA VERDADEIRA DURAÇÃO DA JORNADA DE TRABALHO. ATÉ O PRESENTE MOMENTO, A CLASSE TRABALHADORA — HOMENS E MULHERES — TEVE A SUA JORNADA DE TRABALHO DEFINIDA PELO CAPITAL, ENTRE BATER UM PONTO E OUTRO. ISSO DEFINIA O TEMPO EM QUE PERTENCÍAMOS AO CAPITAL E O TEMPO EM QUE PERTENCÍAMOS A NÓS MESMOS. MAS NUNCA PERTENCEMOS A NÓS MESMOS, SEMPRE PERTENCEMOS AO CAPITAL, EM TODOS OS MOMENTOS DE NOSSA VIDA, E JÁ É HORA DE FAZER O CAPITAL PAGAR POR CADA UM DESSES MOMENTOS. EM TERMOS DE CLASSE, TRATA-SE DE REIVINDICAR UM SALÁRIO PARA CADA MOMENTO QUE VIVEMOS A SERVIÇO DO CAPITAL.

FAZENDO O CAPITAL PAGAR

Essa é a perspectiva de classe que tem dado forma às lutas dos anos 1960, nos Estados Unidos e internacionalmente. Nos Estados Unidos, as lutas dos negros e das mães que recebem auxílios do governo – o "Terceiro Mundo" da metrópole – expressaram a revolta dos não assalariados e sua recusa à única alternativa oferecida pelo capital: mais trabalho. Essas lutas, que encontraram na comunidade o epicentro de seu poder, não eram por desenvolvimento, mas pela reapropriação da riqueza social que o capital tem acumulado por meio de trabalho assalariado e não assalariado. Elas desafiaram a organização capitalista da sociedade que impõe o trabalho como a condição única de nossa existência. Elas também desafiaram o dogma de esquerda segundo o qual a classe trabalhadora somente pode organizar o seu poder nas fábricas.

Mas não é preciso entrar em uma fábrica para fazer parte da organização de uma classe trabalhadora. Quando Lopate argumenta que "as precondições ideológicas para a solidariedade da classe trabalhadora são redes e conexões que surgem do trabalho em conjunto", e que "essas precondições não podem surgir entre mulheres isoladas trabalhando em casas separadas", ela anula as lutas que essas mulheres "isoladas" travaram nos anos 1960 (greves de aluguel, lutas por auxílios etc.).[46] Ela presume que não podemos nos organizar se não formos, primeiro, organizadas pelo capital; e, como ela nega que o capital já tenha nos organizado, ela nega a existência de nossa luta. Mas confundir a organização do nosso traba-

---

46 Lopate, *op. cit.*, p. 9.

lho realizada pelo capital, seja na cozinha, seja na fábrica, com a organização da nossa luta contra ele é o caminho certo para a derrota. Lutar pelo trabalho já é uma derrota; e podemos ter certeza de que cada nova forma de organização do trabalho tentará nos isolar ainda mais, porque é uma ilusão imaginar que o capital não nos divide quando não estamos trabalhando isolados uns dos outros.

Em oposição às divisões típicas à organização capitalista do trabalho, devemos nos organizar de acordo com as nossas necessidades. Nesse sentido, os salários para o trabalho doméstico são tanto uma recusa à socialização da fábrica quanto uma recusa a uma possível "racionalização" capitalista do lar, como propõe Lopate: "precisamos olhar seriamente para as tarefas 'necessárias' à manutenção da casa. [...] Precisamos investigar os aparelhos que economizam tempo e trabalho para decidir quais são úteis e quais apenas aprofundam a degradação do trabalho doméstico".[47]

Não é a tecnologia em si que nos degrada, mas o uso que o capital faz dela. Além disso, a "autogestão" e o "controle pelos trabalhadores" sempre existiram no lar. Sempre pudemos escolher entre lavar a roupa na segunda-feira ou no sábado, ou entre comprar uma máquina de lavar ou um aspirador de pó, desde que tivéssemos dinheiro para isso. Assim, não devemos pedir ao capitalismo que modifique a natureza do nosso trabalho, mas lutar para recusar a reprodução de nós mesmas e dos outros como trabalhadores, como força de trabalho, como mercadorias; e uma condição para atingir essa meta é o reconhecimento dessa forma de trabalho como trabalho por meio do salário. Evidentemente, enquanto a relação salarial capitalista existir, o capitalismo também existirá.

---

47 Lopate, *op. cit.*, p. 9.

Portanto, não dizemos que ganhar um salário é uma revolução. Nós dizemos que é uma estratégia revolucionária, porque ela enfraquece o papel atribuído a nós na divisão capitalista do trabalho e, por conseguinte, modifica as relações de poder dentro da classe trabalhadora em termos mais favoráveis para nós e para a unidade da classe.

No que diz respeito aos aspectos financeiros dos salários para o trabalho doméstico, eles são "altamente problemáticos" somente se tomados do ponto de vista do capital, do ponto de vista do Departamento do Tesouro, que sempre alega pobreza quando se dirige aos trabalhadores.[48] Como não somos o Departamento do Tesouro e não temos essa aspiração, não conseguimos nos imaginar montando para eles sistemas de pagamentos, diferenças salariais e de negociações de produtividade. Não cabe a nós colocar limites ao nosso poder, não cabe a nós medir nosso próprio valor. A nós cabe apenas a organização da luta em prol daquilo que queremos, para todas nós, nos nossos termos. Nossa meta é não ter preço, é dar nosso preço fora do mercado, para que o trabalho doméstico e o trabalho na fábrica e no escritório tornem-se "ineconômicos".

Do mesmo modo, rejeitamos o argumento de que algum outro setor da classe trabalhadora terá de pagar por nossos eventuais ganhos. Seguindo essa lógica, poderíamos dizer que os trabalhadores assalariados são pagos atualmente com o dinheiro que o capital não nos dá. Mas essa é a forma de falar do Estado. Afirmar que as demandas por programas de auxílios sociais realizadas por negros nos anos 1960 tiveram "um efeito devastador sobre qualquer estratégia de amplo alcance [...] para as relações entre brancos e negros", já que "os trabalha-

---

48 *Ibidem.*

dores sabiam que eles, e não as corporações, acabariam pagando por esses programas", é obviamente racista.[49] Se partirmos do pressuposto de que toda luta termina necessariamente na redistribuição da pobreza, nós estamos assumindo a inevitabilidade da nossa derrota. O artigo de Lopate é certamente escrito sob o signo do derrotismo, o que significa aceitar as instituições capitalistas como inevitáveis. Lopate não pode imaginar que, se o capital diminuísse o salário de outros trabalhadores para nos dar um salário, esses trabalhadores seriam capazes de defender seus interesses e os nossos também. Ela ainda presume que, "obviamente, os homens receberiam os salários mais altos pelo seu trabalho doméstico". Em resumo, ela pressupõe que nunca poderemos vencer.[50]

Lopate, por fim, nos adverte que, se obtivéssemos salários para o trabalho doméstico, o capital enviaria supervisores para controlar o nosso trabalho. Como ela enxerga donas de casa somente como vítimas, incapazes de lutar, ela não pode imaginar que poderíamos nos organizar coletivamente para bater a porta na cara do supervisor que tentasse impor esse controle. Ela pressupõe, além disso, que, já que não temos supervisores oficiais, o nosso trabalho não é controlado. Mesmo que ser assalariada significasse maiores tentativas de controle mais direto do Estado sobre o nosso trabalho, isso ainda seria preferível à atual situação, pois essa tentativa levaria à exposição daqueles que comandam o nosso trabalho, e seria melhor saber quem é nosso inimigo a ficar nos culpando e nos odiando porque somos compelidas a "amar ou cuidar [...] por causa do medo e da dominação".[51]

---

49 Lopate, *op. cit.*, p. 10.
50 *Ibidem*.
51 Lopate, *op. cit.*, p. 10.

A REESTRUTURAÇÃO DO TRABALHO DOMÉSTICO E DA REPRODUÇÃO NOS ESTADOS UNIDOS NOS ANOS 1970 (1980)[52]

Se as mulheres querem que a posição
de esposa tenha a honra atribuída
por elas a tal posição, não falarão sobre
o valor de seus serviços e sobre os
rendimentos declarados, mas viverão com
o marido segundo o espírito do voto
do serviço marital inglês, aceitando-o
"na alegria e na tristeza, na pobreza e na
riqueza, na doença e na saúde, para amar,
honrar e obedecer". Ser esposa é isso.
— "Wives' Wages" [Salários das esposas],
em *The New York Times*, 10 ago. 1876

De todo o capital social, o mais valioso é
aquele investido em seres humanos, e deste,
a parte mais preciosa vem do resultado do
cuidado e da influência da mãe, contanto que
ela preserve seus instintos ternos e altruístas.
— Alfred Marshall, *Principles of Economics*
[Princípios de economia] (1890)

---

52 Este texto foi originalmente apresentado em uma conferência realizada em Roma entre 9 e 11 de dezembro de 1980, em torno do tema "As políticas econômicas do trabalho feminino na Itália e nos Estados Unidos", copatrocinada pelo Centro Studi Americani e pela German Marshall Fund of the United States.

Enquanto se reconhece amplamente que a expansão significativa da força de trabalho feminina é possivelmente o fenômeno social mais importante dos anos 1970, suas origens ainda são incertas para os economistas. O avanço da tecnologia doméstica, a redução do tamanho das famílias e o crescimento do setor de serviços são apresentados como prováveis causas dessa tendência. Contudo, argumenta-se também que esses fatores podem ser um efeito da entrada das mulheres na força de trabalho e que procurar uma causa nos levaria a um círculo vicioso, uma espécie de problema como "o ovo ou a galinha". Essa incerteza entre os economistas decorre da sua incapacidade de reconhecer que o aumento significativo da força de trabalho feminina nos anos 1970 reflete a recusa das mulheres a continuar sendo trabalhadoras não assalariadas dentro de casa, atendendo à reprodução da mão de obra nacional. De fato, o que acontece sob o nome de "afazeres domésticos" é, para usar a expressão de Gary Becker, um processo de "consumo produtivo",[53] que produz e reproduz o "capital humano", ou, nas palavras de Alfred Marshall, a "habilidade geral" dos trabalhadores a trabalhar.[54] Os planejadores sociais frequentemente reconhecem a importância desse trabalho para a economia. Ainda assim, como aponta Becker, o consumo produtivo que acontece em casa possuiu uma "existência marginal no pensamento econômico".[55] Pelo fato de esse trabalho não ser remunerado em uma sociedade na qual o tra-

---

53 Gary Becker, "A Theory of the Allocation of Time" [Uma teoria da alocação do tempo], em *Economic Journal*, v. 75, n. 299, pp. 493-517, 1965.
54 Alfred Marshall, *Principles of Economics*. Londres: Macmillan, 1938, p. 207. [Ed. bras.: *Princípios de economia*, v. II. São Paulo: Nova Cultural, 1996.]
55 Gary Becker, *The Economic Approach to Human Behavior* [A abordagem econômica do comportamento humano]. Chicago: University of Chicago Press, 1976, p. 89.

balho é sinônimo de salário, ele se torna invisível como trabalho, ao ponto de esses serviços não serem incluídos no Produto Interno Bruto (PIB) e suas provedoras estarem ausentes dos cálculos da força de trabalho nacional.

Dada a invisibilidade social do trabalho doméstico, não surpreende que os economistas não tenham percebido que ao longo dos anos 1960 e 1970 esse trabalho foi o principal campo de batalha para as mulheres, tanto que sua escolha por empregos no mercado de trabalho deve ser vista como uma estratégia usada para se libertarem dessa ocupação. Nesse processo, as mulheres dispararam uma grande reorganização da reprodução social que está colocando em crise a divisão sexual predominante do trabalho e as políticas sociais que moldaram a reorganização da reprodução no período pós-guerra. No entanto, apesar das muitas evidências de que as mulheres estão se desprendendo do trabalho doméstico não remunerado, atualmente mais de 30% ainda trabalham fundamentalmente como donas de casa, e mesmo aquelas que estão no mercado de trabalho dedicam tempo considerável a tarefas que não lhes fornecem remuneração, assistência social ou aposentadoria. Isso significa que o trabalho doméstico ainda é a maior fonte de emprego para as mulheres estadunidenses, e que a maioria dessas mulheres passa a maior parte do tempo realizando trabalhos que não lhes fornecem nenhum dos benefícios que acompanham um salário.

Também está claro que, na ausência de remuneração monetária, as mulheres encaram sérios obstáculos na tentativa de ganhar "independência econômica", sem mencionar o preço alto que pagam por isso: a incapacidade de escolher se querem filhos ou não, baixos salários e o peso de uma jornada dupla quando ingressam no mercado de trabalho. Os problemas que as mulheres encaram parecem particularmente sérios, dadas as perspectivas econômicas oferecidas no momento, pois emergem do debate atual sobre a "crise energética" e a viabilidade de uma economia que cresce *versus* uma que não cresce. Parece que não importa qual caminho prevaleça, as mulheres serão as principais perdedoras na "batalha para controlar a inflação" e no consumo de energia. A experiência recente da Three Mile Island[56] mostrou os prováveis efeitos na vida das mulheres do tipo de crescimento econômico financiado pela "comunidade empresarial" e pelo governo, que se baseia na expansão da energia nuclear, na desregulamentação de várias atividades econômicas e no aumento dos gastos militares. Igualmente desagradável, no entanto, é a alternativa de não crescimento, que, como articulada atualmente, promete às mulheres uma intensificação ilimitada do trabalho doméstico para compensar a redução e o aumento do custo dos serviços propostos por essa via.

A REVOLTA CONTRA O TRABALHO DOMÉSTICO

Apesar de raramente reconhecidos, os primeiros sinais da recusa das mulheres a continuarem como trabalhadoras não remuneradas em casa não apareceram no best-seller de Betty Friedan, *A mística feminina* (1963), mas na luta das "mães beneficiárias dos programas de assistência social", ou seja, as mulheres que participavam do Aid to Families with Dependent Children [Auxílio para famílias

---

56 A autora faz referência a uma central nuclear chamada Three Mile Island, localizada na Pensilvânia, nos Estados Unidos, que, em março de 1979, foi palco do maior vazamento nuclear ocorrido até então. [N.T.]

com crianças dependentes] (AFDC), em meados dos anos 1960. Por se desenvolver no despertar do movimento pelos direitos civis e normalmente ser percebida como uma questão menos importante, a luta das mães pela assistência social, na verdade, deu voz à insatisfação que muitas mulheres estadunidenses sentiam com uma política social que ignorava o trabalho que elas faziam em casa, que as estigmatizava como parasitas ao demandar assistência social, enquanto todos colhiam benefícios enormes de uma ampla variedade de serviços fornecidos por elas, os quais permitiam a manutenção da força de trabalho nacional. As mães beneficiárias dos programas de assistência social, por exemplo, denunciaram o absurdo da política governamental de reconhecer como trabalho o cuidado com os filhos apenas quando envolvia filhos de outras pessoas, pagando, assim, mais para quem abrigasse crianças do sistema adotivo do que para as mães beneficiárias da assistência social, enquanto eram criados programas para colocar essas mulheres "para trabalhar". O espírito da luta por assistência social foi bem expresso nas palavras de uma das suas organizadoras:

> Se o governo fosse inteligente, chamaria o AFDC de "Creche Diária e Noturna", criaria uma nova agência, nos pagaria um salário decente pelo serviço que estamos fazendo e diria que a crise da assistência social foi resolvida, porque as mães beneficiárias dos programas de assistência social foram trabalhar.[57]

---

[57] Milwaukee County Welfare Rights Organization [Organização por direitos de assistência social do condado de Milwaukee], em *Welfare Mothers Speak*

Alguns anos depois, discutindo a proposta do Family Assistance Plan [Plano de Assistência Familiar] (FAP) apresentado em 1971 pelo governo de Richard Nixon, o senador Daniel Patrick Moynihan reconheceu que essa demanda estava longe de ser extravagante:

> Se a sociedade dos Estados Unidos reconhecesse o trabalho doméstico e o cuidado com as crianças como trabalho produtivo a ser incluído no cálculo da economia nacional [...] receber assistência social poderia não implicar dependência. Mas não reconhecemos de tal forma. Pode-se esperar que isso mude com o atual Movimento das Mulheres. Mas, no momento em que escrevo, não mudou.[58]

Logo se provou que Moynihan estava errado. No tempo em que ele estava relembrando as aventuras legislativas do FAP, o Wages for Housework Movement estava crescendo nos Estados Unidos, fortalecendo-se a ponto de fazer com que a Conferência Nacional das Mulheres, sediada em Houston em 1977, recomendasse em seu Plano de Ação que esses benefícios fossem chamados de "salário".[59] A luta das mães beneficiárias da assistência social não só colocou a questão do trabalho doméstico na agenda nacional, embora disfarçada como uma "questão de pobreza", como também dei-

---

Out: We Ain't Gonna Shuffle Anymore [Mães da assistência social erguem a voz: nós não vamos mais vacilar]. Nova York: W.W. Norton, 1972, p. 79.

58 Daniel P. Moynihan, *The Politics of a Guaranteed Income: The Nixon Administration and the Family Assistance Plan* [A política de uma renda garantida: o governo Nixon e o plano de assistência familiar]. Nova York: Random House, 1973, p. 17.

59 "O Congresso deveria aprovar o piso federal de pagamentos para providenciar um padrão de vida adequado, baseado no custo de vida de cada estado. E, assim como com os outros trabalhadores, as donas de casa que recebem pagamentos de transferência de renda deveriam ter a dignidade de ter seu pagamento chamado de salário, não de benefício."

xou claro que o governo não poderia mais esperar regular o trabalho das mulheres a partir da organização do salário masculino. Uma nova era estava começando, na qual o governo teria que negociar diretamente com as mulheres, sem a mediação dos homens.

Essa recusa do trabalho doméstico tornou-se um fenômeno social generalizado e foi ainda mais dramatizado pelo desenvolvimento do Movimento Feminista. Os protestos de mulheres em feiras de noivas e concursos de Miss Estados Unidos mostravam que cada vez menos se aceitava a "feminilidade", o casamento e a casa como destino natural. No começo dos anos 1970, no entanto, a recusa das mulheres em fazer o trabalho doméstico tomou forma na migração para a força de trabalho assalariada. Os economistas explicavam essa tendência como resultado do avanço tecnológico dentro de casa e da difusão dos métodos contraceptivos, que presumivelmente "liberavam tempo para a mulher trabalhar". No entanto, com a exceção do forno de micro-ondas e dos processadores de comida, poucas inovações tecnológicas entraram nos lares na década de 1970 para justificar o crescimento recorde das mulheres na força de trabalho assalariado.[60] Em relação ao declínio das taxas de fertilidade, as últimas tendências indicam que o tamanho da família não é, por si só, um fator determinante na decisão das mulheres de

---

60 Também do ponto de vista do gasto dos consumidores em eletrodomésticos, a década de 1970 não viu crescimento (comparando-se com o dos anos 1960), mas um declínio em comparação com os anos 1950. Do mesmo modo, é questionável se mais tecnologia pode libertar as mulheres do trabalho. Aparelhos que deveriam poupar trabalho muitas vezes aumentaram a carga das mulheres. Ver Ruth Cowan, *More Work for Mother: The Ironies of Household Technology from the Open Hearth to the Microwave* [Mais trabalho para a mãe: as ironias da tecnologia doméstica, do fogão à lenha ao micro-ondas]. Nova York: Basic Books, 1983.

procurar emprego no mercado de trabalho, como provado pelo exemplo da década de 1950, quando, na época do *baby boom*, as mulheres, particularmente as casadas e com filhos pequenos, começaram a voltar, em número recorde, à força de trabalho assalariada.[61] O fato de as mulheres terem tido pouco do seu tempo liberadas do trabalho doméstico também foi demonstrado por diversos estudos, como o realizado pelo banco Chase Manhattan em 1971, revelando que, no final dos anos 1960, as mulheres estadunidenses ainda gastavam uma média de 45 horas por semana no trabalho doméstico, um número que facilmente subia quando tinham crianças pequenas.

Se também considerarmos que as mulheres com crianças em idade pré-escolar foram as que mais ingressaram na força de trabalho, dificilmente podemos concluir que as mulheres sentiam falta apenas do trabalho em si, particularmente porque o emprego que a maioria delas encontra são extensões do trabalho doméstico. A verdade, como aponta Juanita Kreps, é que as mulheres "estão ávidas por trocar [o trabalho doméstico] por um emprego que é igualmente rotineiro e repetitivo [porque] a diferença é que o emprego paga um salário."[62] Outra razão crucial para a expansão recorde da força de trabalho feminina, particularmente depois de 1973, foram os extensos cortes na assistência social ao longo dos anos 1970. Começando no governo Nixon, uma campanha midiática diária atribuía a culpa de

---

61 Este ponto de vista é discutido por Valerie Kincade Oppenheimer em *The Female Labor Force in the United States: Demographic and Economic Factors Governing Its Growth and Changing Composition* [A força de trabalho feminina nos Estados Unidos: fatores demográficos e econômicos definidores de seu crescimento e transformação]. Westport: Praeger, 1976.
62 Juanita Morris Kreps. "Sex in the Marketplace: American Women at Work" [Sexo no mercado: mulheres americanas no trabalho], em *Policy Studies in Employment & Welfare*, v. 11, p. 68, 1971.

todos os problemas sociais à "bagunça da assistência social". Enquanto isso, no país inteiro, as regras de admissão apertavam, cortando o número de mulheres qualificadas a participar, enquanto os próprios benefícios foram reduzidos, apesar do aumento constante do custo de vida.[63]

Como resultado, enquanto os benefícios do AFDC eram mais altos que a média salarial feminina até 1969, em meados dos anos 1970 o oposto passou a acontecer, ainda que o salário real médio tenha caído em comparação com o dos anos 1960. Diante do ataque aos programas sociais, as mulheres parecem ter seguido os conselhos de uma mãe beneficiária que uma vez comentou que, se o governo só se dispunha a pagar às mulheres quando elas tomavam conta dos filhos dos outros, então elas deveriam "trocar os filhos". Dado que no mercado de trabalho as mulheres concentram-se no setor de serviços que envolvem o trabalho reprodutivo, pode-se argumentar que as mulheres trocaram o trabalho doméstico não pago para sua família por trabalho doméstico pago no mercado.

O fato de o crescimento do trabalho feminino refletir a recusa das mulheres ao trabalho doméstico também explica o aparente paradoxo no qual o trabalho doméstico começou a aparecer como um campo digno de pesquisas econômicas, no momento em que as mulheres passaram a entrar no mercado de trabalho em número recorde. A década de 1970 viu um ápice nos estudos sobre o tema. Então, em 1975, até o governo decidiu avaliar a contribuição dos afazeres domésticos no PIB. Mais uma vez, em 1976, os pesquisadores da Administração de Seguro Social, ao estudar o impacto das doenças na produtivi-

---

63 Em Nova York, os benefícios sociais foram congelados no patamar de 1972 (ajustado em 1974), apesar de o custo de vida ter dobrado nos últimos oito anos.

dade nacional, incluíram nos cálculos o valor monetário do trabalho doméstico.[64] Baseadas em uma abordagem de custo de mercado, as estimativas alcançadas foram extremamente conservadoras. Ainda assim, só o fato de haver uma tentativa de fazer esse cálculo demonstrava a crescente preocupação do governo com a "crise do trabalho doméstico-familiar". De fato, por trás do súbito interesse pelo trabalho doméstico está a velha verdade de que esse trabalho permanece invisível apenas quando continua a ser feito. Outros motivos também tornaram a "crise do trabalho doméstico" preocupante para os formuladores de políticas públicas. Antes de mais nada, houve a ameaça à "estabilidade familiar", ao se fazer uma correlação entre a crescente capacidade de ganho das mulheres estadunidenses, a crescente taxa de divórcios e o concomitante aumento no número de mulheres chefes de família. Em meados dos anos 1970, o governo também começava a se preocupar com o fato de que a expansão da força de trabalho remunerada das mulheres crescia para além do projetado, revelando um caráter autônomo que contrariava os planos governamentais.[65] Por exemplo, longe de providenciar uma "solução" às crescentes taxas de assistência social, o aumento no número de mulheres procurando por emprego remunerado criou um "amortecedor" para os benefícios da assistência social, pois a disparidade entre o número de mulheres que procurava trabalho assalariado e os empregos disponíveis continuava impedindo as ten-

---

64 Calculou-se que uma dona de casa em tempo integral custa seis mil dólares por ano, uma estimativa baixa comparada com os treze mil dólares do estudo do Chase Manhattan e com os vinte mil dólares de um estudo contemporâneo feito pelo economista Peter Snell.
65 A entrada de mulheres na força de trabalho em 1976 alcançou números que o Departamento de Trabalho não esperava atingir antes de 1985.

tativas do governo de "botar as mulheres beneficiárias da assistência social para trabalhar". Igualmente preocupante para o governo e para os empregadores, no contexto da recessão mais severa desde a Depressão,[66] e com uma perspectiva de um período longo de desemprego, foi a aparente "inflexibilidade" da participação feminina no mercado de trabalho assalariado.

As mulheres aceitariam voltar para casa de mãos vazias, como fizeram no período pós-guerra, após experimentar os benefícios financeiros de um salário?[67] Foi nesse clima que ocorreu a reavaliação do trabalho doméstico. Ainda assim, apesar de muita conversa, pouco foi feito. O valor econômico do trabalho doméstico foi reconhecido em propostas legislativas menores. Por exemplo, um plano de aposentadoria aprovado pelo governo em 1976 (como parte da Tax Reform Act [Lei da reforma tributária]) permitiu aos maridos contribuir para um Individual Retirement Plan [Plano individual de aposentadoria] (IRA) também em benefício das esposas que não possuíam empregos. A contribuição da esposa para a renda familiar também é reconhecida, pelo menos formalmente, nas leis do "divórcio sem culpa"[68] que

---

66 A autora se refere ao período que engloba a crise econômica de 1929 e os anos seguintes, mais conhecido no Brasil como Grande Depressão. [N.T.]

67 É importante mencionar a proposta de uma revisão do seguro desemprego debatida durante o governo do presidente Gerald Ford. Apesar de não ser admitida abertamente, o objetivo dessa proposta era cortar os benefícios relativos ao desemprego das pessoas — leia-se "donas de casa" — que haviam "saído de casa" recentemente. Também propunha que pessoas desempregadas com cônjuges que trabalhassem não deveriam ser contadas como destinatárias de benefícios para desempregados. Pessoas "consideradas desqualificadas por falta de capacitação ou de experiência anterior" também seriam excluídas do seguro desemprego. Eileen Shanahan, "Study on Definitions of Jobless Categories Is Urged" [Estudos sobre definições de categorias de desempregados são necessários], *The New York Times*, 11 jan. 1976.

68 O termo *no-fault divorce laws*, no original em inglês, se refere a leis que desobrigaram as partes de um casamento de comprovar perante a justiça

diversos estados aprovaram nos últimos anos, permitindo a divisão da propriedade familiar levando em conta os serviços realizados pela esposa. (Há casos recentes, no entanto, que recusaram as exigências de algumas mulheres por uma divisão do salário do homem). Por fim, a Tax Reform Act de 1976 permitiu que os pais deduzissem do imposto de renda as despesas com creche até um máximo de quatrocentos dólares por criança (mas os pais precisam gastar dois mil dólares para se qualificar para essa quantia). Quanto à possibilidade de remuneração por trabalho doméstico, a única proposta sugerida até agora foi um preço simbólico funcional atrelado ao seu cálculo no PIB. Supõe-se que isso daria às mulheres uma percepção mais elevada do seu valor e aumentaria a satisfação com esse trabalho. Típica dessa abordagem é a recomendação feita por um grupo de pesquisa que estudou o trabalho nos Estados Unidos:

> O fato claro é que manter uma casa e criar os filhos é trabalho, trabalho que, em média, é tão difícil de fazer e útil para o resto da sociedade quanto quase todos os trabalhos que envolvem a produção de bens e serviços. A dificuldade é [...] que não reconhecemos, como sociedade, esse fato no nosso sistema público de valores e recompensas. Tal reconhecimento pode começar simplesmente ao considerar as donas de casa na força de trabalho, atribuindo um valor monetário ao seu trabalho.[69]

qualquer tipo de culpa ou conduta desapropriada do cônjuge no momento de requerer o divórcio — o que, até então, era necessário. [N.E.]

69 U.S. Department of Health, Education and Welfare [Departamento de Saúde, Educação e Bem-estar], *Work in America: Report of a Special Task Force to the Secretary of HEW (Health, Education and Welfare)* [Trabalho nos

Na realidade, a única resposta à revolta das mulheres contra o trabalho doméstico tem sido o constante aumento da inflação, que fez com que crescessem o trabalho da mulher em casa e sua dependência do salário masculino. Ainda assim, apesar da ausência de apoio legislativo e do crescimento da inflação, a recusa das mulheres ao trabalho não remunerado em casa continuou durante os anos 1970, produzindo mudanças significativas na organização do trabalho doméstico e no processo geral da reprodução social.

A REORGANIZAÇÃO DA REPRODUÇÃO SOCIAL

A relação das mulheres com o trabalho doméstico nos anos 1970 é um bom exemplo do que os economistas chamam de "efeito da renda", que é a tendência dos trabalhadores de reduzir seu trabalho frente ao aumento dos seus ganhos, apesar de que, no caso das mulheres, foi reduzido apenas seu trabalho não remunerado em casa. A respeito disso, três tendências emergiram: redução, redistribuição (também conhecida como "compartilhamento") e socialização do trabalho doméstico.

A redução do trabalho doméstico aconteceu principalmente por meio da reorganização de muitos serviços domésticos baseados no mercado e da redução do tamanho da família, começando com uma redução drástica no número de filhos. Por outro lado, os dispositivos de economia de trabalho tiveram um papel menor nesse processo. Poucas inovações tecnológicas adentraram

Estados Unidos: relatório da força-tarefa especial para o secretário de Saúde, Educação e Bem-estar]. Cambridge: MIT Press, 1975.

os lares nos anos 1970. Além disso, a estagnação persistente das vendas dos aparelhos eletrodomésticos[70] mostra uma tendência à desacumulação de capital nos domicílios, alinhada à redução do tamanho das famílias e à desacumulação dos serviços oferecidos pela casa. Mesmo o desenho do apartamento e dos móveis – a cozinha virtualmente inexistente, a tendência às unidades modulares e aos móveis planejados – é indicativo da tendência de expulsar de casa a maior parte de suas funções reprodutivas anteriores. De fato, o único dispositivo verdadeiro de economia de trabalho que as mulheres usaram nos anos 1970 foram os contraceptivos, como se percebe pelo colapso da taxa de nascimentos, que em 1979 despencou para 1,75 criança a cada mil mulheres entre quinze e 44 anos. Como frequentemente nos dizem, o *baby boom* dos anos 1950 se converteu em uma redução de natalidade que está afetando profundamente todas as áreas da vida social: o sistema escolar; a força de trabalho, que, se a tendência atual continuar, sofrerá um envelhecimento progressivo; e a produção industrial, que está reajustando suas prioridades para tratar das necessidades de uma população mais adulta.[71]

Apesar das previsões de que um novo *baby boom* virá em breve, essa tendência provavelmente continuará. Em contraste com a década de 1950, as mulheres estaduni-

---

70 Compare as vendas da indústria dos serviços com as vendas de eletrodomésticos. O aumento da escala de serviços (comparado com as vendas de eletrodomésticos) dobrou em menos de dez anos: 6,3% (1965); 8,7% (1970); 11,8% (1975); 11% (1976).

71 O colapso atual da taxa de natalidade desempenha um papel importante nas últimas discussões sobre as políticas de imigração (ver Michael L. Wachter, "The Labor Market and Illegal Immigration: The Outlook for the 1980s" [O mercado de trabalho e a imigração ilegal: a perspectiva para os anos 1980], em *Industrial and Labor Relations Review*, v. 33, n. 3, abr. 1980, p. 342-54).

denses hoje estão dispostas a renunciar à maternidade, até ao ponto de aceitar a esterilização para manter um emprego, em vez de se submeter ao trabalho e aos sacrifícios associados à criação dos filhos.[72]

A redução do trabalho doméstico também se evidencia pelo crescente número de mulheres que demoram para se casar ou que não se casam (moram sozinhas ou em casais do mesmo sexo, ou em arranjos comunitários), assim como o crescente número de divórcios (ainda solicitados principalmente por mulheres), que, nos anos 1970, batia um novo recorde a cada ano. Parece que o casamento não é mais "um bom negócio" ou algo necessário para as mulheres. Enquanto a recusa ao casamento ainda não está em pauta, as mulheres claramente ganharam uma nova mobilidade em relação aos homens, e agora podem estabelecer relações de meio período com eles, nas quais o trabalho é substancialmente reduzido. O contínuo crescimento das famílias chefiadas por mulheres também reflete até que ponto as mulheres estão se recusando a servir os homens de graça.

Aqui, no entanto, é necessário um esclarecimento, já que frequentemente essa tendência foi interpretada como uma "síndrome do lar desfeito", causada pelas políticas de assistência social que evitam realizar o pagamento

---

72 Este foi o caso de cinco trabalhadoras da fábrica Cyanamid Company Wilson Island (condado de Pleasants), em West Virginia, que se submeteram à esterilização por medo de perder o emprego quando a fábrica reduziu o número de componentes químicos aos quais as mulheres podiam ser expostas com segurança. (Ver Timeline of West Virginia Women's History [Linha do tempo da história das mulheres de West Virginia], compilado pelos Arquivos do Estado de West Virginia.) Como se mostrou na sequência de um processo organizado pela United Auto Workers [União dos trabalhadores da indústria automobilística] (UAW) contra a General Motors, contrário às restrições a mulheres em idade fértil, esse não foi um caso isolado.

do AFDC diante da presença de um marido em casa. Em outras palavras, frequentemente o crescimento das famílias chefiadas por mulheres é visto em uma perspectiva de vitimização que ignora as tentativas das mulheres de reduzir o trabalho e a disciplina que vêm com a presença masculina em casa. Constata-se que o impacto das políticas de assistência social foi superestimado em um experimento recente conduzido em Seattle, no qual os benefícios foram dados a casais intactos. Depois de um ano, estes casais tinham a mesma taxa de divórcio que as outras famílias assistidas. Isso mostra que as famílias não se desfazem para poder se qualificar para a assistência; ao contrário, a assistência social proporciona mais autonomia para as mulheres em relação aos homens e a possibilidade de terminar relações baseadas em interesses econômicos.[73]

Não somente as mulheres reduziram o trabalho doméstico como também mudaram as condições desse trabalho. Por exemplo, as mulheres desafiaram o direito do marido de reivindicar serviços sexuais da esposa, independentemente de consentimento. O julgamento, em 1979, de um homem acusado de estuprar a esposa foi uma decisão histórica a esse respeito, já que nunca antes forçar a própria esposa a ter relações sexuais fora considerado um crime. Igualmente significativas foram

---

73 A taxa mais alta de aumento no número de mulheres chefes de família se deu entre mulheres divorciadas. A situação das famílias chefiadas por mulheres mostra as dificuldades que elas enfrentam quando tentam "se virar sozinhas", obtendo os menores rendimentos entre todos os grupos populacionais. Isso se deve tanto aos baixos pagamentos da AFDC quanto aos baixos salários que a "dona de casa deslocada" recebe em um emprego no mercado de trabalho. Enquanto o trabalho doméstico não for reconhecido como trabalho, considera-se que a dona de casa não possui nenhuma habilidade e, por isso, é forçada a aceitar os trabalhos que pagam menos.

as revoltas das mulheres contra a violência doméstica, ou seja, a punição corporal em casa, tradicionalmente tolerada pelos tribunais e pela polícia, que implicitamente a legitimavam como inerente à condição de esposa e dona de casa. Percebendo o poder que as mulheres ganharam e sua determinação em recusar os tradicionais "perigos" do trabalho doméstico, os tribunais progressivamente reconheceram o direito das mulheres violentadas à autodefesa.

Outra tendência que cresceu nos anos 1970 foi a de "dividir o trabalho doméstico", o que já vinha sendo defendido por muitas feministas como a solução ideal para o problema do trabalho doméstico. Mesmo assim, precisamente quando consideramos o que foi conquistado nessa área, percebemos os obstáculos colocados às mulheres que tentam impor em casa uma divisão do trabalho mais igualitária.

Sem dúvida, os homens agora estão mais propensos a fazer algum trabalho doméstico, particularmente entre casais nos quais ambos possuem emprego. Vários novos casais até estipulam um contrato de casamento que estabelece a divisão do trabalho na família. Nos anos 1970, um novo fenômeno também começou a aparecer: o *dono de casa*, possivelmente mais comum do que se imagina, já que muitos homens relutam em admitir que a esposa os sustenta. Mesmo assim, apesar de uma tendência à dessexualização do trabalho doméstico, como mostra uma pesquisa recente, a maioria do trabalho feito em casa ainda fica a cargo das mulheres, mesmo quando elas possuem um segundo emprego. Mesmo para casais que estabelecem relações mais igualitárias, o jogo vira quando nasce uma criança. O motivo para essa mudança são os benefícios salariais que o homem perde quando ele se afasta do trabalho para cuidar dos filhos. Isso sugere que mesmo inovações como os horários flexíveis não são suficientes para garantir que o trabalho doméstico seja dividido igualmente, dado o declínio no padrão de vida quando o homem se ausenta do trabalho remunerado. Isso também sugere que a tentativa das mulheres de redistribuir o trabalho doméstico na família provavelmente será mais frustrada pelos baixos salários que recebem no mercado de trabalho do que pela atitude masculina cristalizada em relação a esse trabalho.

Mesmo assim, a maior evidência de que as mulheres usaram o poder do salário para reduzir o trabalho não pago em casa foi a explosão do setor de serviços nos anos 1970.[74] Cozinhar, limpar, tomar conta dos filhos, até a resolução de problemas e o companheirismo foram cada vez mais "tirados de casa" e organizados de forma comercial. Calcula-se que, atualmente, os estadunidenses façam metade das suas refeições fora de casa, e que a indústria do *fast-food* tenha crescido nos anos 1970 a uma taxa de 15% ao ano, apesar de a inflação ter encorajado a renovação dos hábitos do "faça você mesmo". Igualmente significativa foi a explosão da indústria da recreação e do entretenimento que selecionou a tarefa feminina tradicional de deixar a família relaxada e feliz. De fato, como as esposas e as mães "entraram em greve", muitos dos serviços que antes eram invisíveis se tornaram mercadorias vendáveis, sobre as quais indústrias inteiras foram construídas. Um exemplo típico é o novo crescimento da indústria do corpo, desde academias de ginástica até salões de massagem, com seus serviços múltiplos —

---

74 U.S. Department of Commerce [Departamento de Comércio dos Estados Unidos], *Service Industries: Trends and Prospects* [Indústrias de serviços: tendências e prospectos]. Washington: U.S. Government Printing Office, 1975, pp. 3-13.

sexuais, terapêuticos, emocionais —, e a indústria que foi criada ao redor da corrida (a popularidade desse exercício é por si só indicação de uma nova conscientização de que você precisa "cuidar de si mesmo" porque ninguém mais vai fazer isso). Outras evidências da tendência à desacumulação dos serviços em casa foram o crescimento das creches e o dramático aumento do número de crianças matriculadas na pré-escola (194% a partir dos três anos, entre 1966 e 1976).[75]

Vistas em conjunto, essas tendências indicam uma maior transformação na organização da reprodução social, no sentido de que esse trabalho é cada vez mais dessexualizado, levado para fora de casa e, mais importante, é assalariado. Além disso, enquanto a casa permanece o centro da reprodução da força de trabalho (ou do "capital humano", do ponto de vista empresarial), sua importância como espinha dorsal dos serviços reprodutivos está diminuindo. A organização da reprodução que prevaleceu no modelo econômico keynesiano do período pós-guerra entrou em crise. Nele, o trabalho doméstico era comandado e regulado por meio da organização do

---

75 Contudo, assim como em 1977, calculou-se que apenas 3% das crianças maiores de dois anos e 5% das crianças entre três e cinco anos iam à creche. Em 1975, em um estudo do Census Bureau sobre disposições nos cuidados com as crianças, a maioria dos pais entrevistados listou a si mesmos ou o sistema público como os principais cuidadores de seus filhos. A responsabilidade pela discrepância entre o número de creches disponíveis e as necessidades das mulheres trabalhadoras — incluindo aquelas que trabalham em casa — está na política do governo federal que só considera os serviços de creche legítimos nos casos de famílias "com deficiência", restringindo assim o acesso à creche a beneficiárias do AFDC. Exceto pela isenção do imposto federal, o envolvimento federal com as creches diminuiu na década de 1970, particularmente depois de 1975. Nessas circunstâncias, as mães não têm outra alternativa a não ser procurar acordos pessoais ou encarar os custos substanciais de uma creche privada, em média cinquenta dólares por semana, uma quantia que pesa na renda e, ao mesmo tempo, não fornece um serviço adequado.

salário masculino, que funcionava tanto como investimento direto em capital humano quanto como estímulo para a produção através do seu papel na demanda e no consumo. Nesse modelo, não apenas o trabalho das mulheres em casa ficou escondido no salário masculino, mas a única atividade reconhecida como trabalho era a produção remunerada de mercadorias, tornando as mulheres meros apêndices, variáveis dependentes das mudanças e das transformações dos locais de trabalho. O local onde o marido morava, o trabalho e o salário dele ditavam diretamente a intensidade do trabalho feminino e o nível de produtividade exigido. No entanto, ao recusar trabalhar de graça, as mulheres romperam esse arranjo. Elas romperam com a casa/fábrica, com o salário masculino/ciclo do trabalho doméstico, colocando-se como "variáveis independentes" que os governos e os empregadores precisam confrontar diretamente, mesmo em relação à reprodução. *Com esse desenvolvimento, vemos a reprodução da força de trabalho assumir um status autônomo na economia em relação à reprodução de mercadorias*, tanto que a produtividade do trabalho reprodutivo não se mede mais pela produtividade do trabalhador masculino no emprego, mas diretamente no ponto em que os serviços são entregues.

Não há dúvida de que, durante a década de 1970, o governo e as empresas usaram essa reorganização da reprodução para desmantelar os programas de assistência social, os quais sustentavam a política de "desenvolvimento do capital humano" que caracterizou o período do pós-guerra até a Grande Sociedade,[76] e para segurar

---

[76] A autora se refere ao termo *Great Society*, atribuído pelo presidente dos Estados Unidos Lyndon Johnson (1963-1969) aos objetivos de sua política

o aumento do salário masculino, em ascensão durante os anos 1960. Ao afirmar que os gastos com a assistência social não produziram os resultados esperados, o governo encorajou a reorganização da reprodução com base no mercado, pois isso parecia garantir retorno imediato (apesar da baixa produtividade, pelo menos medida em termos convencionais), independentemente da produtividade da força de trabalho a ser produzida. Ainda assim, ao mesmo tempo que conseguiu reduzir os gastos com os benefícios e criar um clima no qual a assistência social é acusada de ser um dos principais problemas da sociedade estadunidense, o governo não conseguiu eliminar o que pode ser considerado como os primeiros "salários para o trabalho doméstico". Mais importante, enquanto o "salário feminino de assistência social" caiu, e mulheres e pobreza ainda são considerados sinônimos, o salário total nas mãos das mulheres definitivamente aumentou. Quanto à tentativa de usar a demanda das mulheres para fazer com que o mercado de trabalho contenha os salários masculinos (por meio da reorganização da produção, subdesenvolvendo os setores manufatureiros e encorajando o desenvolvimento do setor de serviços), isso também não proporcionou os resultados esperados.

Notou-se que, apesar das altas taxas de desemprego, não testemunhamos na década de 1970 uma reação contra a contratação de mulheres (particularmente as casadas), tão pronunciada nas décadas de 1930 e 1940.[77]

---

interna, que incluíam polêmicos programas de redução da pobreza e combate a doenças, ampliação da escolarização e outras medidas sociais. [N.T.]
77 Como aponta Valerie Kincade Oppenheimer, ao longo das décadas de 1930 e 1940, as atitudes negativas prevaleceram em relação às mulheres trabalhadoras casadas, pois se temia que elas tirassem empregos dos homens. Foram aprovadas leis contra a contratação de mulheres casadas nas câmaras de 26 estados. Oppenheimer também aponta que, mesmo antes da crise de

Os homens parecem ter reconhecido as vantagens da renda dupla, como indicou a contínua redução da participação masculina na força de trabalho. Afirma-se, até, que os homens estão se comportando cada vez mais como mulheres no que diz respeito ao seu padrão de trabalho. Não está desmoronando somente o modelo marido-provedor-esposa-dona de casa (de acordo com as estatísticas do Departamento do Trabalho, atualmente isso se aplica a apenas 34% dos homens em idade produtiva), mas também os maridos cuja esposa está no mercado de trabalho estão menos propensos a aceitar mudanças no local onde trabalham (frequentemente recusando promoções, em vez de encarar uma mudança que prejudicaria o emprego da esposa), mudam de emprego com mais frequência, priorizam empregos com menor carga horária a salários mais altos e se aposentam mais cedo que no passado. Além disso, o salário duplo na família permitiu uma proteção crucial contra o desemprego e a inflação, como mostrado pela experiência dos últimos anos, na qual uma recessão prevista não aconteceu porque a demanda por consumo (e a dívida do consumidor) só aumentou. Protegidas com a perspectiva da renda dupla, as famílias têm menos medo de tomar empréstimos e de gastar, a tal ponto que a inflação teve o efeito oposto ao que geralmente tinha: aumentou os gastos em vez de diminuí-los.

1929, "a maior parte do sistema escolar não contratava mulheres casadas como professoras, e aproximadamente metade exigia que as solteiras se aposentassem após se casarem". Oppenheimer, *op. cit.*, pp. 127-8, 130.

CONCLUSÕES

Está claro que a recusa das mulheres em ser trabalhadoras não remuneradas dentro de casa provocou mudanças importantes na organização da reprodução e nas condições do trabalho feminino. O que estamos testemunhando é a crise da tradicional divisão sexual do trabalho, que confinava as mulheres ao trabalho reprodutivo (não assalariado) e os homens à produção (assalariada) de mercadorias. Todas as relações de poder entre homens e mulheres foram construídas nessa "diferença", já que a maioria das mulheres não teve alternativa a não ser depender de homens para sua sobrevivência econômica e se submeter à disciplina que vem com essa dependência. Como já indiquei, a principal mudança nesse sentido foi conquistada pelo aumento da migração das mulheres para a força de trabalho assalariada, que, nos anos 1970, foi a principal contribuição para o aumento do poder socioeconômico das mulheres. Essa estratégia, no entanto, tem muitos limites. Enquanto o trabalho dos homens diminuiu na última década, as mulheres hoje trabalham ainda mais do que no passado. Isso acontece particularmente entre as mulheres chefes de família e as mulheres com salários baixos, que muitas vezes são obrigadas a fazer bicos para poder pagar as contas.[78] O fardo que muitas mulheres

---

78 A taxa de um segundo emprego das mulheres dobrou durante o período de 1969 a 1979, apesar de os cálculos serem mais altos se incluirmos empregos na economia informal. Até 1969, as mulheres eram 16% de quem tinha um segundo emprego, enquanto em 1979 eram 30%. Calcula-se que as mulheres que possuem um segundo emprego trabalham em média 52 horas por semana. Ver U.S. Bureau of Labor Statistics [Secretaria de Estatísticas Trabalhistas dos Estados Unidos], *Monthly Labor Report* [Relatório mensal do trabalho], v. 103, n. 5, mai. 1980.

ainda carregam se reflete bem no seu histórico médico. Muito se diz do fato de mulheres viverem mais tempo que os homens. No entanto, os registros médicos contam uma história diferente. As mulheres, especialmente no começo dos trinta anos, apresentam a maior taxa de suicídio entre a população jovem, assim como as maiores taxas de uso de drogas, colapso nervoso e tratamento para doenças mentais (com ou sem internação), e têm uma probabilidade maior de relatar estresse e desconforto do que os homens.[79] Essas estatísticas são o sintoma do preço que as mulheres pagam ou por levar a vida como donas de casa em tempo integral, ou pelo fardo da jornada dupla, isto é, o fardo de uma vida construída exclusivamente sobre o trabalho. Está claro que nenhuma mudança positiva pode ocorrer na vida das mulheres se não houver uma profunda transformação nas políticas sociais e econômicas e nas prioridades sociais.

No entanto, se o governo do recém-eleito presidente Ronald Reagan cumprir o que prometeu, as mulheres vão ter que travar uma dura batalha até para defender o que ganharam nos anos 1960 e 1970. Disseram-nos que os gastos em programas de assistência social serão reduzidos, que o orçamento militar será aumentado, que foram planejados novos cortes de impostos que certamente vão beneficiar as empresas enquanto oferecem pouco alívio para as pessoas de baixa renda e nenhum para as pessoas sem renda. Além disso, o tipo de crescimento econômico promovido pelos economistas do lado da oferta do grupo de Reagan ameaça as mulheres com o pesadelo do aumento constante da poluição, criada pelo lixo nuclear

---

79 Emily C. Moore & Julius B. Richmond, "Woman and Health, United States 1980", em *Public Health Reports*, v. 95 (sup.), pp. 9-11; 36-7, 1980.

que se acumula e pela desregulamentação da indústria. Isso significa mais casos como o de Three Mile Island e Love Canal,[80] mais doenças na família, maior preocupação no dia a dia pela própria saúde e pela saúde de filhos e parentes, mais trabalho com que lidar.

Ao mesmo tempo, é de se duvidar que um índice menor de crescimento econômico, baseado no consumo reduzido de energia, "possa ter um efeito benéfico sobre o papel das mulheres na sociedade".[81] O modelo de crescimento econômico lento normalmente proposto é o modelo de uma sociedade baseada no trabalho intensivo, aumentando em particular o seu componente não assalariado: o trabalho doméstico. As "atividades pessoais criativas" que o caminho tecnológico suavemente cria para as mulheres estão indicadas nas palavras de um de seus apoiadores, o economista inglês Amory Lovins: jardinagem, preparo de geleias, tecelagem, bricolagem, preparo de conservas com suas próprias frutas e legumes, costura de roupas, isolamento de janelas e sótãos, reciclagem.[82] Ao exaltar o retorno do "faça você mesmo" como uma vitória da qualidade sobre a mediocridade, do individualismo sobre o Sistema (as emoções liberadas

---

80 Referência ao desastre ambiental de Love Canal, uma contaminação química por despejo de lixo tóxico descoberta em 1977 em um bairro planejado nas imediações da cidade de Niagara Falls, no estado de Nova York. O evento deslocou muitas famílias, causando problemas crônicos de saúde e altos índices de leucemia. Em 2004, a operação de limpeza do governo deliberou por destruir toda a região. [N.T.]

81 Nancy Smith Barrett, "The Economy Ahead of Us: Will Women Have Different Roles?" [A economia à nossa frente: terá a mulher papéis diferentes?], em Juanita Morris Kreps (org.), *Women and the American Economy: A Look to the 1980s* [Mulheres e a economia dos Estados Unidos: um olhar para os anos 1980]. Englewood Cliffs: Prentice Hall, 1976, p. 165.

82 Amory Lovins, *Soft Energy Paths: Towards a Durable Peace* [Caminhos de energia suave: para uma paz durável]. Nova York: Harper Collins, 1977, p. 151.

por essas atividades – nos contaram – são "poderosas, duradouras, e contagiosas"), Lovins alega: "substituímos o ganho [monetário] por uma ética anterior, de servir e cuidar, como as únicas motivações legítimas para o trabalho. Assim, alienação em vez de realização e pobreza interna".[83]

Nas mesmas linhas, Nancy Barrett prevê que, em uma economia de baixo crescimento:

> A diferença entre trabalho e tempo livre pode se tornar confusa. [...] a pessoa que fica em casa não se sentiria inútil, se ele ou ela estivesse contribuindo na economia de energia e aumentando o fornecimento de comida. Até o ponto que a atividade fora do mercado for sentida para ser socialmente útil, é muito mais provável que as pessoas que não trabalham (predominantemente mulheres, dada a prevalência dos padrões de comportamento) se sintam mais satisfeitas ao ficar de fora da força de trabalho que no passado recente.[84]

Mas – é legítimo perguntar – essa imagem idílica de uma vida construída inteiramente em torno da própria reprodução e da reprodução dos outros não é a vida que as mulheres sempre tiveram? Não estamos ouvindo novamente a mesma glorificação do trabalho doméstico, que tradicionalmente serviu para justificar seu *status* não remunerado, ao contrastar essa "atividade significativa, útil e principalmente altruísta" com as aspirações supostamente gananciosas daqueles que exigem ser pagos pelo seu trabalho? Por fim, não estamos encarando novamen-

83 Lovins, *op. cit.*, p. 169.
84 Smith Barrett, *op. cit.*, p. 166.

te uma variação dos velhos argumentos que têm sido usados para mandar as mulheres de volta para casa?

No entanto, se as mudanças que as mulheres conquistaram na década passada são alguma indicação da direção em que as mulheres estadunidenses estão indo, é pouco provável que se satisfaçam com o aumento da sua carga de trabalho em casa, apesar de acompanhada, como deve ser, por um reconhecimento universal, mas puramente moral, do valor do trabalho doméstico. Nesse contexto, concordamos com Nancy Barrett quando diz que as mulheres "podem achar necessário focar seu interesse no apoio financeiro para atividades fora do mercado" e que "salários para o trabalho doméstico, seguridade social [...] e outros benefícios adicionais para o trabalho doméstico serão assunto de preocupação crescente".[85]

85 Smith Barrett, *op. cit.*, p. 166.

COLOCANDO O FEMINISMO DE VOLTA NOS TRILHOS (1984)

Quase catorze anos se passaram desde que comecei a me envolver no movimento de mulheres. No início, era com certa distância. Ia a algumas reuniões, mas com reservas, já que, para o "tipo político" que eu era, parecia difícil conciliar feminismo com uma "perspectiva de classe". Era essa, pelo menos, a justificativa. O mais provável era que eu não estivesse disposta a aceitar minha identidade como mulher depois de ter apostado com toda esperança na minha capacidade de me passar por um homem. Duas experiências foram cruciais para que eu me tornasse uma feminista comprometida. Primeiro, minha convivência com Ruth Geller, que então se tornava uma escritora, registrando em seu *Seed of a Woman* [Semente de uma mulher] (1979) o início do movimento, e que, seguindo a toada feminista típica da época, desprezava continuamente minha escravidão aos homens. Depois, veio minha leitura de *Women and the Subversion of the Community* [Mulheres e a subversão da comunidade] (1970), de Mariarosa Dalla Costa, um panfleto que se tornaria um dos documentos feministas mais discutidos da época. Quando li a última página, eu soube que tinha encontrado minha casa, meu grupo e a mim mesma, como mulher e como feminista. A partir disso, surgiu o meu envolvimento na Wages for Housework Campaign, que mulheres como Mariarosa Dalla Costa e Selma James estavam organizando na Itália e na Grã-Bretanha, e minha decisão de dar início, em 1973, aos grupos da Wages for Housework nos Estados Unidos.

De todas as posições desenvolvidas no movimento de mulheres, a Wages for Housework era provavelmente a mais controversa e, frequentemente, a mais antagonizada. Acredito que marginalizar a luta por salários para o trabalho doméstico foi um grande erro, que enfraqueceu o movimento. Parece-me agora, mais do que nunca, que, para o movimento das mulheres recuperar seu impulso e não ser reduzido a um pilar de um sistema hierárquico, deve enfrentar a condição material de vida das mulheres.

Hoje, nossas escolhas são mais definidas porque podemos medir o que conseguimos alcançar e ver mais claramente os limites e as possibilidades das estratégias adotadas no passado. Por exemplo, ainda podemos fazer campanhas pelo "pagamento igual por trabalho igual" quando diferenças nos pagamentos estão sendo introduzidas inclusive nos tradicionais bastiões da classe trabalhadora masculina? Ou podemos ficar confusas quanto a "quem é o inimigo", quando o ataque aos trabalhadores homens, pelo desemprego tecnológico e corte de salários, é usado para conter também as nossas demandas? Ainda podemos acreditar que a libertação começa com "arrumar um emprego e entrar para o sindicato", quando o trabalho que arrumamos paga um salário mínimo e os sindicatos parecem capazes apenas de barganhar sobre os termos da nossa derrota?

Quando o movimento de mulheres começou no final dos anos 1960, nós acreditávamos que era nossa função, como mulheres, virar o mundo de cabeça para baixo. "Irmandade" era um chamado para construir uma sociedade livre das relações de poder existentes, na qual nós aprenderíamos a cooperar e compartilhar em bases iguais a riqueza que o nosso trabalho e o trabalho que as gerações anteriores produziram. "Irmandade" também expressou uma recusa massiva em sermos donas de casa, posição esta que, nós todas nos demos conta, é a primeira causa da discriminação contra a mulher. Como outras feministas antes de nós, descobrimos que a cozinha é o nosso navio negreiro, nosso feudo, e que, se quiséssemos nos libertar, primeiro teríamos que romper com a nossa identificação com o trabalho doméstico, recusando-nos, segundo as palavras de Marge Piercy, a ser uma *grand coolie damn*.[86] Nós queríamos obter o controle sobre nosso corpo e nossa sexualidade, colocar um fim na escravidão da família nuclear e na nossa dependência dos homens e explorar que tipo de seres humanos gostaríamos de ser, uma vez que começaríamos a nos libertar das cicatrizes deixadas em nós por séculos de exploração. Apesar do surgimento de diferenças políticas, esses eram os objetivos do movimento das mulheres e, para chegar até eles, nós combatemos em todos os *fronts*. Nenhum movimento, no entanto, pode se sustentar e crescer, a não ser que desenvolva uma perspectiva estratégica unificando suas batalhas e mediando seus objetivos de longo prazo com as possibilidades abertas no presente. Esse senso de estratégia é o que tem faltado ao movimento de mulheres, que tem continuamente alternado entre uma dimensão utó-

---

86 Referência ao capítulo "The Grand Coolie Damn" [As malditas burras de carga], escrito pela poeta, romancista e militante estadunidense Marge Piercy e publicado em 1970 na antologia *Sisterhood Is Powerful: An Anthology of Writings from The Women's Liberation Movement* [A irmandade é poderosa: uma antologia de escritos do movimento de libertação das mulheres], editada por Robin Morgan e publicada pela Vintage Books. Os *coolies* eram trabalhadores braçais com origem no Sudeste Asiático, mão de obra explorada nas colônias britânicas. O termo acabou por significar o trabalho de carregadores de bagagens e cargas pesadas nas colônias britânicas, ganhando uma conotação pejorativa para se referir a populações de origem asiática nas regiões do antigo império britânico. [N.T.]

pica, colocando a necessidade de uma mudança total, e uma prática diária que assumiu a imutabilidade do sistema institucional.

Um dos principais defeitos do movimento de mulheres tem sido a tendência de enfatizar demasiadamente o papel da consciência no contexto da mudança social, como se a escravidão fosse uma condição mental e a libertação pudesse ser alcançada por um ato de vontade. Supostamente, se quiséssemos, poderíamos parar de ser exploradas por homens e empregadores, criar nossas crianças de acordo com os nossos padrões, despertar e, começando pelo presente, revolucionar nossa vida cotidiana. Sem dúvida, algumas mulheres já tiveram a força para trilhar esse caminho, dando a entender que as mudanças na própria vida realmente pareceram um ato de vontade. Contudo, para milhões de mulheres, essas recomendações poderiam apenas se tornar uma atribuição de culpa, sem construir as condições materiais que as tornariam possíveis. E, quando a questão das condições materiais era colocada, a escolha do movimento era a de lutar pelo que parecia ser compatível com a estrutura do sistema econômico, em vez de se voltar para ações que expandiriam nossa base social e forneceriam um novo nível de poder para todas as mulheres.

Embora o momento "utópico" nunca tenha sido completamente perdido, cada vez mais o feminismo operou em um quadro no qual o sistema — com seus objetivos, suas prioridades, suas ofertas de produtividade — não é questionado, e a discriminação sexual pode aparecer como o mau funcionamento de instituições que, de outra maneira, seriam perfeitas. O feminismo passou a ser equiparado a conquistar as mesmas oportunidades no mercado de trabalho, da fábrica para o mundo corporativo, ganhando *status* igual ao dos homens e transformando nossa vida e personalidade para nos adequar a essas novas tarefas produtivas. Que este "sair de casa" e "ir para o trabalho" fosse uma precondição para nossa libertação é uma coisa que algumas feministas, já nos anos 1970, questionaram. Para as liberais, o trabalho estava envolto pelo *glamour* da carreira; para as socialistas, isso significava que as mulheres "se juntariam à luta de classes" e se beneficiariam da experiência de realizar um "trabalho produtivo, socialmente útil". Nos dois casos, o que para as mulheres era uma necessidade econômica foi elevado a uma estratégia por meio da qual o trabalho por si só se tornaria um caminho para a libertação. A importância estratégica atribuída à "entrada" das mulheres "no mundo do trabalho" pode ser medida pela difundida oposição à nossa campanha por salários para o trabalho doméstico, que era acusada de ser economicista e institucionalizar as mulheres no lar. Ainda assim, a demanda por salários para o trabalho doméstico era crucial sob diversos pontos de vista. Primeiro, reconheceu que o trabalho doméstico é um trabalho – o trabalho de produzir e reproduzir a força de trabalho – e, nesse sentido, expunha a enorme quantidade de trabalho não remunerado que continua incontestado e invisível nesta sociedade. Também reconheceu que o trabalho doméstico é o problema que todas nós temos em comum, proporcionando assim a possibilidade de unir as mulheres em torno de um objetivo e lutando no terreno onde nossas forças são mais poderosas. Finalmente, nos parecia que colocar a ideia de "arrumar um trabalho" como a condição primordial para se tornar independente dos homens alienaria aquelas mulheres que não querem trabalhar fora de casa, porque elas já trabalham duro o suficiente cuidando da família e, se elas "vão para o trabalho", elas o fazem porque precisam do dinheiro e não porque consideram isso uma experiência libertadora, especialmente porque ter um emprego não liberta ninguém do trabalho doméstico.

Nós acreditávamos que o movimento das mulheres não deveria fixar modelos aos quais as mulheres teriam que se adequar; pelo contrário, deveria inventar estratégias para expandir nossas possibilidades. Uma vez que arrumar um emprego é considerado necessário para nossa libertação, a mulher que se recusa a trocar seu trabalho na cozinha por um trabalho na fábrica é inevitavelmente estigmatizada como atrasada e, além de ser ignorada, seus problemas tornam-se culpa dela. É provável que muitas das mulheres que mais tarde se mobilizaram pela New Moral Majority [Nova maioria moral][87] poderiam ter sido conquistadas pelo movimento se ele tivesse abordado suas necessidades. Quando aparecia um artigo sobre nossa campanha ou éramos convidadas a falar em um programa de rádio, frequentemente recebíamos várias cartas de mulheres que nos falavam da vida ou, às vezes, simplesmente escreviam: "caro senhor, diga-me o que devo fazer para obter salários para o trabalho doméstico". As histórias eram sempre as mesmas. Elas trabalhavam muitas horas, e não tinham tempo nem dinheiro para si. Havia também mulheres mais velhas, que passavam fome com o Supplementary Security Income [Renda suplementar de segurança] (SSI),[88] e nos perguntavam se elas poderiam manter um gato, porque temiam que

---

87 A New Moral Majority foi uma organização política de costumes conservadores nos Estados Unidos que tinha como objetivo fazer *lobby* para ações políticas favoráveis a grupos cristãos. [N.T.]

88 O Supplementary Security Income é um programa de assistência social do governo dos Estados Unidos que fornece assistência em dinheiro e/ou cobertura de cuidados de saúde para pessoas de baixa renda, idosas ou portadoras de necessidades especiais. [N.T.]

seu benefício fosse cortado se a assistência social descobrisse que tinham um animal. O que o movimento de mulheres tinha a oferecer a elas? Saia e arrume um emprego para poder se unir às lutas da classe trabalhadora? O problema era que já trabalhavam demais, e oito horas trabalhando como caixa de supermercado ou em uma linha de montagem dificilmente é uma proposta sedutora quando se precisa fazer malabarismos com um marido e os filhos em casa. Como repetimos com frequência, o que nós precisamos é de mais tempo e de mais dinheiro, não de mais trabalho. Nós necessitamos de creches, não para sermos liberadas para mais trabalho, mas para podermos dar um passeio, conversar com nossas amigas ou irmos a encontros de mulheres.

Os salários para o trabalho doméstico significavam abrir uma batalha diretamente sobre a questão da reprodução e estabelecer que educar crianças e cuidar de pessoas é uma responsabilidade social. Em uma sociedade do futuro, livre da exploração, nós vamos decidir como nos eximir dessa responsabilidade e compartilhá-la. Nesta sociedade, em que o dinheiro governa todas as nossas relações, pedir responsabilidade social é pedir que aqueles que se beneficiam do trabalho doméstico (as empresas e o Estado como "coletivo capitalista") paguem por isso. Caso contrário, contribuímos para o mito – tão oneroso para nós, mulheres – de que educar crianças e servir aqueles que trabalham é uma questão privada e individual, e apenas a "cultura masculina" é culpada pelas formas sufocantes nas quais vivemos, amamos e nos reunimos. Infelizmente, o movimento das mulheres ignorou de modo amplo a questão da reprodução ou ofereceu soluções individuais, como compartilhar o trabalho doméstico, o que não fornece uma alternativa às batalhas isoladas que muitas de nós temos realizado. Mesmo durante a campanha em favor do aborto, a maioria das feministas lutou apenas pelo direito de não ter filhos, embora este seja somente um lado do controle sobre nosso corpo e escolhas reprodutivas. Mas, e se quisermos ter filhos, mas não pudermos nos dar o luxo de criá-los, a não ser à custa de não termos tempo para nós mesmas e estarmos continuamente atormentadas por preocupações financeiras? Enquanto o trabalho doméstico continuar não sendo pago, não haverá incentivos para fornecer os serviços sociais necessários para reduzir nosso trabalho, como comprovado pelo fato de que, apesar de um forte movimento das mulheres, a creche subsidiada foi constantemente reduzida nos anos 1970. Devo acrescentar que os salários para o trabalho doméstico nunca significaram simplesmente um pagamento. Também significavam mais serviços sociais e serviços sociais gratuitos.

Esse era um sonho utópico? Muitas mulheres pareciam achar que sim. Eu sei, entretanto, que em diversas cidades da Itália, como resultado do movimento estudantil, no horário em que os estudantes vão para a escola, os ônibus são gratuitos. Em Atenas, até as nove horas da manhã, horário em que a maioria das pessoas vai ao trabalho, não se paga o metrô. E esses não são países ricos. Por que, então, nos Estados Unidos, onde mais riquezas são acumuladas do que em qualquer outro lugar do mundo, não seria realista exigir que as mulheres com filhos tenham direito ao transporte gratuito? Todos sabem que a três dólares por viagem, não importa o quanto sua consciência esteja desperta, você está inevitavelmente confinada à casa. Salários por trabalho doméstico eram uma estratégia de reapropriação, fazendo crescer o famoso "bolo" a que os trabalhadores deste país achavam ter algum direito. Isso teria significado uma importante redistribuição da riqueza, dos ricos em favor das mulheres e dos trabalhadores homens, uma vez que nada teria dessexualizado tão rapidamente o trabalho doméstico quanto um pagamento por ele. Mas houve um momento em que dinheiro era uma palavra suja para muitas feministas.

Uma das consequências da rejeição dos salários para o trabalho doméstico é a do pouco esforço feito para se mobilizar contra o ataque aos benefícios sociais, que se desenrolou desde o início dos anos 1970. Com isso, a luta pelo bem-estar social tem sido prejudicada, pois, se é verdade que o trabalho doméstico não deve ser pago, mulheres no Aid to Dependent Children [Auxílio a crianças dependentes] (ADC) não têm direito ao dinheiro que recebem, e o Estado está certo ao tentar "fazê-las trabalhar" pelos cheques. A maioria das feministas teve a mesma atitude em relação às mulheres beneficiárias de programas sociais que muitos têm em relação aos "pobres": a compaixão, mas não a identificação, embora tenha sido geralmente acordado que todas estamos "a um marido de distância da fila da assistência social".

Um exemplo das divisões que a política do movimento promoveu é a história da Coalition of Labor Union Women [Coalizão das mulheres do sindicato de trabalhadores] (CLUW). As feministas mobilizaram-se quando a CLUW foi formada, em 1974, e centenas participaram da conferência fundadora realizada em Chicago, em março do mesmo ano. Contudo, quando um grupo de mães beneficiárias da assistência social, lideradas por Beulah Sanders e pelas esposas dos mineiros em greve no condado de Harlan, pediu para participar, alegando que elas também eram trabalhadoras, foram rechaçadas (com a promessa de um "jantar de solidariedade" naquele sábado) porque, disseram-lhes, a conferência era reservada a pessoas do sindicato portando a carteirinha.

A história dos últimos cinco anos mostrou os limites dessa política. Como todos reconhecem, "mulheres" tornou-se sinônimo de "pobreza", já que o salário das mulheres caiu continuamente em termos absolutos e em relação ao salário dos homens (em 1984, 72% das mulheres trabalhadoras em tempo integral obtiveram menos de catorze mil dólares anuais, a maioria com uma média de nove mil a dez mil dólares, enquanto as mulheres beneficiárias da assistência social com duas crianças ganharam, no melhor dos casos, cinco mil dólares). Além disso, perdemos a maioria das formas subsidiadas de cuidado infantil, e muitas mulheres agora trabalham em um esquema de oficinas caseiras, sendo remuneradas de acordo com sua produtividade, muitas vezes abaixo do salário mínimo, porque é a única possibilidade de ganhar algum dinheiro e cuidar dos filhos ao mesmo tempo.

As feministas afirmavam que o salário para o trabalho doméstico isolaria as mulheres em casa. Mas você não estaria menos isolada sendo forçada a fazer um bico e não ter dinheiro para ir a lugar algum, sem mencionar o tempo para fazer militância política? O isolamento também significa ser forçada a competir com outras mulheres pelos mesmos empregos, ou com um homem negro ou branco sobre quem deve ser demitido primeiro. Isso não quer dizer que não devamos lutar para manter o emprego. Mas um movimento que pretende lutar pela libertação deve ter uma perspectiva mais ampla, particularmente em um país como os Estados Unidos, onde o nível de riqueza acumulada e desenvolvimento tecnológico torna a utopia uma possibilidade concreta.

O movimento das mulheres deve perceber que trabalho não é libertação. Trabalhar em um sistema capitalista é exploração, e não há prazer, orgulho ou criatividade em ser explorado. Mesmo a "carreira" é uma ilusão no que diz respeito à autorrealização. O que raramente é reconhecido é que a maioria dos empregos com carreira exige que você exerça poder sobre outras pessoas, muitas vezes outras mulheres, e isso aprofunda as divisões entre nós. Nós tentamos escapar dos guetos administrativos ou de "colarinho azul" para ter mais tempo e mais satisfação e descobrimos, no final, que o preço que pagamos por esse avanço é a distância entre nós e outras mulheres. No entanto, não existe uma disciplina que impomos aos outros que não nos é imposta ao mesmo tempo, o que significa que, ao realizar esse trabalho, realmente prejudicamos nossa própria luta.

Uma posição no mundo acadêmico tampouco é um caminho para se tornar mais realizada ou criativa. Na ausência de um movimento forte de mulheres, o trabalho na academia pode ser sufocante, porque você deve atingir padrões que você não tem o poder de determinar e, logo, você começa a falar um idioma que não é o seu. Desse ponto de vista, não faz diferença se você ensina geometria euclidiana ou história das mulheres, embora os estudos de mulheres ainda ofereçam um enclave que, relativamente falando, nos permita ser "mais livres". Mas pequenas ilhas não são suficientes. É nossa relação com o trabalho intelectual e as instituições acadêmicas que tem que ser alterada. Os estudos de mulheres são reservados para aquelas que podem pagar ou estão dispostas a fazer um sacrifício, adicionando um dia letivo aos dias de trabalho em cursos de educação continuada. Contudo, todas as mulheres deveriam ter acesso gratuito à escola. Enquanto o estudo for uma mercadoria pela qual devemos pagar, ou um passo na "caça de emprego", nossa relação com o trabalho intelectual não pode ser uma experiência libertadora.

Na Itália, em 1973, os trabalhadores em mecânica

de metais ganharam 150 horas de estudos em horário de trabalho remunerado como parte de seu contrato, e pouco depois muitos outros trabalhadores começaram a se apropriar desta possibilidade, mesmo que não estivesse em seu contrato. Mais recentemente, na França, uma reforma escolar proposta pelo governo de François Mitterrand abriu acesso à universidade para as mulheres, independentemente de suas qualificações. Por que o movimento de mulheres não colocou a questão da libertação da universidade, não apenas em termos de assuntos que devem ser estudados, mas também de eliminação do custo financeiro do estudo?

Estou interessada em construir uma sociedade na qual a criatividade seja uma condição de massa e não um presente reservado a poucos sortudos, mesmo que metade deles seja composta por mulheres. No momento, nossa história é a de milhares de mulheres agonizando sobre o livro, a pintura ou a música que nunca podem terminar, ou sequer podem começar, porque não têm tempo nem dinheiro. Devemos também ampliar nossa concepção do que significa ser criativa. Na melhor das hipóteses, uma das atividades mais criativas é estar envolvida em uma luta com outras pessoas, rompendo nosso isolamento, vendo nossas relações com os outros mudarem, descobrindo novas dimensões em nossa vida. Nunca vou esquecer a primeira vez que me encontrei em uma sala com outras quinhentas mulheres, na véspera de Ano-Novo de 1970, assistindo a um grupo de teatro feminista: foi um salto de consciência que poucos livros produziram. No movimento de mulheres, essa foi uma experiência de massa. Mulheres que não podiam dizer uma palavra em público aprenderam a fazer discursos, outras que estavam convencidas de que não possuíam habilidades artísticas fizeram canções, desenharam faixas e pôsteres. Foi uma experiência coletiva poderosa. A superação do nosso sentimento de impotência é indispensável para o trabalho criativo. É verdade que você não pode produzir nada que valha a pena, a menos que você fale sobre o que importa em sua vida. O que é produzido no tédio só pode gerar tédio, disse Bertolt Brecht — e ele estava certo. No entanto, para traduzir nossas dores e sentimentos em páginas, músicas ou desenhos, devemos ter uma sensação de poder suficiente para acreditar que seremos ouvidas. É por isso que o movimento de mulheres assistiu a uma explosão de criatividade. Pense nas revistas do início dos anos 1970, como *Notes from the First Year* [Notas do primeiro ano] (1970) e *No More Fun and Games: A Journal of Female Liberation* [Chega de diversão e jogos: uma publicação da libertação feminina] (1970), com uma linguagem tão poderosa, quase que de repente, depois de termos ficado mudas por tanto tempo.

É esse poder — não o poder sobre os outros, mas contra aqueles que nos oprimem — que expande nossa consciência. Muitas vezes eu disse que nossa consciência é muito diferente se estamos com dez mil mulheres nas ruas, em pequenos grupos ou sozinhas em nosso quarto. Essa foi a força que o movimento de mulheres nos deu. Mulheres que dez anos antes podiam ter sido submetidas a serem donas de casa suburbanas chamaram a si mesmas de bruxas e sabotaram feiras de noivas, ousaram ser blasfemas, propondo, como no *SCUM Manifesto* (1967),[89] centros de suicídio para homens e, do ponto de vista pri-

---

89 Referência a um manifesto feminista radical de grande repercussão produzido pela escritora estadunidense Valerie Solanas, para quem o mundo foi arruinado pelos homens e que cabe às mulheres consertá-lo. Para tal, sugere a criação de uma organização dedicada à eliminação de todos os homens. [N.T.]

vilegiado da nossa posição, lá embaixo, declararam que deveríamos abalar todo o sistema social desde as bases. Mas foi a alma moderada do movimento que prevaleceu. O feminismo agora está ganhando a Equal Rights Amendment [Emenda dos direitos iguais] (ERA), como se o objetivo das lutas das mulheres fosse a universalização da condição masculina. Deixe-me esclarecer, uma vez que qualquer crítica feita à ERA é geralmente tomada como uma traição ao movimento feminista, que não sou contra um ato legislativo afirmando que somos iguais aos homens. Eu sou contra a concentração de toda a nossa energia na luta por uma lei que, na melhor das hipóteses, terá um efeito limitado em nossa vida. Também devemos decidir *em que sentido queremos ser iguais aos homens*, a menos que presumamos que os homens já estejam liberados. Um tipo de igualdade que devemos recusar é a igualdade nas Forças Armadas, ou seja, ganhando o direito de as mulheres terem um papel de combate. Esse é o tipo de objetivo para o qual organizações como a National Organization for Women [Organização nacional para mulheres] (NOW)[90] fizeram campanha nos anos 1970, de tal maneira que a derrota da proposta de Jimmy Carter para recrutar mulheres poderia paradoxalmente ser tomada como uma derrota para o feminismo. Se isso é feminismo, não sou feminista, porque não quero ajudar a política imperialista dos Estados Unidos e, talvez, morrer no processo. A luta pela igualdade de direitos, neste caso, prejudica a luta que homens estão fazendo para recusar o recrutamento. Como legitimar a sua luta, quando o que você recusa é supostamente considerado um privilégio

---

90 Organização feminista estadunidense fundada em 1966 por Betty Friedan, entre outras, com o objetivo de lutar pela igualdade de gênero. [N.T.]

pela outra metade da população? Outro exemplo é a legislação de proteção. Não há dúvida de que as legislações protetoras foram instituídas com o único propósito de excluir as mulheres de certos empregos e sindicatos, e não por preocupação com o nosso bem-estar. Mas não podemos simplesmente exigir que a legislação de proteção seja derrubada em um país onde, anualmente, catorze mil pessoas em média morrem em acidentes relacionados ao trabalho, sem mencionar aqueles que são mutilados ou morrem lentamente de câncer ou intoxicação química. *Caso contrário, a igualdade que ganhamos é a igualdade de pulmões escuros, o mesmo direito de morrer em uma mina, como as mineiras já fazem. Precisamos mudar as condições de trabalho para mulheres e homens, para que todos estejam protegidos.* A ERA, além disso, nem ao menos começa a abordar a questão do trabalho doméstico e da educação infantil. Apesar disso, enquanto as crianças forem nossa responsabilidade, qualquer noção de igualdade está condenada ao terreno da ilusão.

Estou convencida de que esses são os problemas que o movimento de mulheres deve confrontar se quiser ser uma força política autônoma. Certamente, há agora uma percepção generalizada das questões feministas. Mas o feminismo corre o risco de se tornar uma instituição. Dificilmente há um político que se atreva a não professar a devoção eterna aos direitos das mulheres, e sabiamente, já que eles têm em mente o nosso "direito ao trabalho", pois nosso trabalho barato é uma verdadeira cornucópia para o sistema. Enquanto isso, as heroínas feministas não são mais Emma Goldman[91] ou Mother

---

91 Emma Goldman (1869-1940), nascida onde hoje fica a Lituânia, anteriormente parte do império russo, foi uma escritora e militante anarquista atuante nos círculos de estudantes radicais em São Petersburgo. Após migrar

Jones,[92] mas Sally Ride,[93] a primeira mulher no espaço, o símbolo ideal da mulher autossuficiente e altamente qualificada para conquistar os territórios masculinos mais isolados, e a Sra. Wilson,[94] cabeça do National Caucus que, apesar da gravidez, decidiu concorrer a um segundo mandato.

No entanto, hoje há sinais de que a paralisia do movimento de mulheres pode estar chegando ao fim. Um ponto de virada foi a organização do Seneca Women's Encampment for a Future of Peace and Justice [Acampamento de mulheres de Seneca para um futuro de paz e justiça], que marcou o início de um *movimento feminista lésbico antiguerra*. Com isso, nossas experiências estão chegando a um círculo completo. Os primeiros grupos feministas foram formados por mulheres que atuaram em organizações antiguerra, mas descobriram que seus "irmãos revolucionários", tão sensíveis às necessidades dos explorados do mundo, ignorariam descaradamente suas preocupações, a menos que levassem sua luta com as próprias mãos. Agora, catorze anos depois, as mulheres estão construindo seu movimento antiguerra diretamente a partir das suas necessidades.

---

para os Estados Unidos, atuou entre várias categorias de trabalhadores. Foi diversas vezes detida por instigar e se envolver em ações diretas. [N.T.]

92 Mary Harris Jones (1837-1930) foi uma professora e costureira de origem irlandesa que passou parte da vida nos Estados Unidos, onde ficou conhecida por atuar na organização dos trabalhadores, fundar o Partido Social Democrata e propor legislações pelo fim do trabalho infantil. [N.T.]

93 Sally Ride (1951-2012) viajou a bordo do ônibus espacial *Challenger* em 1983. [N.T.]

94 Kathy Wilson (1951-2005) foi uma militante do movimento feminista que liderou a National Women's Political Caucus [Convenção política nacional das mulheres] (NWPC), organização pluripartidária que incentiva a maior participação de mulheres como candidatas a cargos políticos no âmbito governamental. [N.T.E.]

Hoje, a revolta das mulheres contra todos os tipos de guerra é visível em todo o mundo: desde Greenham Common[95] até Seneca Falls;[96] da Argentina, onde as mães dos desaparecidos estiveram na vanguarda da resistência à repressão dos militares, à Etiópia, onde, neste verão, as mulheres tomaram as ruas para reclamar seus filhos recrutados pelo governo. O movimento de mulheres antiguerra é particularmente crucial nos Estados Unidos, um país que parece empenhado em afirmar, pelo poder dos bombardeios, seu domínio sobre o planeta.

Nos anos 1960, fomos inspiradas pela luta das mulheres vietnamitas, que nos mostraram que também poderíamos lutar e mudar o curso do mundo. Hoje, deveríamos estar alarmadas pelo desespero que vemos no rosto de mulheres que aparecem todas as noites em nossa tela, aglomeradas em campos de refugiados ou vagando com seus filhos entre os destroços de sua casa, destruída pelas bombas pagas pelos cortes aplicados ao nosso salário. A menos que recuperemos nosso impulso de mudar essa sociedade de baixo para cima, a agonia que elas sofrem atualmente pode em breve ser a nossa.

---

95 Referência aos atos feministas antiguerra realizados a partir de 1981 no entorno da base aérea de Greenham Common, na Inglaterra. Montando um acampamento de paz, o movimento durou dezenove anos. [N.T.]
96 Referência à primeira convenção estadunidense que tratou dos direitos das mulheres, realizada em 1848 em Nova York. [N.T.]

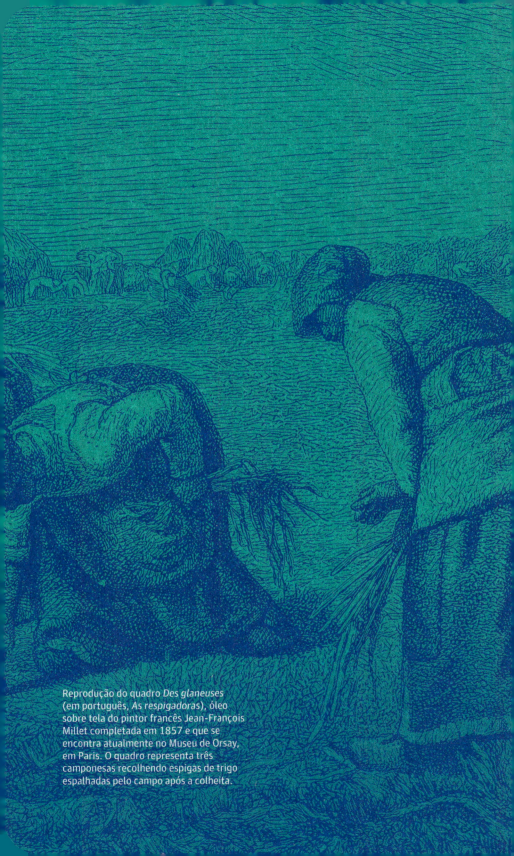

Reprodução do quadro *Des glaneuses* (em português, *As respigadoras*), óleo sobre tela do pintor francês Jean-François Millet completada em 1857 e que se encontra atualmente no Museu de Orsay, em Paris. O quadro representa três camponesas recolhendo espigas de trigo espalhadas pelo campo após a colheita.

PARTE 2

—

GLOBALIZAÇÃO E REPRODUÇÃO SOCIAL

REPRODUÇÃO E LUTA FEMINISTA NA NOVA DIVISÃO INTERNACIONAL DO TRABALHO (1999) 136 · GUERRA, GLOBALIZAÇÃO E REPRODUÇÃO (2000) 162 · MULHERES, GLOBALIZAÇÃO E O MOVIMENTO INTERNACIONAL DAS MULHERES (2001) 182 · A REPRODUÇÃO DA FORÇA DE TRABALHO NA ECONOMIA GLOBAL E A REVOLUÇÃO FEMINISTA INACABADA (2009) 194

A QUARTA GUERRA MUNDIAL ESTÁ DESTRUINDO A HUMANIDADE NA MEDIDA EM QUE A GLOBALIZAÇÃO É UMA UNIVERSALIZAÇÃO DO MERCADO, E TODO SER HUMANO QUE SE OPÕE À LÓGICA DO MERCADO É UM INIMIGO QUE DEVE SER DESTRUÍDO.

— SUBCOMANDANTE MARCOS,
"LA CUARTA GUERRA MUNDIAL"
[A QUARTA GUERRA MUNDIAL] (1999)

O AGENTE LIBERTADOR QUE
EMERGE NO TERCEIRO MUNDO
É A FORÇA NÃO REMUNERADA
DAS MULHERES QUE AINDA
ESTÃO CONECTADAS À
ECONOMIA DA VIDA POR MEIO
DE SEU TRABALHO. ELAS SERVEM
À VIDA E NÃO À PRODUÇÃO DE
MERCADORIAS. ELAS SÃO A BASE
OCULTA DA ECONOMIA MUNDIAL,
E O SALÁRIO EQUIVALENTE
À SUA VIDA ÚTIL DE TRABALHO
É ESTIMADO EM DEZESSEIS
TRILHÕES DE DÓLARES.

— JOHN MCMURTRY, *THE CANCER*
STAGE OF CAPITALISM [O ESTÁGIO
CANCERÍGENO DO CAPITALISMO] (1999)

REPRODUÇÃO E LUTA FEMINISTA NA NOVA DIVISÃO INTERNACIONAL DO TRABALHO (1999)

Reconhecendo que o patriarcado e a acumulação em escala mundial constituem o quadro estrutural e ideológico dentro do qual deve ser entendida a realidade das mulheres hoje, o movimento feminista no mundo não pode deixar de desafiar esse quadro, juntamente com a divisão sexual e internacional do trabalho intimamente ligada a ele.
— Maria Mies, *Patriarchy and Accumulation on a World Scale* [Patriarcado e acumulação em escala mundial] (1986)

O desenvolvimento capitalista sempre foi insustentável em razão do seu impacto humano. Para entender essa questão, precisamos apenas nos posicionar sob a perspectiva dos que foram e continuam sendo mortos por ele. A condição necessária para o nascimento do capitalismo foi o sacrifício de uma grande parte da humanidade — extermínio em massa, produção deliberada da fome e da miséria, escravidão, violência e terror. Sua manutenção exige os mesmos pressupostos.
— Mariarosa Dalla Costa, "Capitalism and Reproduction" [Capitalismo e reprodução] (2008)

INTRODUÇÃO

De maneira geral, é reconhecido que nas últimas duas décadas o movimento de libertação das mulheres conquistou uma dimensão internacional, como atestam as mobilizações e as redes feministas constituídas no mundo todo, particularmente na esteira das conferências mundiais promovidas pela Organização das Nações Unidas (ONU) sobre as mulheres. Ao que parece, temos hoje, mais do que em qualquer outro momento, uma compreensão mais clara dos problemas enfrentados pelas mulheres em todo o planeta.

Entretanto, se examinarmos as perspectivas que determinam as políticas feministas nos Estados Unidos e na Europa, concluímos que a maioria das feministas não considerou as mudanças provocadas pela reestruturação da economia mundial sobre as condições materiais das mulheres, nem as implicações dessas mudanças nas organizações feministas. Ainda que estudos comprovem o empobrecimento das mulheres pelo mundo, poucas feministas admitem que a globalização não só provocou uma "feminização da pobreza" como contribuiu para o surgimento de uma nova ordem colonial, criando novas divisões entre as mulheres – o que o feminismo deve combater. Mesmo aquelas que criticam as políticas aplicadas pelo Banco Mundial e pelo Fundo Monetário Internacional (FMI) frequentemente se conformam com posições reformistas que condenam a discriminação de gênero, mas mantêm intacta a hegemonia mundial das relações capitalistas. Muitas feministas, por exemplo, lamentam o "ônus desigual" que as políticas de ajuste estrutural e outros programas de austeridade impõem às mulheres, recomendando que as agências de desenvolvimento prestem mais atenção às necessidades desse grupo ou promovam a "participação das mulheres no planejamento do desenvolvimento".[97] No entanto, é raro se manifestarem contra os próprios programas e as agências que impõem esse ônus, ou reconhecerem que a pobreza e a exploração econômica também afetam os homens.[98]

---

[97] Ver Lourdes Benería & Shelley Feldman (orgs.), *Unequal Burden: Economic Crisis, Persistent Poverty, and Women's Work* [Carga desigual: crise econômica, pobreza persistente e o trabalho das mulheres]. Boulder: Westview Press, 1992; Diane Elson, "From Survival Strategies to Transformation Strategies: Women's Needs and Structural Adjustment" [Das estratégias de sobrevivência às estratégias de transformação: necessidades das mulheres e ajuste estrutural], em Lourdes Benería & Shelley Feldman (orgs.), *op. cit.*, pp. 26-49; Isabella Bakker, "Engendering Macro-economic Policy Reform in the Era of Global Restructuring and Adjustment" [Engendrando a reforma da política macroeconômica na era da reestruturação e do ajuste global], em Isabella Bakker (org.), *The Strategic Silence: Gender and Economic Policy* [O silêncio estratégico: gênero e política econômica]. Londres: Zed Books, 1994, pp. 1-29.

[98] A respeito dessa questão, ver as recomendações de Pamela Sparr no final de *Mortgaging Women's Lives: Feminist Critiques of Structural Adjustment* [Hipotecando a vida das mulheres: críticas feministas ao ajuste estrutural] (Londres: Zed Books, 1994), um dos primeiros livros a registrar o impacto das políticas de ajuste estrutural sobre a condição da mulher. Sparr propõe que o Banco Mundial e o FMI incluam o gênero como critério de avaliação do impacto social dessas políticas; monitorem o impacto dos empréstimos sobre as mulheres e a economia familiar; façam com que "sensibilidade de gênero e encorajamento da participação local sejam itens do processo de empréstimo de todos os empregos da equipe e seja um dos critérios principais para a promoção de uma carreira e sua ascensão"; garantam que "ao menos um dos três membros do comitê de inspeção independente do Banco Mundial seja mulher"; informem "os grupos de mulheres que elas têm direito a fazer uma reclamação ao comitê de inspeção"; eduquem "os membros do comitê de inspeção e as organizações não governamentais (ONGs) sobre como mudanças na condição da mulher são motivo para fazer uma reclamação"; e façam "um treinamento de gênero com toda a equipe, inclusive o FMI e o Banco Mundial". Há ainda outras recomendações similares. Para reformar o ajuste estrutural, Sparr propõe que uma solução "mais criativa" (sem especificar melhor) seja adotada em relação ao trabalho não pago executado pelas mulheres em casa, na comunidade e no campo; que o gasto público seja ajustado para eliminar diferenças de gênero; e que os impostos sejam usados para criar creches e

Além disso, existe uma tendência a agrupar os problemas confrontados pelas mulheres em escala mundial dentro das questões de "direitos humanos" e a privilegiar a reforma jurídica como o principal meio de intervenção governamental.[99] Essa abordagem, entretanto, não questiona a ordem econômica internacional, causa fundamental das novas formas de exploração a que as mulheres estão sujeitas. Inclusive, a campanha pelo fim da violência contra as mulheres ganhou impulso nos últimos anos centrando-se no estupro e na violência doméstica – de acordo com as recomendações das Nações Unidas –,[100] enquanto a violência inerente ao processo de acumulação capitalista foi ignorada, bem como a violência da fome, das guerras e das estratégias de contrainsurgência que, entre os anos 1980 e 1990, abriram caminho para a globalização econômica.

Nesse contexto, meu objetivo inicial é mostrar que a globalização da economia provocou uma grande crise

---

assim aliviar as mulheres da jornada dupla – todas medidas compatíveis com o modelo neoclássico econômico, garante Sparr.

99 Essa estratégia é documentada na significativa coleção de ensaios *Ours by Right: Women's Rights as Human Rights* [Nossos por direito: direitos das mulheres como direitos humanos], organizada por Joanna Kerr (Londres: Zed Books, 1993), que associa todos os problemas enfrentados pelas mulheres – inclusive pobreza e exploração econômica – à violação dos direitos humanos, atribuindo-os ao tratamento desigual segundo o sexo (pp. 4-5). A solução proposta é uma melhor implementação da Declaração Universal dos Direitos Humanos, adotada pelas Nações Unidas em 1948, e a ratificação por todos os países da Convenção sobre a Eliminação de Todas as Formas de Discriminação contra as Mulheres, aprovada em 1979 (*ibidem*). Os textos reunidos nesse livro demonstram, contudo, que a metodologia dos direitos humanos, na prática, consiste em registrar e publicar os abusos cometidos contra as mulheres, bem como monitorar as atividades da ONU e das agências internacionais que administram as ações de "ajuda" e cooperação com o "Terceiro Mundo".

100 Ver Dorothy Q. Thomas, "Holding Governments Accountable by Public Pressure" [Responsabilizar governos pela pressão pública], em Joanna Kerr (org.), *op. cit.*, pp. 82-8.

na reprodução social da população da África, da Ásia e da América Latina, e que essa crise se manifesta por meio de uma nova divisão internacional do trabalho, que se aproveita da mão de obra feminina dessas regiões a fim de assegurar a reprodução da força de trabalho nas "metrópoles". Isso significa que todas as mulheres estão sendo "integradas" à economia mundial e exercem uma dupla função produtiva, produzindo trabalhadores para as economias locais e os países industrializados, além de mercadorias baratas destinadas à exportação. Eu defendo que essa reestruturação mundial do trabalho reprodutivo perturba o andamento das políticas feministas, pois cria entre as mulheres novas divisões, prejudicando a solidariedade feminista internacional e ameaçando reduzir o feminismo a um simples instrumento de racionalização da nova ordem econômica mundial.

A NOVA DIVISÃO INTERNACIONAL DO TRABALHO (NDIT)

Para avaliar as consequências da NDIT sobre as mulheres, é necessário determinar o significado desse conceito, pois a teoria clássica só nos oferece uma visão parcial das mudanças ocorridas. A NDIT geralmente é associada à reestruturação internacional da produção de *commodities* ocorrida em meados dos anos 1970, quando, em resposta à intensificação das lutas sindicais, as corporações multinacionais começaram a transferir suas unidades industriais, especialmente os setores com maior demanda de mão de obra, como o têxtil e o de eletrônicos, para os "países em desenvolvimento". Desse modo, relacionamos a NDIT à formação de zonas de livre-comércio (ZLC) — áreas industriais isentas de qualquer regulamentação trabalhista e que produzem para exportação — e à organização de "linhas de montagem globais" por empresas transnacionais.[101]

Com base nessa teoria, tanto a mídia quanto os planejadores econômicos relançaram o mito do capitalismo como o grande equalizador e promotor da "interconectividade", que teria então alcançado uma escala planetária. Estaríamos testemunhando, enfim, a industrialização do "Terceiro Mundo", e esse processo, de acordo com esse mito, eliminaria as hierarquias que historicamente caracterizaram a divisão internacional do trabalho e teria um impacto positivo na divisão sexual do trabalho. Assim, as mulheres que trabalham nas zonas de livre-comércio conseguiriam, supostamente, beneficiar-se do fato de também constituírem a mão de obra industrial, conquistando uma nova independência e as habilidades necessárias para competir

---

101 Charles Albert Michalet, *The Multinational Companies and the New International Division of Labour* [As companhias multinacionais e a NDIT]. Genebra: ILO/World Employment Programme Research Working Papers, 1976; June Nash & Maria P. Fernandez-Kelley (orgs.), *Women, Men and the International Division of Labor* [Mulheres, homens e a divisão internacional do trabalho]. Albany: Suny University Press, 1983; Joseph Grunwald & Kenneth Flamm, *The Global Factory: Foreign Assembly in International Trade* [A fábrica global: assembleia estrangeira no comércio internacional]. Washington: The Brookings Institution, 1985; Chadwick F. Alger, "Perceiving, Analyzing and Coping with the Local-Global Nexus" [Percebendo, analisando e lidando com o nexo local-global], em *International Social Science Journal*, n. 117, pp. 321-40, 1988; Kathryn Ward, *Women Workers and Global Restructuring* [Mulheres trabalhadoras e reestruturação global]. Ithaca: Cornell University/Industrial Labor Relations Press, 1990; e Martin Carnoy et al., *The New Global Economy in the Information Age: Reflections on Our Changing World* [A nova economia global na era da informação: reflexões sobre nosso mundo em transformação]. University Park: Pennsylvania State University Press, 1993. Ver também *The Global Assembly Line* [A linha de montagem global] (1986), documentário dirigido por Lorraine Gray que investiga a internacionalização da produção de bens de consumo e as condições de trabalho nas zonas de livre-comércio no México e nas Filipinas.

no mercado de trabalho internacional.[102]

Embora aceita pelos economistas neoliberais,[103] essa teoria não está isenta de críticas.[104] Em 1987, Robin Cohen já observava em *The New Helots: Migrants in the International Division of Labor* [Os novos hilotas: migrantes na divisão internacional do trabalho] que o movimento de capital do "Norte" para o "Sul" não era quantitativamente suficiente para justificar a hipótese de uma "nova" divisão internacional do trabalho. No final da década de 1980, apenas

---

102 Linda Lim, "Capitalism, Imperialism and Patriarchy" [Capitalismo, imperialismo e patriarcado], em June Nash & Maria P. Fernandez-Kelley (orgs.), *op. cit.*, p. 81.

103 Ver o relatório preparado pelos participantes do Fórum Econômico Mundial no verão de 1994. O documento, porém, deixa evidente o receio de que a industrialização esperada do "Terceiro Mundo" pudesse causar um declínio econômico nos países industrializados. Discordando dessa análise, por considerá-la perigosa para o "livre-mercado", o economista Paul Krugman destaca que as exportações do "Terceiro Mundo" absorvem apenas 1% da renda do "Primeiro Mundo"; em 1993, o capital total transferido do "Primeiro" para o "Terceiro Mundo" chegou a apenas sessenta bilhões de dólares — um "trocado", em sua opinião, "para uma economia mundial que investe mais de quatro trilhões de dólares por ano" ("Fantasy Economics" [Economia da fantasia], em *The New York Times*, 26 set. 1994).

104 Manuel Castells apresenta uma crítica diferente, ao afirmar que o que distingue a NDIT não é apenas a a reestruturação da economia mundial, mas a dependência do conhecimento e da informação como meios essenciais de produção. Castells retoma a teoria segundo a qual a competitividade industrial não depende da mão de obra barata, mas do acesso à tecnologia e à informação. Sob essa perspectiva, o "Terceiro Mundo" já não existiria mais, sendo substituído pelos países do Sudeste Asiático que se desenvolveram industrialmente e pelo surgimento de um "Quarto Mundo", caracterizado por sua incapacidade de acessar a "economia da informação" e sua consequente marginalização econômica. Ver "The Informational Economy and the New International Division of Labor" [A economia informacional e a NDIT], em Martin Carnoy et al. (orgs.), *op. cit.*, pp. 22-39. De acordo com a análise de Castells, quase toda a África e a América do Sul, juntamente com uma boa parte da Ásia, se encaixariam nesse "Quarto Mundo" (pp. 35-9). Nem a magnitude das populações implicadas o impede de sustentar que o trabalho realizado por elas é irrelevante segundo os objetivos da economia mundial e da acumulação de capital.

14% das atividades manufatureiras do mundo ocorriam em "países em desenvolvimento", e o *boom* industrial se concentrava em apenas algumas áreas: Coreia do Sul, Hong Kong, Taiwan e México.[105] Também ficou evidente que a introdução das zonas de livre-comércio não contribuiu para o desenvolvimento da base industrial dos países anfitriões, nem surtia efeito positivo nos níveis de emprego, mas drenava vigorosamente os recursos locais.[106] Quanto às mulheres empregadas nessas áreas, as organizações denunciaram que esse trabalho gerava "subdesenvolvimento", sendo uma forma dissimulada de escravidão.[107] Por meio de diversas formas de intimidação, o salário é mantido abaixo dos níveis de subsistência, sendo muitas vezes menor que o salário mínimo dos países industrializados. Na Indonésia, paga-se tão pouco que a família das trabalhadoras deve complementar a renda com outros serviços.[108]

Além disso, as mulheres são forçadas a trabalhar longas horas em más condições de segurança, são submetidas a revistas corporais diárias com o objetivo de evitar que levem alguma coisa da fábrica, são obrigadas frequente-

---

105 Robin Cohen, *The New Helots: Migrants in the International Division of Labor*. Aldershot: Gower Publishing, 1987, pp. 242-3; Carlo Guelfi, "Il Dialogo Nord-Sud e i Suoi Problemi" [O diálogo Norte-Sul e seus problemas], em Roman H. Rainero (org.), *Nuove Questioni di Storia Contemporanea* [Novas questões de história contemporânea], v. II. Milão: Marzorati, 1985, p. 142.
106 Nash & Fernandez-Kelly, *op. cit.*
107 Kathy McAfee, *Storm Signals: Structural Adjustment and Development Alternatives in the Caribbean* [Sinais de tormenta: ajuste estrutural e alternativas de desenvolvimento no Caribe]. Boston: South End Press/Oxfam America, 1991, pp. 87-9. Publicado originalmente pelo Sistren Theatre Collective, Kingston, Jamaica, ago.-set. 1986.
108 Diana L. Wolf, "Linking Women's Labor with the Global Economy: Factory Workers and their Families in Rural Java" [Relacionando o trabalho das mulheres com a economia global: trabalhadores fabris e suas famílias na zona rural de Java], em Kathryn Ward (org.), *op. cit.*, p. 26.

mente a tomar pílulas anticoncepcionais para garantir que não fiquem grávidas (o que prejudicaria a produção), e sua movimentação é restrita.[109] Muitas vezes, elas são trancadas até atingirem a cota de trabalho, de modo que, tanto no México quanto na China, centenas delas morreram porque não conseguiram fugir de prédios atingidos por terremotos ou incêndios.[110] E, independentemente do país, ainda sofrem perseguições quando tentam se organizar.[111] Apesar dessas condições difíceis, as operárias das zonas de livre-comércio não têm sido vítimas passivas da penetração das relações capitalistas em suas comunidades. Do México às Filipinas, assim como nas ilhas do Caribe, essas mulheres construíram redes de apoio e lutas organizadas, deixando na defensiva os gestores das empresas e os governos que permitiram a criação das ZLC. Mas qualquer otimismo em relação ao impacto econômico das ZLC sobre as populações que empregam é inapropriado. A razão de ser das ZLC é criar um ambiente de trabalho onde a mão de obra não tenha absolutamente nenhum direito.

---

109 *Zoned for Slavery: The Child behind the Label* [Zoneado para a escravidão: a criança por trás da marca]. Documentário. Direção: National Labor Committee [Comitê Nacional do Trabalho]. Nova York: Crowing Rooster Arts, 1995.
110 Foi o caso das trabalhadoras mortas durante o terremoto ocorrido na Cidade do México em setembro de 1985 por estarem trancadas nas cerca de oitocentas unidades industriais destruídas pelo tremor. (Ver Cynthia Enloe, *Bananas, Beaches and Bases: Making Feminism Sense of Internacional Politics* [Bananas, praias e bases: construindo um sentido feminista da política internacional]. Berkeley: University of California Press, 1990, p. 169). Os empregadores se apressaram em retirar as máquinas dos escombros (*ibidem*, p. 170) e somente depois socorreram as vítimas, coagidos pelos protestos de outras trabalhadoras que no momento do terremoto esperavam a troca de turno do lado de fora dos edifícios.
111 Wolf, *op. cit.*, p. 27; Enloe, *op. cit.*, pp. 168-74; John Walton & David Seddon, *Free Markets and Food Riots: The Politics of Global Adjustment* [Mercados livres e protestos por comida: a política do ajuste global]. Oxford: Basil Blackwell, 1994, pp. 75-80; Lorraine Gray, *op. cit.*

Mas essa não é a única razão pela qual a teoria clássica sobre a NDIT deve ser revisada, visto que ela só reconhece como trabalho e ocupação econômica a produção de mercadorias, ignorando o trabalho de reprodução, apesar de existirem vários textos feministas de décadas atrás a respeito da contribuição dessa atividade para a acumulação de capital. Da mesma maneira, ela não se manifesta sobre as mudanças macroscópicas que a expansão das relações capitalistas introduziu nas condições de reprodução social no "Sul global". O único aspecto da reprodução que os teóricos da NDIT costumam mencionar é o impacto do trabalho nas ZLC na vida familiar das mulheres e na administração das tarefas domésticas.[112] No entanto, isso é apenas uma parte de um processo muito mais amplo que destrói a vida de pessoas, sem o qual as zonas de livre-comércio e a nova divisão internacional do trabalho não seriam possíveis.

Se examinarmos a NDIT do ponto de vista da produção e da reprodução, teremos um panorama muito diferente do projetado pelos defensores da nova ordem mundial.[113] Constatamos, em primeiro lugar, que a expansão das relações capitalistas ainda se estabelece (como na

---

112 A obra editada por Kathryn Ward, *op. cit.*, é um dos trabalhos mais significativos a respeito da questão e inclui o ensaio de D. L. Wolf sobre famílias de operárias das fábricas das áreas rurais de Java, bem como um texto de Susan Tiano a respeito das mulheres empregadas nas *maquilas* na fronteira entre o México e os Estados Unidos.

113 O conceito de "nova ordem mundial" é aqui empregado com um significado diferente de quando foi cunhado, na segunda metade dos anos 1970, pelas elites do "Terceiro Mundo". Na época, a ideia de uma "nova ordem econômica mundial" traduzia a demanda dessa burguesia por uma redistribuição internacional das riquezas e por um plano nacional de desenvolvimento, aspirando, assim, à supressão das disparidades entre o "Primeiro" e o "Terceiro Mundo" (Carlo Guelfi, *op. cit.*). Aqui, o termo se refere à configuração política e econômica imposta no mundo inteiro pelo neoliberalismo. Atualmente, é com esse sentido que ele é geralmente usado.

época dos cercamentos[114] na Inglaterra e da conquista da América) sobre a separação entre os produtores e os meios de (re)produção, bem como sobre a destruição de qualquer atividade econômica não orientada para o mercado, começando pela agricultura de subsistência. Observamos também que a globalização econômica resultou na formação de um proletariado mundial desprovido de meios de reprodução, forçado a depender das relações monetárias para sobreviver, sem, no entanto, ter acesso a uma renda monetária. Tal é a situação criada pelo Banco Mundial e pelo FMI em grande parte da África, da Ásia e da América do Sul por meio de políticas de liberalização econômica. Essas medidas prejudicaram tanto a reprodução da população do "Terceiro Mundo" que até mesmo o Banco Mundial admitiu ter cometido erros.[115] Elas conduziram a um nível de pobreza jamais visto no período pós-colonial e ainda apagaram a conquista mais importante da luta anticolonial: o compromisso das novas nações independentes de investir na reprodução do proletariado nacional.

Cortes massivos no gasto público em serviços sociais, desvalorizações cambiais contínuas e congelamento de

---

114 Cercamentos (do inglês, *enclosures*) são o processo de exclusão dos trabalhadores de seu meio de sustento — as terras produtivas, então consideradas um comum — na transição do feudalismo para o capitalismo, mediante sua transformação em propriedade. Ocorreram primeiramente na Inglaterra, no século XVII. O impacto dos cercamentos sobre a vida das mulheres na Europa foi estudado por Silvia Federici em *Calibã e a bruxa: mulheres, corpo e acumulação primitiva*. São Paulo: Elefante, 2017. [N.E.]

115 Elmar Altvater et al. (orgs.), *The Poverty of Nations: A Guide to the Debt Crisis from Argentina to Zaire* [A pobreza das nações: um guia para a crise da dívida, da Argentina ao Zaire]. Londres: Zed Books, 1987; Dharam Gai (org.), *The IMF and the South: The Social Impact of Crisis and Adjustment* [O FMI e o Sul: o impacto social da crise e do ajuste]. Londres: Zed Books, 1991; Kathy McAfee, *op. cit.*; Bill Rau, *From Feast to Famine: Official Cures and Grassroots Remedies to Africa's Food Crisis* [Da festa à fome: curas oficiais e remédios populares para a crise alimentar da África]. Londres: Zed Books, 1991.

salários constituem o núcleo dos "programas de ajuste estrutural" e da agenda neoliberal. Deve-se ainda mencionar as expropriações de terras, realizadas por causa da comercialização da agricultura e o estabelecimento de um estado de guerra constante.[116] Contrariamente ao que os meios de comunicação nos induzem a acreditar, os intermináveis confrontos armados, os massacres, a população que deixa para trás sua terra, transformando-se em refugiada, e a fome não são apenas consequências de um empobrecimento dramático que intensifica os conflitos étnicos, políticos e religiosos; são os complementos necessários da privatização de terras e da tentativa de criar um mundo no qual nada escapa à lógica do lucro.[117] Nada é mais eficaz quando se trata de expropriar populações que até recentemente tinham acesso a terras e recursos naturais — e que são então apropriados por corporações multinacionais.

O ajuste estrutural e a liberalização econômica também puseram termo à política de "substituição de importações" que os antigos países coloniais adotaram nos anos 1960 com o objetivo de alcançar uma certa autonomia industrial. Essa manobra desmantelou as indústrias locais, pois a abertura dos mercados domésticos às importações estrangeiras

---

116 Para uma análise da responsabilidade do Banco Mundial nesse processo, ver Bruce Rich, *Mortgaging the Earth: The World Bank, Environmental Impoverishment and the Crisis of Development* [Hipotecando a Terra: o Banco Mundial, empobrecimento ambiental e a crise do desenvolvimento]. Boston: Beacon Press, 1994, que documenta as catástrofes sociais e ecológicas causadas pelos projetos financiados pela instituição.

117 Joseph Hanlon, *Mozambique: Who Calls the Shots?* [Moçambique: quem convoca os tiros?]. Londres: James Currey, 1991; Joanna Macrae & Anthony Zwi (orgs.), *War and Hunger: Rethinking International Responses to Complex Emergencies* [Guerra e fome: repensando as respostas internacionais a emergências complexas]. Londres: Zed Books, 1994; Alex de Waal, *Famine Crimes: Politics and the Disaster Relief Industry in Africa* [Crimes de fome: política e a indústria de alívio de desastres na África]. Londres: Zed Books, 1997.

permitiu que empresas transnacionais os inundassem de produtos importados, com os quais as indústrias locais não podiam competir.[118] Longe de corrigir essa situação, a construção das zonas de livre-comércio se aproveitou dessa situação, permitindo às empresas estrangeiras manter os salários abaixo dos níveis de subsistência, razão pela qual Saskia Sassen considera que as ZLC funcionam sobretudo como trampolins para a migração.[119]

A industrialização do "Terceiro Mundo" é um mito, e a prova disso é que, nos anos 1980 e 1990, a transferência de capital e de indústrias do "Primeiro" para o "Terceiro Mundo" foi superada pela transferência de capital e de trabalho do "Terceiro" para o "Primeiro Mundo". A dimensão desse fenômeno é considerável.

As remessas de dinheiro são o segundo maior fluxo monetário internacional após as receitas das companhias petrolíferas. Em algumas partes do mundo, como acontece no México, vilarejos inteiros dependem desses envios. De acordo com o Banco Mundial, essa quantia aumentou de 24 bilhões de dólares, nos anos 1970, para 65 bilhões de dólares nos anos 1980. Além disso, esses números se referem apenas às somas que passaram pelos bancos, sem contabilizar o dinheiro em espécie, móveis, aparelhos de TV e outros bens que os imigrantes levam consigo quando

---

118 Tal como nos antigos países socialistas, os programas do Banco Mundial e do FMI desmantelaram a indústria nacional: as minas de estanho na Bolívia, as de cobre na Zâmbia, a indústria de juta em Bangladesh, a indústria têxtil na Tanzânia e os setores industriais subvencionados pelo Estado no México.

119 Como observou Saskia Sassen, os países que recebem a maior cota de investimentos estrangeiros destinados à produção para exportação são também aqueles que enviam o maior número de emigrantes ao exterior e onde a emigração está em ascensão (*The Mobility of Labor and Capital: A Study in International Investment and Labor Flow* [A mobilidade de trabalho e capital: um estudo sobre investimento internacional e fluxo do trabalho]. Cambridge: Cambridge University Press, 1990, pp. 99-114.)

visitam o país de origem.[120]

A primeira consequência do empobrecimento ao qual a liberalização econômica condenou o proletariado mundial se manifesta no vasto movimento migratório do "Sul" para o "Norte", após a transferência de capital causada pelo pagamento da dívida externa. Esse movimento migratório de proporções bíblicas,[121] estruturalmente ligado à nova ordem econômica e à globalização do mercado de trabalho, revela descaradamente como a divisão internacional do trabalho foi reestruturada.[122] É a prova de que a crise da dívida e o "ajuste estrutural" instauraram um sistema de *apartheid* global, pois transformaram o "Terceiro

---

120 Peter Stalker, *The Work of Strangers: A Survey of International Labour Migration* [O trabalho de estranhos: uma pesquisa sobre migração internacional para o trabalho]. Genebra: International Labour Office, 1994, pp. 122-3.

121 De acordo com as estimativas da Organização Internacional do Trabalho (OIT), em meados da década de 1980, cerca de trinta milhões de pessoas já tinham deixado seu país de origem em busca de trabalho no exterior. Se, como sugere Lydia Potts, adicionarmos a esses números as famílias dos emigrantes, os imigrantes sem documentos e os refugiados, isso nos faz atingir um número acima de sessenta milhões de pessoas (*The World Labor Market: A History of Migration* [O mercado mundial do trabalho: uma história da migração]. Londres: Zed Books, 1990, p. 159). Nos Estados Unidos, mais de dois terços desses migrantes vêm de países do "Terceiro Mundo", enquanto nos países produtores de petróleo do Oriente Médio eles representam nove décimos da população. Na área econômica europeia, há hoje quinze milhões de imigrantes registrados, incluindo refugiados políticos, e cerca de oito milhões de imigrantes clandestinos (OIT, "Migrants from Constraint to Free Choice" [Migrantes, da restrição à livre escolha], em *World of Work*, n. 3, abr. 1993). No entanto, esses números estão fadados a aumentar à medida que as políticas de ajuste estrutural e liberalização, conduzidas pelo Banco Mundial e demais agências internacionais, continuam a espalhar a pobreza. Assim, tudo nos leva a crer que a diáspora do "Terceiro Mundo" se manterá no próximo século, o que indica que não estamos enfrentando uma situação contingente, mas uma reestruturação mundial das relações de trabalho.

122 Steven Colatrella, *Workers of the World: African and Asian Migrants in Italy in the 1990s* [Trabalhadores do mundo: migrantes africanos e asiáticos na Itália nos anos 1990]. Trenton: Africa World Press, 2001.

Mundo" em um imenso depósito de mão de obra barata, funcionando em relação às economias metropolitanas da mesma maneira que os "bantustões" para as áreas brancas na África do Sul.[123] Não por acaso, a saída de um a outro é regulada por um sistema similar de passagens e restrições, a fim de garantir que, nos países de chegada, os imigrantes sejam duplamente desvalorizados, por serem imigrantes e trabalhadores sem documentos. Ao limitar o acesso de trabalhadores imigrantes à legalidade, a imigração pode ser usada para reduzir o custo do trabalho.[124] A desvalorização social e política dos imigrantes possibilita usá-los para conter as demandas da classe trabalhadora local.[125]

Para quem não consegue migrar ou não recebe remessas do exterior, só resta uma vida de grandes dificuldades. A falta de alimentos, medicamentos, água potável, eletricidade, escolas e estradas viáveis, assim como o

---

123 "Bantustões" eram territórios reservados a etnias negras na África do Sul. Foram instaurados em meados do século xx e tinham por objetivo realocar essa população, que continuaria servindo como mão de obra no país. Os bantustões foram abolidos com o fim do *apartheid*, em 1994. [N.E.]

124 "A realidade global do capitalismo, em oposição à sua mitologia, é que, como sistema econômico, assemelha-se à África do Sul em suas dinâmicas e divisões e na sua violência e desigualdades" (Arjun Makhijani, "Economic Apartheid in the New World Order" [*Apartheid* econômico na nova ordem mundial], em Phyllis Bennis & Michel Mushabeck (orgs.), *Altered States: A Reader in the New World Order* [Estados alterados: uma leitura na nova ordem mundial]. Brooklyn: Olive Branch Press, 1993, p. 108). "O sistema sul-africano de leis de controle de movimento (*pass laws*) é reproduzido em escala internacional pelo sistema de passaportes e vistos, que facilita os deslocamentos para uma minoria e dificulta para a maioria" (*ibidem*). "Até mesmo as estatísticas correspondem — a similaridade das divisões entre brancos e não brancos; semelhanças na diferença de renda, na desigualdade das taxas de mortalidade infantil, na expropriação de terras e recursos, nas regras que permitem a mobilidade da minoria, para negá-la à maioria" (*ibidem*, p. 109).

125 Saskia Sassen, "Labor Migrations and the New Industrial Division of Labor" [Migrações de trabalho e a Nova Divisão Industrial do Trabalho], em June Nash & Maria P. Fernandez-Kelley (orgs.), *op. cit.*, p. 184.

desemprego em massa, representam a realidade diária de uma maioria, refletida no constante surto de epidemias, na desintegração da vida familiar[126] e, ainda, na presença de crianças vivendo nas ruas ou trabalhando em condições análogas à escravidão.[127] Essa realidade também se reflete nas lutas incessantes, às vezes sob forma de revoltas, pelas quais as populações de países "ajustados" resistem ao fechamento das indústrias locais, ao aumento dos preços dos produtos básicos e dos transportes, assim como ao aperto financeiro ao qual são submetidas em nome do pagamento da dívida.[128]

Diante desse cenário, fica explícito que qualquer projeto feminista exclusivamente implicado com a discriminação sexual, sem situar a "feminização da pobreza" no contexto do avanço das relações capitalistas, estará condenado à irrelevância e à cooptação. Além do mais, deve-se levar em conta que a NDIT introduz uma redistribuição internacional do trabalho reprodutivo que fortalece as hierarquias inerentes à divisão sexual do trabalho e cria novas divisões entre as mulheres.

---

126 Mesmo quando a emigração não separa os dois parceiros, raramente as famílias permanecem unidas frente ao desemprego dos homens e à necessidade de encontrar alguma forma de sustento. As políticas de ajuste estrutural contradizem, assim, a tentativa de impor no mundo inteiro a família nuclear.
127 Roger Sawyer, *Children Enslaved* [Crianças escravizadas]. Londres & Nova York: Routledge, 1988.
128 John Walton & David Seddon, *op. cit.*

EMIGRAÇÃO, REPRODUÇÃO E FEMINISMO INTERNACIONAL

Se é verdade que os envios de dinheiro dos imigrantes ao seu país de origem constituem o principal fluxo monetário internacional depois das receitas das companhias petrolíferas, então a mercadoria mais importante que o "Terceiro Mundo" exporta hoje para o "Primeiro Mundo" é o trabalho. Em outras palavras, como no passado, a acumulação capitalista é, acima de tudo, o acúmulo de mão de obra, e esse processo se estabelece principalmente por meio da imigração.[129] Isso significa que uma parte expressiva do trabalho necessário para reproduzir a força de trabalho metropolitana é realizada por mulheres vindas da África, Ásia, América Latina ou dos antigos países socialistas, principais pontos de origem dos movimentos migratórios contemporâneos. Trata-se de um trabalho que nunca é considerado no cálculo da dívida do "Terceiro Mundo", embora contribua diretamente para a acumulação de riquezas nos países capitalistas "avançados", uma vez que a imigração, além de compensar o declínio demográfico, mantém os salários baixos e transfere o excedente das colônias para as "metrópoles".[130] Esse é um fato que as feministas precisam identificar, tanto para desmascarar o que a "integração na economia global" oculta quanto para desmistificar a ideolo-

---

129 Dois ensaios pioneiros de Mariarosa Dalla Costa analisam a relação entre emigração e reprodução. O primeiro (1974) estuda as dinâmicas migratórias em função dos países de partida e de chegada, assim como seu papel na formação de uma classe operária multinacional na Europa; o segundo (1981) observa o papel da emigração proveniente do "Terceiro Mundo" na estratificação do trabalho na Itália, em particular, do reprodutivo.

130 Nash & Fernandez-Kelley, *op. cit.*, pp. 178-9.

gia da "ajuda ao Terceiro Mundo", que esconde uma imensa apropriação do trabalho feminino.

As mulheres do mundo inteiro não se limitam apenas a produzir os trabalhadores que movem a economia global. A partir do início dos anos 1990, houve um salto na migração feminina dos países do "Sul" para os do "Norte", onde elas colaboraram para o crescimento contínuo da mão de obra no setor de serviços e no trabalho doméstico.[131] Cynthia Enloe observa justamente que, ao imporem políticas econômicas que incentivam a migração, o FMI e o Banco Mundial forneceram os instrumentos para que os governos da Europa, dos Estados Unidos e do Canadá resolvessem a crise do trabalho doméstico, que se encontrava na origem do movimento feminista, e "liberaram" milhares de mulheres para o mercado de trabalho. Empregar filipinas ou mexicanas que, por uma quantia modesta, limpam casas, criam crianças, preparam refeições e tomam conta dos idosos permite que muitas mulheres de classe média se livrem de tarefas que não querem ou não podem mais realizar, sem que isso incida sobre seu padrão de vida.[132] No entanto, essa "solução" é problemática, pois cria entre as mulheres uma relação de "criadas-madames", que se complexifica ainda mais pelos preconceitos que envolvem o trabalho

---

131 De acordo com as estatísticas fornecidas pela OIT, mais de 50% dos imigrantes do "Terceiro Mundo" são mulheres (Noleen Heyzer et al. (orgs.), *The Trade in Domestic Workers: Causes, Mechanisms and Consequences of International Migration* [O comércio de trabalhadores domésticos: causas, mecanismos e consequências da migração internacional]. Londres/Kuala Lumpur: Asian and Pacific Development Centre/Zed Books, 1994; Stalker, *The Work of Strangers*). A maioria delas encontra trabalho como empregada doméstica (criadas, babás, cuidadoras de idosos) ou em setores de serviços especializados em trabalho reprodutivo: turismo, saúde, entretenimento, prostituição.

132 Cynthia Enloe, *op. cit.*, pp. 178-9.

doméstico: o pressuposto de que não é um trabalho real e que deve ser remunerado com o menor valor possível, que não tem limites definidos, e assim por diante.[133] Empregar uma trabalhadora doméstica, inclusive, torna as mulheres (e não o Estado) responsáveis pelo trabalho de reprodução, enfraquecendo a luta contra a tradicional divisão do trabalho na família, pois as impede de pressionar os parceiros a compartilhar essa atividade com elas.[134] Quanto às imigrantes, assumir um emprego como empregada doméstica é um caminho doloroso: o trabalho é mal remunerado e exige que cuidem da família de outras pessoas enquanto deixam as suas para trás.

Outros fenômenos surgidos entre 1980 e 1990 confirmam a determinação em deixar o encargo da reprodução da mão de obra metropolitana sobre os ombros das mulheres do "Terceiro Mundo", imigrantes ou não. Entre os mais significativos, está a ampliação de um vasto mercado internacional de bebês, organizado via sistema de adoções, que se transformou em um negócio que movimenta milhões de dólares. No final da década de 1980, estimava-se que, a cada 48 minutos, uma criança adotada no exterior entrava nos Estados Unidos; e, no início dos anos 1990, só a Coreia do Sul exportou anualmente cerca de 5.700 crianças para terras estadunidenses.[135] Hoje, o que as feministas descreveram como "tráfico internacional de crianças" espalhou-

---

133 Mary Romero, *Maid in the USA* [Empregada nos EUA]. Nova York & Londres: Routledge, 1992, pp. 97-112.

134 *Ibidem*, p. 102.

135 Janice Raymond, *Women as Wombs: The New Reproductive Technologies and the Struggle for Women's Freedom* [Mulheres como ventres: as novas tecnologias reprodutivas e a luta pela liberdade da mulher]. San Francisco: Harpers, 1994, p. 145; Susan Chira, "Babies for Export: And Now the Painful Question" [Bebês para exportação: e agora a questão dolorosa], em *The New York Times*, 21 abr. 1988.

-se também pelos antigos países socialistas, sobretudo a Polônia e a Rússia, onde a descoberta de agências especializadas na venda de crianças provocou um escândalo nacional[136] – em 1994, mais de 1.500 foram exportadas para os Estados Unidos. Também assistimos ao desenvolvimento de "fazendas de bebês", voltadas especificamente para a exportação,[137] e o emprego crescente de "mulheres do Terceiro Mundo" como mães de aluguel.[138] A barriga de aluguel, tal como a adoção, permite às mulheres dos países capitalistas "avançados" ter um filho sem interromper sua carreira ou arriscar sua saúde. Por sua vez, os governos do "Terceiro Mundo" se beneficiam do fato de que a venda de crianças traz moeda estrangeira para seus cofres; e o Banco Mundial e o FMI aprovam tacitamente a prática, posto que esse comércio serve para corrigir "excessos demográficos" e está de acordo com o princípio de que as nações endividadas devem exportar todos os seus recursos, desde florestas a seres humanos.

Na Ásia, particularmente na Tailândia, na Coreia do Sul e nas Filipinas, a indústria do sexo e do turismo sexual se tornou um fenômeno de massa a serviço de uma clientela internacional composta, por exemplo, pelo Exército dos Estados Unidos, que desde a Guerra do Vietnã presume que esses países são suas áreas de descanso e recrea-

---

136 Alessandra Stanley, "Nationalism Slows Foreign Adoption in Russia" [Nacionalismo reduz adoção estrangeira na Rússia], em *The New York Times*, 8 dez. 1994; "Adoption of Russian Children Tied Up in Red Tape" [Adoção de crianças russas é amarrada pela burocracia], *The New York Times*, 17 ago. 1995.
137 Janice Raymond, *op. cit.*, pp. 141-2.
138 Janice Raymond, "The International Traffic in Women: Women Used in Systems of Surrogacy and Reproduction" [O tráfico internacional de mulheres: mulheres usadas em sistemas de substituição e reprodução], em *Reproductive and Genetic Engineering*, v. 2, n. 1, pp. 51-2, 1989.

ção.[139] No final da década de 1980, de uma população de 52 milhões de habitantes, a Tailândia apresentava um milhão de mulheres trabalhando na indústria do sexo. Acrescentemos a esses dados o alarmante aumento do número de mulheres originárias do "Terceiro Mundo" ou dos antigos países socialistas que trabalham como prostitutas na Europa, nos Estados Unidos e no Japão, muitas vezes em condições análogas à escravidão.[140]

Citemos ainda o tráfico de "noivas por correspondência", que se desenvolveu internacionalmente nos anos 1980.[141] Apenas nos Estados Unidos, cerca de 3.500 homens se casam todos os anos com mulheres escolhidas em catálogos. As noivas são jovens provenientes das regiões mais pobres do Sudeste Asiático ou da América do Sul, embora mulheres da Rússia e de outros antigos países socialistas também optem por esse meio de emigração. Em 1979, 7.759 filipinas deixaram seu país desse modo.[142] O tráfico de "noivas por correspondência" explora, por um lado, o empobrecimento das mulheres e, por outro, o sexismo e o racismo dos homens europeus e estaduni-

---

139 Susanne Thorbeck, *Voices from the City: Women of Bangkok* [Vozes da cidade: mulheres em Bangkok]. Londres: Zed Books, 1987; Cynthia Enloe, *op. cit.*; Thanh-Dam Truong, *Sex and Morality: Prostitution and Tourism in South East Asia* [Sexo e moralidade: prostituição e turismo no Sudeste Asiático]. Londres: Zed Books, 1990.
140 Roger Sawyer, *op. cit.*
141 Venny Villapando, "The Business of Selling Mail-Order Brides" [O negócio de vender noivas por correspondência], em Asian Women United of California (org.), *Making Waves: An Anthology of Writings by and about Asian American Women* [Fazendo ondas: uma antologia de escritos de e sobre mulheres asiáticas-americanas], Boston: Beacon Press, 1989, pp. 318-27; Uma Narayan, "'Mail-Order' Brides" [Noivas por correspondência], em *Hypatia*, v. 10, n. 1, pp. 104-19, inverno de 1995.
142 Kathleen Barry, *The Prostitution of Sexuality: The Global Exploitation of Women* [A prostituição da sexualidade: a exploração global das mulheres]. Nova York: New York University Press, 1995, p. 154.

denses à procura de uma esposa que possam controlar, pois contam com a vulnerabilidade dessas mulheres, que dependem deles para continuar no "país anfitrião".

Considerados em conjunto, esses fenômenos demonstram que, longe de ser um meio de emancipação para as mulheres, a nova divisão internacional do trabalho é o veículo de um projeto político que intensifica a exploração das mulheres e faz ressurgir formas de trabalho forçado que pensávamos ter se extinguido com o declínio dos impérios coloniais. Ela reabilita, igualmente, a imagem das mulheres como reprodutoras e objetos sexuais, além de instituir entre elas uma relação semelhante à das brancas e negras sob o regime do *apartheid* na África do Sul.

O caráter antifeminista da NDIT é tão evidente que devemos nos questionar até que ponto é coisa da "mão invisível do mercado", ou se não se trata de uma resposta planejada aos combates femininos contra a discriminação, o trabalho não remunerado e o "subdesenvolvimento" em todas as suas formas. Em todo caso, as feministas devem se organizar contra a tentativa de recolonização que acompanha a NDIT e retomar a luta no terreno da reprodução.

De nada serve criticar, como fazem algumas feministas, as mulheres que empregam trabalhadoras domésticas. Enquanto o trabalho reprodutivo continuar a ser uma responsabilidade individual ou familiar, talvez não tenhamos escolha, sobretudo se precisarmos cuidar de pessoas doentes ou dependentes, e ao mesmo tempo assegurar um emprego fora do lar. É precisamente por isso que muitas mulheres com crianças pequenas são beneficiárias de programas sociais — mas essa é uma alternativa em vias de extinção.[143] Ao mesmo tempo, ao

---

143 David Firestone, "Gloom and Despair Among Advocates of the Poor"

condenar o recurso ao emprego doméstico sem propor outra alternativa, corre-se o risco de reforçar a ilusão de que o trabalho doméstico não é um trabalho necessário. Esse pressuposto afetou as políticas feministas nos anos 1970, e pagamos um preço alto por isso. Se o movimento feminista tivesse batalhado para obrigar o Estado a reconhecer o trabalho reprodutivo como tal e a assumir a responsabilidade financeira por ele, talvez não estaríamos assistindo ao desmantelamento dos poucos programas de auxílio social disponíveis para as mulheres, nem a uma solução neocolonial para a "questão do trabalho doméstico".[144] Hoje, uma mobilização feminista que forçasse o Estado a pagar pelo trabalho de reprodução seria eficiente na melhoria das condições dessa atividade e no fortalecimento da solidariedade entre as mulheres.

No geral, considerações semelhantes se aplicam aos esforços das feministas em convencer os governos a criminalizar a violência doméstica e o "tráfico" de mulheres. Essas iniciativas não atacam a raiz do problema dos abusos perpetrados contra as mulheres.

Condenações na justiça podem remediar a pobreza extrema que, em certos países, impele os pais a entregar seus filhos à prostituição? O governo dos países da Ásia ou da África dispõe de recursos para melhorar a condição das mulheres quando o Banco Mundial e o FMI os pressionam a cortar todas as despesas sociais e a adotar os mais estritos programas de austeridade?[145] Como

---

[Melancolia e desespero entre os defensores dos pobres], em *The New York Times*, 21 set. 1995.
144 Como observou Mary Romero, o movimento feminista nos Estados Unidos ainda não conseguiu obter medidas que, em outros países, foram conquistadas há muito tempo, como a licença-maternidade remunerada.
145 Committee For Academic Freedom in Africa. Newsletter 2, outono de 1991; Newsletter 4, primavera de 1993; Newsletter 5, outono de 1993.

eles podem garantir às mulheres o acesso à educação e à saúde se o ajuste estrutural exige que eles reduzam todos os subsídios para essas áreas? E por que os pais enviariam suas filhas à escola ao testemunharem o desemprego dos seus filhos diplomados?[146]

Para tornar possíveis o feminismo internacional e a irmandade mundial, as feministas devem se mobilizar contra o ajuste estrutural, o pagamento da dívida externa e a introdução de leis de propriedade intelectual, que são os meios pelos quais a nova divisão internacional do trabalho se organiza, e pelos quais o sustento da maioria da população mundial é prejudicado.

Como as feministas do "Terceiro Mundo" sempre destacam,[147] as desigualdades existentes entre as mulheres em nível internacional também afetam as políticas do movimento feminista. O acesso a recursos importantes, como viagens, bolsas, publicações e meios de comunicação eficazes, possibilita às feministas europeias e estadunidenses instituir sua agenda em conferências globais, desempenhando um papel hegemônico na definição do que devem ser o feminismo e as lutas feministas.[148]

As relações de poder engendradas pela NDIT também repercutem no papel desempenhado pelas mulheres nas

---

146 Silvia Federici, "The New African Student Movement" [O novo movimento estudantil africano], em Silvia Federici et. al (orgs.). *A Thousand Flowers: Social Struggles against Structural Adjustment in African Universities* [Mil flores: lutas sociais contra o ajuste estrutural nas universidades africanas]. Trenton: Africa World Press, 2000, pp. 86-112.

147 Cheryl Johnson-Odim, "Common Themes, Different Contexts, Third World Women and Feminism" [Temas comuns, diferentes contextos, mulheres do Terceiro Mundo e feminismo], em Chandra Talpade Mohanti, Ann Russo & Lourdes Torres (orgs.), *Third World Women and the Politics of Feminism* [Mulheres do Terceiro Mundo e as políticas do feminismo]. Bloomington & Indianápolis: Indiana University Press, 1991, pp. 314-27.

148 *Ibidem*, pp. 323-4.

organizações não governamentais (ONGs) das metrópoles, que financiam "projetos de geração de renda" para mulheres do "Terceiro Mundo". Além de mobilizar o trabalho feminino não remunerado, a fim de compensar a supressão de serviços sociais provocada pelos programas de ajuste estrutural, esses projetos criam um vínculo de chefe-cliente entre as mulheres. As ONGs das metrópoles decidem quais projetos financiar, como avaliá-los, quais mulheres recrutar, e tudo isso sem prestar contas àquelas cujo trabalho essas instituições organizam. Entretanto, nos países sob intervenção do ajuste estrutural, a função de "ajuda" que essas ONGs exercem é uma resposta, em parte, à perda de controle do marido e do Estado sobre o trabalho dessas mulheres. Os homens emigram ou não conseguem mais garantir o sustento da família; com as finanças públicas esgotadas, pelo menos oficialmente, o Estado fica impossibilitado de investir na reprodução social; eis que aparece um novo regime patriarcal que coloca as mulheres do "Terceiro Mundo" sob a dependência do Banco Mundial, do FMI e das numerosas ONGs encarregadas de fiscalizar os "projetos geradores de renda" e outros programas de "ajuda". Atualmente, são essas organizações e instituições que controlam e exploram o trabalho reprodutivo das mulheres, enquanto esse novo patriarcado recorre à colaboração de mulheres europeias e estadunidenses que, tal qual missionárias dos tempos modernos, são recrutadas para ensinar às mulheres das "colônias" a desenvolver as ferramentas necessárias para se integrar à economia mundial.[149]

149 A maioria desses projetos diz respeito à criação de cooperativas de crédito (ou seja, cooperativas que concedem empréstimos aos seus membros, que assumem coletivamente a responsabilidade pelo pagamento, no modelo do Grameen Bank) ou a programas de formação destinados a

CONCLUSÃO

Minha análise sobre a NDIT revela os limites de uma estratégia política feminista que não situa a luta contra a discriminação sexual em um quadro anticapitalista. Ela mostra, da mesma maneira, que o desenvolvimento capitalista continua a produzir pobreza, doenças e guerras e que, para se perpetuar, precisa criar dentro do proletariado divisões que bloqueiam a construção de uma sociedade livre de exploração. As políticas feministas devem, portanto, subverter a nova divisão internacional do trabalho e o projeto de globalização do qual ela se origina. Essas são as políticas de movimentos feministas de base em todo o planeta, que exigem a devolução das terras expropriadas, o não pagamento da dívida externa e a abolição do ajuste estrutural e da privatização da terra. E elas nos advertem que a reivindicação pela igualdade é indissociável da crítica ao papel desempenhado pelo capital internacional na recolonização dos "países do Sul" — e que a resistência diária dessas mulheres, decididas a sobreviver, é, antes de tudo, uma luta política e uma luta feminista.

---

ensinar as mulheres a desenvolver "atividades geradoras de renda". Como Jutta Berninghausen e Birgit Kerstan (*Forging New Paths: Feminist Social Methodology and Rural Woman in Java* [Forjando novos caminhos: metodologia social feminista e mulheres camponesas em Java]. Londres: Zed Books, 1992, p. 253) explicam em seu estudo sobre as atividades de ONGs javanesas, esse segundo tipo de projeto tem mais uma vocação estabilizadora e defensiva do que emancipadora, e, no melhor dos casos, tenta restaurar em pequena escala — ou seja, individualmente ou alcançando as relações comunitárias — o que foi destruído em grande escala pelas políticas econômicas.

GUERRA, GLOBALIZAÇÃO E REPRODUÇÃO (2000)

> Primeiramente, vieram os banqueiros estrangeiros ávidos por realizar empréstimos com taxas abusivas; depois, os controladores financeiros, para assegurar que os juros fossem pagos; e ainda os milhares de conselheiros estrangeiros reivindicando sua parte. Finalmente, quando o país já estava falido e desamparado, era o momento de as tropas estrangeiras "resgatarem" o governante de seus "rebeldes". Um último gole e o país se foi.
>
> — Thomas Pakenham, *The Scramble for Africa* [A partilha da África] (1991)

> Faminto, quem vai te alimentar? [...]
> Junta-te a nós, nós que temos fome [...]
> Os que têm fome vão te alimentar.
>
> — Bertolt Brecht, "Todos ou ninguém" (1848-1849)

Conforme demonstram a proliferação dos conflitos na África, na Ásia e no Oriente Médio e o entusiasmo dos Estados Unidos pelas intervenções militares durante as décadas de 1980 e 1990, a guerra está na agenda global.[150] Isso ocorre porque a nova fase de expansão capitalista que

---

150 Em uma contabilização recente, 75 países vivenciaram alguma forma de guerra em 1999 (*Effe: La Rivista delle Librerie Feltrinelli*, n. 13, 1999). Trinta e três destes conflitos encontram-se nas 43 nações existentes no continente africano. Esta é a "Quarta Guerra Mundial" contra os pobres do mundo, sobre a qual costuma escrever o Subcomandante Marcos, do Exército Zapatista de

testemunhamos requer a destruição de qualquer atividade econômica não subordinada à lógica da acumulação capitalista, e esse é necessariamente um processo violento. O capital corporativista não pode estender seu alcance sobre os recursos do planeta – dos mares às florestas, do trabalho das pessoas ao nosso caldeirão genético – sem gerar uma intensa resistência em todo o mundo. Além disso, é intrínseco à natureza da atual crise capitalista não existir qualquer tipo de mediação possível, e o planejamento do desenvolvimento no dito "Terceiro Mundo" só pode levar à guerra.[151]

A conexão entre guerra e integração à economia mundial não costuma ser reconhecida pelo fato de que a globalização, embora em sua essência continue o projeto imperialista do século XIX, ainda hoje se apresenta principalmente como um programa econômico. Suas primeiras e mais visíveis armas são os programas de ajuste estrutural, a liberalização do comércio, as privatizações e os direitos de propriedade intelectual. Todas essas políticas são responsáveis pela imensa transferência de riqueza das "colônias" para as metrópoles, sem requerer conquistas territoriais, supostamente funcionando apenas por meios pacíficos.[152]

Libertação Nacional (EZLN). [Atualmente, há 54 países na África. Em 2014, o Subcomandante Marcos mudou seu nome para Subcomandante Galeano – N.E.]

151 Para uma descrição desta nova fase do capitalismo que enfatiza o desaparecimento das mediações interclasses, veja Midnight Notes Collective, *op. cit.*, em cujos artigos se utiliza a expressão "novos cercamentos" para indicar que a ideia central do capitalismo contemporâneo é aniquilar quaisquer garantias de subsistência reconhecidas por Estados socialistas, pós-coloniais ou keynesianos durante as décadas de 1950 e 1960. Para ser bem-sucedido, esse processo deve ser violento.

152 A vasta literatura existente sobre ajuste estrutural, globalização e neoliberalismo descreveu amplamente esta transferência de riqueza. Ver Jeremy Brecher & Tim Costello, *Global Village or Global Pillage: Economic*

A intervenção militar também está tomando novas formas, frequentemente se ocultando sob a fachada de iniciativas benevolentes como "ajuda alimentar" e "ajuda humanitária" ou, como acontece na América Latina, de "guerra às drogas". Outra razão pela qual não se faz mais evidente o casamento entre guerra e globalização – a forma atual do imperialismo – é que a maioria das novas guerras da globalização é travada no continente africano, cuja história atual é sistematicamente distorcida pela mídia, que atribui cada crise ao suposto "atraso" dos africanos, ao "tribalismo" e à incapacidade de alcançar instituições democráticas.

ÁFRICA, GUERRA E AJUSTE ESTRUTURAL

Na realidade, a situação na África mostra a estreita conexão entre a implementação dos programas de ajuste estrutural, introduzidos na década de 1980 pelo Banco Mundial e o FMI para facilitar o avanço do capital multinacional, e o desenvolvimento de um contínuo estado de guerra. Isso demonstra que os ajustes estruturais geram a guerra, e a guerra, por sua vez, completa o trabalho dos ajustes estruturais, já que torna os países afetados dependentes do capital internacional e dos poderes que o representam, começando pelos Estados Unidos, a União Europeia e a ONU. Em

---

Reconstruction from the Bottom Up [Aldeia global ou pilhagem global: reconstrução econômica de baixo pra cima]. Boston: South End Press, 1994; Walden Bello, *Dark Victory: The United States, Structural Adjustment and Global Poverty* [Vitória obscura: Estados Unidos, ajuste e pobreza global]. Londres: Pluto Press, 1994; Richard J. Barnet & John Cavanach, *Global Dreams: Imperial Corporations and the New World Order* [Sonhos globais: corporações globais e a nova ordem mundial]. Nova York: Simon & Schuster, 1994.

outras palavras, parafraseando Carl von Clausewitz,[153] "o ajuste estrutural é a guerra por outros meios".

O "ajuste estrutural" promove a guerra de muitas maneiras. Esse tipo de programa foi imposto no início da década de 1980 pelo Banco Mundial e pelo FMI na maioria dos países africanos, supostamente para impulsionar a recuperação da economia e ajudar os governos africanos a pagar as dívidas contraídas durante a década anterior para financiar projetos de desenvolvimento. Entre as reformas que prescreve, destacam-se a privatização da terra (começando pela abolição da propriedade comunal), a liberalização do comércio (eliminação das tarifas sobre os bens importados), a desregulamentação das transações cambiais, a redução do setor público, o corte do financiamento de serviços sociais e um sistema de controle que efetivamente transfere o planejamento econômico dos governos africanos para o Banco Mundial e para as organizações não governamentais.[154]

---

153 Carl von Clausewitz (1780-1831) foi um militar prussiano, autor de um famoso tratado de guerra, intitulado *Da guerra*, publicado em 1832. Uma de suas frases mais conhecidas, que a autora parafraseou aqui, diz que a guerra é a continuação da política por outros meios. [N.E.]

154 A literatura sobre o ajuste estrutural na África também é imensa. Desde meados da década de 1980, as ONGs, tanto nacionais quanto internacionais, se tornaram essenciais para a implementação desses programas, assumindo as áreas da reprodução social que o Estado foi forçado a deixar de financiar devido aos ajustes estruturais. Como escreve Alex de Waal (*op. cit.*, p. 53), "a combinação do neoliberalismo com a defesa de um 'rosto humano' criou um novo papel para as ONGs internacionais como subcontratantes na prestação em larga escala de serviços básicos como saúde, extensão agrícola e rações alimentares [...]. Muitas vezes, as ONGs que prestam mais serviços (Care, Catholic Relief Services, Save the Children Fund) foram atraídas após crises como fome ou colapso institucional, e depois por lá permaneceram. Em outros casos, as ONGs colocaram assessores em ministérios (o da Saúde é o favorito) e, ocasionalmente, assumiram a responsabilidade pela gestão de todos os serviços. O fornecimento de medicamentos básicos para clínicas na capital do Sudão, atenção primária na zona rural de Uganda e quase

Supostamente, o objetivo dessa reestruturação econômica era impulsionar a produtividade, eliminar a ineficiência e aumentar a "competitividade" da África no mercado global. Entretanto, ocorreu o oposto. Mais de uma década após a adoção desses programas, as economias locais colapsaram, o investimento estrangeiro não se materializou, e as únicas atividades produtivas em vigor na maioria dos países africanos são, mais uma vez, como ocorria no período colonial, a extração mineral e a agricultura orientada à exportação, que contribuem para a abundância no mercado global enquanto os africanos não têm comida suficiente para se alimentar.

Nesse contexto de falência econômica generalizada, violentas rivalidades eclodiram em toda parte, entre diferentes facções da classe dominante africana, que, incapazes de enriquecer através da exploração da força de trabalho, lutam agora para ter acesso ao poder do Estado como condição essencial para a acumulação de riqueza. De fato, o poder estatal é essencial para a apropriação e a venda no mercado internacional tanto de ativos e recursos nacionais (terra, ouro, diamantes, petróleo, madeira) quanto de recursos e riquezas de grupos rivais ou grupos mais fracos.[155] Assim, a guerra tornou-se o lado obscuro

---

todos os programas contra a tuberculose e a hanseníase na Tanzânia são apenas três dos programas de saúde "nacionais" amplamente dirigidos por ONGs internacionais que utilizam fundos de doadores institucionais europeus e estadunidenses".

155 Um bom exemplo de pilhagem de grupos mais fracos é encontrado no Sudão, onde, no final da década de 1980, o governo deu à milícia Murahaliin (derivada dos árabes Baggara) o direito de saquear o patrimônio em gado dos Dinka. "Suas incursões eram frequentes, generalizadas e devastadoras. Os ladrões roubavam gado, destruíam aldeias, envenenavam poços e matavam indiscriminadamente. Também estavam envolvidos na escravização de prisioneiros. Os sobreviventes eram enviados para cidades militarizadas, onde eram forçados a vender barato seu gado e outros bens" (Alex de Waal, *op. cit.*, p.

necessário de uma nova economia mercantil, ou uma "economia de pilhagem", segundo alguns autores,[156] prosperando com a cumplicidade de empresas estrangeiras e agências internacionais, as quais, apesar de todas as suas queixas sobre "corrupção", se beneficiam dessa prática.

A insistência do Banco Mundial na privatização de todos os recursos enfraqueceu o Estado, como no caso da Rússia, e acelerou esse processo. Da mesma forma, a desregulamentação das atividades bancárias e das transações financeiras (também exigida pelo Banco Mundial) ajudou na propagação do comércio de drogas que, desde a década de 1980, desempenha um papel importante na economia política da África, contribuindo para a formação de exércitos privados.[157]

Outra causa das guerras na África é o empobrecimento brutal no qual o ajuste estrutural mergulhou a maioria da população. Ao mesmo tempo que intensificou o protesto social, o ajuste estrutural, ao longo dos anos, rompeu o tecido social de muitos países da região ao forçar milhares de pessoas a abandonarem seu povoado e irem para o exterior em busca de novas fontes de subsistência; e a luta pela sobrevivência preparou o terreno para a manipulação de antagonismos locais e o recrutamento de desempregados – particularmente dos jovens – pelas facções em guerra. Muitos

94). Para mais informações sobre esse processo, ver em Mark Duffield, "The Political Economy of Internal War: Asset Transfer, Complex Emergencies, and International Aid" [A política econômica da guerra interna: transferência de ativos, emergências complexas e ajuda internacional], em Joanna Macrae & Anthony Zwi (orgs.), *op. cit.*, pp. 54-7.

156 Jean-Francois Bayart et al., *The Criminalization of the State in Africa* [A criminalização do Estado na África]. Oxford: The International African Institute em colaboração com James Currey, 1999.

157 *Ibidem*; Phil Williams, "The Nature of Drug-Trafficking Networks" [A natureza das redes de tráfico de drogas], em *Current History*, v. 97, n. 618, pp. 154-9, abr. 1998.

conflitos "tribais" e religiosos na África (não menos que os conflitos "étnicos" na Iugoslávia) têm suas raízes nesses processos. Das expulsões em massa de imigrantes e tumultos religiosos na Nigéria no começo e em meados da década de 1980, às guerras dos "clãs" na Somália no começo dos anos 1990,[158] passando pelas guerras sangrentas entre o Estado e os fundamentalistas na Argélia, por trás da maioria dos conflitos africanos contemporâneos estiveram as "condições"[159] do Banco Mundial e do FMI, que arruinaram a vida das pessoas e minaram as condições para a solidariedade social.[160]

Não há dúvida, por exemplo, de que os jovens que lutaram nas numerosas guerras africanas nos últimos anos são os mesmos que, há duas décadas, poderiam ter ido à escola e tido a esperança de ganhar a vida por meio do comércio ou do trabalho no setor público, olhando para o futuro com a esperança de poder contribuir para o bem-estar de suas famílias. Da mesma forma, o surgimento das crianças-soldado nas décadas de 1980 e 1990 nunca teria sido possível se, em muitos países, a então

---

158 Michel Chossudovsky, *The Globalisation of Poverty: Impacts of the IMF and World Bank Reforms*. Londres: Zed Books, 1998. [Ed. bras.: *A globalização da pobreza: impactos das reformas do FMI e do Banco Mundial*. São Paulo: Moderna, 1999.]

159 Conjunto de condições que o doador impõe ao receptor para poder ser destinatário da ajuda. A condicionalidade sempre esteve presente, de uma ou outra maneira, na cooperação para o desenvolvimento, mas a forma de entender seu conteúdo evoluiu. Essa primeira geração de condições para a cooperação supôs para os seus receptores o compromisso de realizar reformas profundas e precisas de sua política econômica, se quisessem receber a ajuda. Pode-se dizer que, na maioria dos países em desenvolvimento, sua política econômica se realiza sob o controle e a administração internacional. Ver Alfonso Dubois, *Diccionario de Acción Humanitaria y Cooperación al Desarrollo* [Dicionário de ação humanitária e cooperação ao desenvolvimento]. Bilbao: Icaria & Hegoa, 2000. [N.T.E.]

160 Martin Stone, *The Agony of Algeria* [A agonia da Argélia]. Nova York: Columbia University Press, 1997.

família estendida não tivesse sido prejudicada por dificuldades financeiras, e milhares de crianças não tivessem ficado sem alguém para cuidar das suas necessidades e sem um lugar para ir, exceto as ruas.[161]

A guerra não só foi uma consequência da mudança econômica; também foi um meio de produzi-la. Quando consideramos os padrões de guerra predominantes na África e a forma como a guerra se intersecciona com a globalização, destacam-se dois aspectos. Primeiro, a guerra força as pessoas a sair de sua terra, separando assim os produtores dos meios de produção, condição necessária para a expansão do mercado de trabalho global. A guerra também reivindica o uso da terra para fins capitalistas, impulsionando a produção de cultivos comerciais e a agricultura orientada para a exportação. Particularmente na África, onde a posse comunal da terra ainda é generalizada, esse tem sido um dos principais objetivos do Banco Mundial, cuja *raison d'être* [razão de ser] como instituição tem sido a capitalização da agricultura.[162] É difícil observar os milhões de refugiados ou vítimas da fome fugindo de sua localidade, sem pensar na satisfação que isso deve trazer aos diretores do Banco Mundial, bem como às empresas do agronegócio, que certamente veem nessa cena a mão do progresso trabalhando.

A guerra também dificulta a oposição da população

---

161 Human Rights Watch, *Africa, Slaves, Street Children and Child Soldiers* [África, escravos, crianças em situação de rua e crianças-soldados]. Nova York: Human Rights Watch, 1995.

162 Para uma análise das políticas do Banco Mundial de promoção da comercialização da agricultura na África, veja George Caffentzis, "The Fundamental Implications of the Debt Crisis for Social Reproduction in Africa" [As implicações fundamentais da crise da dívida para a reprodução social na África], em Mariarosa Dalla Costa & Giovanna Franca Dalla Costa (orgs.), *Paying the Price: Women and the Politics of International Economic Strategy* [Pagando o preço: mulheres e a política da estratégia econômica internacional]. Londres: Zed Books, 1995, pp. 15-41.

às "reformas de mercado", ao reconfigurar o território e romper as redes sociais que fornecem as bases para a resistência. É importante a correlação — frequente na África contemporânea — entre os protestos contra o FMI e os conflitos sociais.[163] Talvez isso seja mais visível na Argélia, onde o surgimento do fundamentalismo islâmico antigovernamental data do levante de 1988 contra o FMI, quando milhares de jovens tomaram as ruas da capital durante vários dias, no mais intenso e generalizado protesto desde o ápice da luta anticolonial.[164]

A intervenção estrangeira — geralmente apropriando-se das lutas locais e transformando-as em conflitos globais — desempenhou um papel importante nesse contexto. Isso pode ser observado até mesmo nas intervenções militares dos Estados Unidos, que geralmente são vistas através do prisma da "geopolítica" e da Guerra Fria, como é o caso do suporte dado pela administração de Ronald Reagan aos governos do Sudão e da Somália e à União Nacional para a Independência Total de Angola (Unita). Tanto no Sudão quanto na Somália, os programas de ajuste estrutural estavam em andamento desde o começo dos anos 1980, quando ambos os países eram os principais destinatários da ajuda militar dos Estados Unidos. No Sudão, a ajuda militar estadunidense fortaleceu a mão do regime de Gafar Nimeiri contra a coalizão de forças que se opunham aos cortes exigidos pelo FMI, ainda que não tenha conseguido deter a revolta

---

163 Silvia Federici, "The Debt Crisis, Africa, and the New Enclosures" [Crise da dívida, África e os novos cercamentos], em Midnight Notes Collective, *op. cit.*, pp. 303-17.

164 O enfrentamento atual entre o governo argelino e os fundamentalistas islâmicos começou com a recusa do governo em reconhecer as conquistas eleitorais dos fundamentalistas no começo de 1992. Mas as raízes do conflito podem ser encontradas na dura resposta do governo às revoltas de 1988 contra as políticas do FMI. Ver Martin Stone, *op. cit.*

que o depôs em 1985. Na Somália,[165] Siad Barre recebeu ajuda militar dos Estados Unidos para atacar os Isaaq, um episódio da guerra empreendida por agências nacionais e internacionais durante a última década contra os grupos de pastores transumantes africanos.[166] Em Angola, a ajuda militar dos Estados Unidos para a Unita forçou o governo não apenas a renunciar ao socialismo e à ajuda das tropas cubanas, mas também a negociar com o FMI, o que, sem dúvida, fortaleceu o poder de barganha das companhias petrolíferas que operam no país.[167]

---

165 Após conseguir a independência de britânicos e italianos, a Somália foi governada pela Liga da Juventude Somali e presidida por Abdi Rashid Shermake, assassinado em 1969. Um golpe militar alçou à presidência Mohammed Siad Barre, que se manteve ferreamente no poder até ser deposto em 1991 pelas milícias rebeldes do norte a partir de massacres, pilhagens e bombardeios indiscriminados sobre Hargeisa, capital do antigo protetorado inglês de Somalilândia, que deixaram mais de cinquenta mil mortos. Com a captura de Siad Barre, não só seu governo chegou ao fim, mas também foi iniciado um processo de desmembramento do Estado da Somália em diferentes setores controlados por líderes de grupos, e surgiram novas repúblicas não reconhecidas: a da Somalilândia, a noroeste, e a de Puntlândia, a nordeste. Ver Observatori del Deute en la Globalització. "Apoyando a un dictador con armas españolas", em *Créditos FAD: evidencias de ilegitimidad*. Barcelona: ODG, 2009. [N.T.E.]

166 Em 1987, a Oxfam informou que um funcionário da Comissão Europeia respondeu ao pedido de ajuda de grupos de pastores transumantes no Sudão do Sul com uma profecia autorrealizável: "na sua opinião, a pecuária transumante era, de qualquer forma, inviável e estava em declínio em toda a região". A Oxfam emitiu a seguinte resposta: "é importante notar que a Usaid, a Unicef e a CEE expressaram recentemente pontos de vista semelhantes em relação à pecuária transumante no Sul, [dizendo] que está em declínio e de todas as maneiras teria desaparecido nos próximos vinte anos". David Keene & Ken Wilson, "Engaging with Violence: A Reassessment of Relief in Wartime" [Envolvimento com violência: uma reavaliação do alívio em tempos de guerra], em Joanna Macrae & Anthony Zwi (orgs.), *op. cit.*, p. 214; Africa Watch Report, *Somalia: A Government at War with its Own People. Testimonies About the Killings and the Conflict in the North* [Somália: um governo em guerra com seu próprio povo. Testemunhos sobre as matanças e o conflito no norte]. Nova York: Human Rights Watch, 1990.

167 David Sogge, "Angola: Surviving against Rollback and Petrodollars" [Angola: sobrevivendo contra reversão e petrodólares], em Joanna Macrae &

AJUDA ALIMENTAR COMO GUERRA DISSIMULADA

Em muitos casos, o que as armas não conseguiram realizar foi alcançado através da "ajuda alimentar" fornecida pelos Estados Unidos, pela ONU e por diversas ONGs aos refugiados e às vítimas da fome causada pelas guerras. Comumente entregue a ambos os lados do conflito — como no Sudão, na Etiópia e em Angola —, a ajuda alimentar tornou-se um componente essencial da máquina de guerra neocolonialista contemporânea e da economia de guerra gerada por ela. A princípio, isso autorizou que outras organizações internacionais além da Cruz Vermelha reivindicassem o direito de intervir em áreas de conflito com a justificativa de proporcionar ajuda humanitária (em 1988, a ONU aprovou uma resolução afirmando o direito de doadores levarem auxílio a essas regiões).[168] Com esses argumentos, justificou-se a intervenção militar dos Estados Unidos e da ONU na Somália em 1992 e 1993, na Operation Restore Hope [Operação restaurar a esperança].

Mas, mesmo quando não é acompanhada por tropas, a entrega de "ajuda alimentar" em situações de conflito sempre supõe uma forma de intervenção política e militar, já que prolonga a guerra ao alimentar os exércitos

---

Anthony Zwi (orgs.), *op. cit.*, p. 105.

168 Macrae & Zwi, *op. cit.*, pp. 11-2. Nas palavras de Alex de Waal (*op. cit.*, p. 69), "o primeiro acordo negociado sobre o acesso a uma zona de guerra foi a Operation Lifeline [Operação de salvação] no Sudão em abril de 1989 [...] ao que seguiram as intervenções de 1991-1992, que adotaram o conceito de 'comando conjunto', por exemplo, no leste da Etiópia, onde Acnur, Unicef e PMA [Programa Mundial de Alimentos] prestavam ajuda a refugiados, desalojados e residentes empobrecidos sem discriminação. A abordagem de comando conjunto foi desenvolvida posteriormente na ex-Iugoslávia".

rivais (muitas vezes, mais do que a população civil), determina a estratégia militar e ajuda o grupo mais forte — o mais bem equipado para tirar vantagem das distribuições de alimentos — a ganhar.[169] Isso é exatamente o que ocorreu no Sudão e na Etiópia na década de 1980, quando, por meio da distribuição de "ajuda alimentar", os Estados Unidos, a ONU e ONGs como a Cooperative for Assistance and Relief Everywhere [Cooperativa para assistência e ajuda em todos os lugares] (Care) se tornaram importantes protagonistas das guerras travadas nesses países.[170]

Além disso, a ajuda alimentar contribui para o deslocamento e o remanejamento das comunidades rurais ao

---

169 Mark Duffield, *op. cit.*, pp. 60-3.

170 Um dos exemplos mais atrozes dessa transformação de provedores de ajuda em protagonistas militares é a assistência dada por Estados Unidos e Nações Unidas ao governo etíope na sua luta contra a Eritrean People's Liberation Front [Frente de libertação do povo eritreu] (EPLF) e a Tigray People's Liberation Front [Frente de libertação do povo tigré] (TPLF) na década de 1980. A famosa crise da fome de 1984-1985, a qual foi dedicada a canção "We are the World" [Nós somos o mundo], não foi causada pela seca, pela superpopulação ou pelo uso inadequado da terra, como afirmado naquela época. Sua verdadeira causa foi o deslocamento forçado de centenas de milhares de pessoas (processo no qual cinquenta mil vidas foram perdidas) do norte para o sul do país, devido às muitas ofensivas do governo etíope contra o EPLF e o TPLF e ao programa de reassentamento desenhado pelo próprio governo. A ajuda alimentar proporcionada pelos Estados Unidos, as Nações Unidas e várias ONGs (que alcançou a cifra de três bilhões de dólares entre 1985 e 1988) foi essencial para a continuação do esforço de guerra do governo etíope, bem como para seu esquema de reassentamento. Assim, através da cooperação e graças à cumplicidade entre os Estados Unidos, as Nações Unidas e diferentes ONGs com o governo etíope, foi possível ocultar as causas da fome, o desvio de ajuda alimentar para o Exército (apenas 15% da ajuda, no máximo, foi destinada à população civil) e o custo humano do plano de reassentamento. As equipes de ajuda acompanharam o Exército etíope "para ter acesso às áreas atingidas pela fome", e reclamaram que seus esforços humanitários estavam sendo prejudicados quando o EPLF ou o TPLF recuperaram seus territórios. Alex de Waal (*op. cit.*, pp. 115-27), um codiretor da African Rights, nos proporcionou um relato detalhado, esclarecedor e especialmente valioso dessa farsa, já que ele esteve diretamente envolvido nos eventos relatados.

situar os centros de distribuição de alimentos em função das necessidades das ONGs; também prejudica a agricultura local ao provocar o colapso dos preços dos alimentos produzidos localmente; e introduz um novo motivo para conflitos: a apropriação de grandes suprimentos de alimentos para vendê-los no local ou no mercado internacional, criando uma economia de guerra, especialmente nos países que foram radicalmente empobrecidos.[171]

São tão questionáveis os efeitos da assistência alimentar e tão duvidosa sua capacidade de garantir o sustento das pessoas (que teria sido mais bem alcançado por meio da distribuição de ferramentas agrícolas e sementes e, acima de tudo, com o fim das hostilidades) que há de se perguntar se o verdadeiro objetivo dessa iniciativa não era a eliminação progressiva da agricultura de subsistência e a criação de uma dependência a longo prazo de alimentos importados — ambos peças centrais da reforma do Banco Mundial e condições para a "integração" dos países africanos à economia global. Essa questão é ainda mais válida quando se considera que os efeitos negativos da "ajuda alimentar" eram bem conhecidos desde a década de 1960, quando se tornou objeto de muitos estudos e protestos no antigo mundo colonial. Desde então, tem sido quase um axioma que "você não ajuda as pessoas dando-lhes comida, mas dando-lhes as ferramentas para que elas mesmas se alimentem", e que, mesmo em situações de fome, preservar a capacidade de cultivo é o que as pessoas mais necessitam. Como a ONU e o Banco Mundial esqueceram esta lição é, de fato, inexplicável, a menos que suponhamos que a aparição da "ajuda alimentar" nas operações contemporâneas relacionadas às guerras na África teve como um dos principais objetivos a comercialização das terras e

---

171 Mark Duffield, *op. cit.*

da agricultura, além do controle dos mercados africanos de alimentos pelo agronegócio internacional.

Deve-se acrescentar que as "operações de ajuda humanitária" dependentes da intervenção de ONGs estrangeiras e organizações de ajuda marginalizaram ainda mais as vítimas de conflitos e da fome, às quais foi negado o direito de controlar as atividades de ajuda, ao mesmo tempo que são retratadas pelas mesmas ONGs na mídia internacional como seres indefesos, incapazes de cuidar de si mesmos. De fato, como ressaltam Joanna Macrae e Anthony Zwi, o único direito reconhecido foi o direito dos "doadores" de prestar assistência, a qual, como já vimos, tem sido utilizada, como na Somália em 1992 e 1993, para apelar a uma intervenção militar.[172]

MOÇAMBIQUE: UM CASO PARADIGMÁTICO DE GUERRA CONTEMPORÂNEA

O caso de Moçambique é o que melhor exemplifica como primeiro a guerra e depois a ajuda humanitária podem ser usadas para recolonizar um país, trazê-lo para o mercado e romper sua resistência à dependência econômica e política.[173] De fato, a guerra que a Resistência Nacional de Moçambique (Renamo), representante do *apartheid* sul-africano e dos Estados Unidos, travou contra esse país por quase uma década (1981-1990) contém todos os elementos-chave das atuais guerras da globalização:

---

172 Macrae & Zwi, *op. cit.*
173 Joseph Hanlon, *Peace Without Profit: How the IMF Blocks Rebuilding in Mozambique* [Paz sem lucro: como o FMI bloqueou a reconstrução de Moçambique]. Oxford: James Currey, 1996.

- A destruição das infraestruturas de (re)produção física e social do país para provocar uma crise reprodutiva e impor a subordinação econômica e política. Isso a Renamo alcançou através: (a) do uso sistemático do terror contra a população (massacres, escravização, punição com horríveis mutilações), para forçar as pessoas a abandonarem suas terras, transformando-se em refugiadas (mais de um milhão de pessoas foram assassinadas nessa guerra); (b) da demolição de estradas, pontes, hospitais, escolas e, principalmente, da destruição de todas as atividades e bens agrícolas — os meios básicos de subsistência para uma população de agricultores. O caso de Moçambique mostra o significado estratégico da "guerra de baixa intensidade" que, começando pelo uso de minas terrestres, torna impossível o cultivo da terra e cria dessa maneira uma situação de fome que requer ajuda externa.

- O uso da "ajuda alimentar" entregue às pessoas deslocadas e vítimas da fome para garantir o cumprimento das condicionalidades econômicas, criar dependência alimentar a longo prazo e boicotar a capacidade do país de controlar seu futuro econômico e político. Não se deve esquecer que a ajuda alimentar é um grande impulso para o agronegócio estadunidense, que ganha duas vezes: primeiro, porque se livra de seus enormes excedentes e, segundo, porque lucra com a dependência de alimentos importados dos países "ajudados".

- A transferência da tomada de decisões do Estado para organizações internacionais e ONGs. O ataque à soberania moçambicana foi tão radical que, uma vez que o país foi compelido a pedir ajuda, teve de aceitar dar sinal verde às ONGs na gestão de operações de ajuda humanitária, incluindo o direito de entrar em qualquer parte do território nacional e distribuir comida diretamente à população nos locais escolhidos pelas organizações. Como Joseph Hanlon mostrou no livro *Mozambique: Who Calls the Shots?*, o governo dificilmente pôde protestar contra a política das ONGs, mesmo no caso de ONGs de extrema direita como a World Vision, que usava as distribuições de ajuda para fazer propaganda política e religiosa, ou ONGs como a Care, que eram suspeitas de colaborar com a Agência Central de Inteligência (CIA) dos Estados Unidos.

- A imposição de condições impossíveis de paz, como a "reconciliação" e partilha de poder com a Renamo — o grande inimigo do governo e da população moçambicanos, responsável por inúmeras atrocidades, como o massacre de mais de um milhão de pessoas —, criou o potencial para a desestabilização permanente do país. Essa política de "reconciliação", cínica e amplamente imposta hoje em dia, do Haiti à África do Sul, como uma "condição de paz", é o equivalente político da prática de alimentar ambas as partes em um contexto de conflito, e é uma das expressões mais reveladoras do presente movimento de recolonização, já que proclama que as populações do "Terceiro Mundo" nunca poderão ter o direito à paz e a proteger a si mesmas de inimigos já comprovados. Também declara, assim, que nem todos os países têm os mesmos direitos, já que os Estados Unidos ou qualquer membro da União Europeia nunca sonhariam em aceitar uma proposta tão absurda.

CONCLUSÃO: DA ÁFRICA PARA A IUGOSLÁVIA, E ALÉM

Moçambique não é um caso único. A maioria dos países africanos não só é praticamente conduzida por agências apoiadas pelos Estados Unidos e ONGs, mas essa sequência — destruição de infraestrutura, imposição de reformas de mercado, reconciliação forçada com assassinos, inimigos "irreconciliáveis" e desestabilização — é encontrada em diferentes graus e combinações atualmente em toda a África, a tal ponto que vários países, como Angola e Sudão, estão em estado de emergência permanente, de modo que sua viabilidade como entidades políticas está agora em questão.

É através dessa combinação de guerra militar e financeira que a resistência popular africana contra a globalização tem sido mantida sob controle, da mesma maneira como o foi na América Central (El Salvador, Nicarágua, Guatemala, Panamá), onde, desde a década de 1980, a descarada intervenção militar dos Estados Unidos tem sido a regra.

A diferença é que, na África, o direito dos Estados Unidos e da ONU de enviar tropas tem sido geralmente justificado em nome da "manutenção da paz", da "pacificação" e da "intervenção humanitária", possivelmente porque, sob qualquer outra condição, um desembarque de fuzileiros navais, como visto no Panamá (1989) e nas ilhas de Granada (1983), não teria sido aceito internacionalmente. Essas intervenções, no entanto, representam o novo rosto do colonialismo — e não só na África. Esse é um colonialismo que visa a controlar políticas e recursos, em vez de ganhar posses territoriais. Em termos políticos, trata-se de um colonialismo "filantrópico", "humanitário", "descomprometido", que visa à "governança" mais que ao "governo", uma vez que este último envolve um compromisso com uma configuração institucional e econômica específica, enquanto a atual empresa liberal imperialista quer manter a sua liberdade de sempre escolher a configuração institucional, as formas econômicas e os locais mais bem adequados às suas necessidades.[174] Entretanto, como no velho colonialismo, soldados e comerciantes não estão muito distantes uns dos outros, como demonstra atualmente o casamento entre a distribuição de "ajuda alimentar" e a intervenção militar.

Qual é o significado desse cenário para o movimento antiguerra?

Em primeiro lugar, podemos esperar que a situação que se desenvolveu na África pós-ajuste — com sua mistura de guerra econômica e militar, seguida de ajuste-conflito-intervenção estrutural — seja reproduzida repetidamente em diferentes lugares do planeta nos próximos anos. Podemos, inclusive, esperar o desenvolvimento de mais guerras nos antigos países socialistas, uma vez que as instituições e as forças que impulsionam o processo de globalização encontram na indústria de propriedade do Estado e outros remanescentes do socialismo um obstáculo à "livre-iniciativa", tal como o comunalismo africano.

Nesse sentido, é provável que a guerra da Organização

---

174 Isso é semelhante à "nova escravidão" a que se refere Kevin Bales, pela qual os atuais proprietários de escravos na Tailândia e no Brasil evitam a responsabilidade por seus trabalhadores, de modo que são "descartáveis" quando não são mais lucrativos. Ver *Disposable People: New Slavery in the Global Economy* [Pessoas descartáveis: nova escravidão na economia global]. Berkeley: University of California Press, 1999.

do Tratado do Atlântico Norte (Otan) contra a Iugoslávia seja o primeiro exemplo (depois da Bósnia) do que está por vir, já que o socialismo de Estado está sendo substituído pela liberalização e o livre-mercado, e o avanço da Otan para o leste fornece "o marco de segurança" para a região. É tão próxima a relação entre a "intervenção humanitária" da Otan na Iugoslávia e a "intervenção humanitária" na África que trabalhadores das organizações humanitárias — a infantaria da máquina de guerra contemporânea — foram levados da África para o Kosovo, onde tiveram a oportunidade de avaliar o valor relativo da vida de africanos e europeus aos olhos das organizações internacionais, medido pela qualidade e quantidade dos recursos fornecidos aos refugiados.

Também podemos observar que a situação enfrentada é muito diferente do imperialismo do final do século XIX e início do século XX, uma vez que as potências imperialistas daquela época estavam ligadas e eram responsáveis por arranjos sociais, políticos e de infraestrutura territorialmente definidos. Assim, na época imperialista da canhoneira e da metralhadora, com as quais era possível matar a distância milhares de pessoas, os responsáveis por massacres, fomes e outras formas de assassinato em massa sempre podiam ser identificados. Sabemos, por exemplo, que o rei Leopoldo da Bélgica foi diretamente responsável pela matança de milhões de pessoas no Congo.[175] Por outro lado, atualmente, milhões de africanos morrem a cada ano devido às consequências do ajuste estrutural, mas ninguém é responsabilizado por isso. Pelo contrário, as causas sociais da morte na África

---

[175] Adam Hochschild, *King Leopold's Ghost* [O fantasma do rei Leopoldo]. Boston: Houghton Mifflin, 1998.

estão se tornando tão invisíveis quanto a "mão invisível" do mercado capitalista.[176]

Por fim, temos de ser conscientes de que não podemos nos mobilizar apenas contra os bombardeios, nem podemos chamar de "paz" um eventual cessar-fogo. O cenário iraquiano do pós-guerra demonstra que a destruição da infraestrutura de um país produz mais mortes do que as bombas em si. O que precisamos compreender é que a morte, a fome, a doença e a destruição são realidades cotidianas para a maioria das pessoas em todo o planeta. Mais do que isso, devemos entender que o ajuste estrutural – o programa mais universal no mundo atualmente, que, em todas as suas formas, incluindo o African Growth and Opportunity Act [Lei de oportunidades e crescimento para a África],[177] representa a face contemporânea do capitalismo e do colonialismo – é a guerra. Assim, a agenda do movimento contra a guerra deve incluir a eliminação do ajuste estrutural em todas as suas formas e, de maneira ainda mais crucial, a construção de um mundo que não seja mais baseado na lógica da acumulação capitalista, caso se queira acabar com a guerra e o projeto imperialista encarnado por ela.

---

176 John Walton & David Seddon, *op. cit.*

177 Lei aprovada nos Estados Unidos em 2000 – e que deve se manter válida até 2025 – com o intuito de comercializar com países da África Subsaariana. Para serem considerados "aptos" a participar desse acordo de comércio, os países precisam seguir uma série de exigências, com o intuito de "melhorar o regime da lei, os direitos humanos e respeitar os fundamentos básicos de padrões de trabalho", mas que na verdade são regras para garantir o livre-mercado e a propriedade privada. [N.E.]

MULHERES, GLOBALIZAÇÃO E O MOVIMENTO INTERNACIONAL DAS MULHERES (2001)

Imagens de mulheres agarrando os filhos entre os escombros do que antes era sua casa, ou lutando para recriar uma vida sob barracas de campos de refugiados, ou trabalhando em *sweatshops*,[178] em bordéis ou como trabalhadoras domésticas em países estrangeiros são veiculadas há anos na imprensa. Relatórios estatísticos apoiam a história da vitimização contada por essas imagens, tanto que a "feminização da pobreza" se tornou uma categoria sociológica exemplar. Ainda assim, os fatores que motivam uma deterioração tão dramática da condição de vida das mulheres — coincidindo, ironicamente, com a campanha da ONU para melhorar o *status* das mulheres[179] — não são bem entendidos nos Estados Unidos, mesmo em círculos feministas. Sociólogas feministas agora concordam que mulheres em todo o mundo carregam um "custo desproporcional" pela "integração na economia global"

---

178 Em tradução livre, "fábricas de suor", termo usado para designar locais onde trabalhadores são empregados a baixos salários e sob condições precárias, como, por exemplo, oficinas clandestinas de costura. [N.E.]

179 Eu me refiro às atividades patrocinadas pela ONU em prol da emancipação das mulheres, incluindo as cinco Conferências Globais sobre Mulheres e a Década das Mulheres (1976-1985). Ver United Nations, *From Nairobi to Beijing* [De Nairobi a Pequim]. Nova York: United Nations, 1995; *The World's Women 1995: Trends and Statistics* [O mundo das mulheres 1995: tendências e estatísticas]. Nova York: United Nations, 1995a; *The United Nations and the Advancement of Women: 1945-1996* [As Nações Unidas e o avanço das mulheres: 1945-1996]. Nova York: United Nations, 1996; e Mary K. Meyer & Elizabeth Prugl (orgs.), *Gender Politics in Global Governance* [Políticas de gênero na governança global]. Boulder: Rowman & Littlefield Publishers, 1999.

de seu país. Mas não se discute por que isso acontece, ou esse cenário é atribuído ao viés patriarcal das agências internacionais que presidem a globalização. Assim, algumas organizações feministas propuseram uma nova "marcha através das instituições"[180] para influenciar o desenvolvimento global e tornar agências financeiras, como o Banco Mundial, "mais sensíveis às questões de gênero".[181] Outras começaram a pressionar os governos para implementar as recomendações da ONU, convencidas de que a melhor estratégia é a "participação".

No entanto, a globalização é especialmente catastrófica para mulheres não porque seja gerenciada por agências dominadas por homens que não entendem as necessidades das mulheres, mas por causa dos objetivos que pretende alcançar. A globalização tem por intuito dar ao capital corporativo o controle completo sobre o trabalho e os recursos naturais. Para isso, ela precisa expropriar os trabalhadores de qualquer meio de subsistência que lhes permita resistir a uma exploração mais intensa. Como tal, a globalização não pode triunfar a menos que execute um ataque sistemático às condições materiais da reprodução social e sobre os principais sujeitos desse trabalho, que, na maioria dos países, é composta por mulheres.

As mulheres também são vitimizadas por serem culpadas pelos dois principais crimes que a globalização

---

180 A autora faz referência à "longa marcha através das instituições" cunhada pelo líder estudantil alemão Rudi Dutschke no final dos anos 1960. A ideia era criar uma mudança radical de dentro do governo e da sociedade ao se tornar parte integral da máquina social. [N.E.]

181 Christa Wichterich, *The Globalized Woman: Reports from a Future of Inequality* [A mulher globalizada: relatórios de um futuro de inequidade]. Londres: Zed Books, 2000; Marilyn Porter & Ellen Judd (orgs.), *Feminists Doing Development: A Practical Critique* [Feministas provocando desenvolvimento: uma crítica prática]. Londres: Zed Books, 1999.

supostamente combate. São elas que, com sua luta, mais contribuíram para "valorizar" o trabalho dos filhos e da comunidade, desafiando hierarquias sexuais nas quais o capitalismo prospera, e forçando o Estado-nação a expandir o investimento na reprodução da força de trabalho.[182] Elas também têm sido as principais apoiadoras de um uso não capitalista dos recursos naturais (terras, águas, florestas) e da agricultura orientada para a subsistência, e, portanto, ficaram no caminho tanto da completa comercialização da "natureza" quanto da destruição dos últimos comuns remanescentes.[183]

É por isso que a globalização, em todas as suas formas capitalistas – ajuste estrutural, liberalização do comércio, guerra de baixa intensidade –, é em essência uma guerra contra as mulheres, uma guerra que é particularmente devastadora para as mulheres no "Terceiro Mundo", mas que prejudica o sustento e a autonomia das mulheres proletárias em todas as regiões do planeta, inclusive nos paí-

---

182 Ver, por exemplo, a luta das mães beneficiárias de programas sociais nos Estados Unidos nos anos 1960, no que era o primeiro terreno de negociação entre as mulheres e o Estado no nível da reprodução. Com essa luta, as mulheres do Aid to Families with Dependent Children conseguiram transformar a assistência social no primeiro salário pelo trabalho doméstico (Milwaukee County Welfare Rights Organization, op. cit.).

183 Sobre as lutas das mulheres contra o desmatamento e a comercialização da natureza, ver: Filomina Chioma Steady, Women and Children First: Environment, Poverty, and Sustainable Development [Mulheres e crianças primeiro: meio ambiente, pobreza e desenvolvimento sustentável]. Rochester: Schenkman Books, 1993; Vandana Shiva, Close to Home: Women Reconnect Ecology, Health and Development Worldwide [Perto de casa: mulheres reconectam ecologia, saúde e desenvolvimento ao redor do mundo]. Filadélfia: New Society Publishers, 1994; Radha Kumar, The History of Doing: An Illustrated Account of Movements for Women's Rights and Feminism in India 1800-1990 [A história do fazer: um relato ilustrado de movimentos pelos direitos das mulheres e feminismo na Índia 1800-1990]. Londres: Verso, 1997; Yayori Matsui, Women in the New Asia: From Pain to Power [Mulheres na nova Ásia: da dor ao poder]. Londres: Zed Books, 1999.

ses capitalistas "avançados". Daí que as condições sociais e econômicas das mulheres não podem ser melhoradas sem uma luta contra a globalização capitalista e a deslegitimação das agências e dos programas que sustentam a expansão global do capital, começando por FMI, Banco Mundial e Organização Mundial do Comércio (OMC). Por outro lado, qualquer tentativa de "empoderar" as mulheres ao trazer o "gênero" para essas agências não só está condenada ao fracasso, como também a ter um efeito mistificador, por permitir que essas agências cooptem a luta das mulheres contra a agenda neoliberal em prol da construção de uma alternativa não capitalista.[184]

GLOBALIZAÇÃO: UM ATAQUE À REPRODUÇÃO

Para entender por que a globalização é uma guerra contra as mulheres, precisamos ler esse processo de forma política, como uma estratégia que tem por objetivo derrotar a "recusa ao trabalho" por parte dos trabalhadores, utilizando para isso a expansão global do mercado de trabalho. É uma resposta ao ciclo de lutas que – iniciado pelo movimento anticolonial e levado adiante pelo movimento Black Power, pelo Blue Collar [da classe trabalhadora] e pelos movimentos feministas dos anos 1960 e 1970 – desafiou a divisão internacional e sexual do trabalho, causando não apenas uma histórica crise nos lucros, mas uma verdadeira revolução social e cultural. As lutas das

---

184 Para uma história de como o Banco Mundial aumentou sua "atenção ao gênero" como resultado das críticas das ONGs, ver Josette L. Murphy, *Gender Issues in World Bank Lending* [Questões de gênero nos empréstimos do Banco Mundial]. Washington: The World Bank, 1995.

mulheres – contra a dependência em relação aos homens, contra hierarquias raciais e sexuais, e a favor do reconhecimento do trabalho doméstico como trabalho – foram um aspecto-chave dessa crise. Portanto, não é por acaso que todos os programas associados à globalização tiveram as mulheres como seu alvo principal.

Os programas de ajuste estrutural, por exemplo, apesar de serem promovidos como uma forma de recuperação econômica, destruíram a subsistência das mulheres, tornando impossível para elas reproduzir sua família e a si mesmas. Um dos principais objetivos dos programas de ajuste estrutural é a "modernização" da agricultura, ou seja, sua reorganização em uma base comercial e de exportação. Isso significa que mais terra é direcionada para o cultivo comercial e mais mulheres – as principais agricultoras de subsistência no mundo – são deslocadas. As mulheres também foram desalojadas pelos cortes no setor público, que resultaram na destruição dos serviços sociais e do funcionalismo. Aqui também as mulheres pagaram o preço mais alto, não apenas porque foram as primeiras a ser demitidas, mas porque, para elas, a falta de acesso ao serviço de saúde e ao cuidado infantil significa a diferença entre a vida e a morte.[185]

Além disso, a criação de "linhas de montagem globais", que disseminam *sweatshops* pelo mundo afora, alimentando-se do trabalho de mulheres jovens, faz parte dessa guerra contra as mulheres e a reprodução.

---

185 Meredeth Turshen (org.), *Women and Health in Africa* [Mulheres e saúde na África]. Trenton: Africa World Press, 1991; Folasode Iyun, "The Impact of Structural Adjustment on Maternal and Child Health in Nigeria" [O impacto do ajuste estrutural na saúde materna e infantil na Nigéria], em Gloria T. Emeagwali (org.), *Women Pay the Price: Structural Adjustment in Africa and the Caribbean* [Mulheres pagam o preço: ajuste estrutural na África e no Caribe]. Trenton: Africa World Press, 1995, pp. 31-7.

Certamente, realizar algum trabalho na indústria para o mercado global pode representar para algumas mulheres uma oportunidade de obter maior autonomia.[186] Mas, mesmo quando isso acontece, as mulheres pagam por essa autonomia com sua saúde e com a possibilidade de ter uma família, dadas as longas jornadas de trabalho e as condições laborais insalubres nas zonas de livre-comércio. É uma ilusão pensar que o trabalho nessas zonas industriais pode ser uma boa solução temporária para mulheres jovens antes do casamento. A maioria acaba passando a vida trancada em fábricas que parecem prisões, e mesmo as que saem descobrem que seu corpo foi danificado. Tomemos como exemplo o caso de jovens trabalhadoras da indústria das flores na Colômbia ou no Quênia que, depois de alguns anos ou mesmo meses no trabalho, ficam cegas ou desenvolvem doenças mortais por conta da constante exposição a venenos e pesticidas.[187]

Uma prova da guerra que as agências internacionais travam contra as mulheres, especialmente no "Sul", é o fato de tantas terem sido forçadas a sair de seu país e migrar para o "Norte", onde o único emprego que elas normalmente encontram é o trabalho doméstico. Na verdade, são as mulheres do "Sul" que hoje em dia tomam conta das crianças e dos idosos nos Estados Unidos e em muitos países da Europa, um fenômeno que alguns descrevem como "maternagem global" e "cuidado global".[188]

---

186 Susan Joekes, *Trade Related Employment for Women in Industry and Services in Developing Countries* [Empregos para mulheres relacionados ao comércio na indústria e serviços de países em desenvolvimento]. Genebra: UNRISD, 1995.

187 Christa Wichterich, *op. cit.*, pp. 1-35.

188 Arlie Hochschild, "Global Care Chains and Emotional Surplus Value" [Cadeias de cuidado global e mais-valia emocional], em Will Hutton &

Para se consolidar, a nova economia mundial depende fortemente do desinvestimento do Estado no processo de reprodução social. O corte do custo do trabalho para o aumento dos lucros da nova economia global é tão crucial que, quando não bastaram o endividamento e o ajuste, a guerra completou a tarefa. Em outros momentos, mostrei que muitas das guerras travadas nos últimos anos no continente africano surgem das políticas de ajuste estrutural que exacerbam os conflitos locais e fecham todas as vias para a acumulação das elites locais que não sejam a pilhagem e a espoliação.[189] Aqui, quero ressaltar que muito da guerra contemporânea tem como intenção destruir a agricultura de subsistência e, portanto, tem como alvo principal as mulheres. Isso também vale tanto para a "guerra às drogas", que serve para destruir as plantações de pequenos fazendeiros, quanto para a guerra de baixa intensidade e as "intervenções humanitárias".

Outros fenômenos que derivam do processo de globalização têm consequências destrutivas para as mulheres e a reprodução: a contaminação ambiental, a privatização da água — a última missão do Banco Mundial prevê com indiferença que as guerras do século XXI serão guerras pela água —, o desmatamento e a exportação de florestas inteiras.[190] Há uma lógica em funcionamento que traz de volta regimes de trabalho típicos das plantações coloniais, nos quais os trabalhadores eram consumidos produzindo para o mercado global e mal conseguiam se reproduzir. Todas as estatísticas vitais que medem a qualidade de

Anthony Giddens (orgs.), *On the Edge: Living with Global Capitalism* [No limite: vivendo com o capitalismo global]. Nova York: The New Press, 2000.
189 Ver capítulo anterior, "Guerra, globalização e reprodução (2000)", p. 164. [N.E.]
190 Shiva, *op. cit.*

vida em países que passaram por ajustes estruturais enfatizam esse ponto. Normalmente, elas indicam:

- maiores taxas de mortalidade e expectativa de vida reduzida (cinco anos para crianças africanas);[191]
- colapso de famílias e comunidades, o que leva as crianças a morar na rua ou trabalhar como escravas;[192]
- aumento no número de refugiados, principalmente mulheres, deslocados por guerras ou políticas econômicas;[193]
- crescimento de megafavelas, alimentado pela expulsão dos agricultores de suas terras; e
- aumento da violência contra as mulheres, perpetuada por parentes do sexo masculino, autoridades governamentais e exércitos em guerra.[194]

No "Norte", a globalização também devastou a economia política que sustenta a vida das mulheres. Nos Estados Unidos, supostamente o exemplo mais bem-sucedido do neoliberalismo, o sistema de bem-estar social foi desmantelado — especialmente o Aid to Families with Dependent Children, que afeta mulheres com crianças

---

191 United Nations, *The World's Women 1995*, p. 77.

192 Bernard Schlemmer (org.), *The Exploited Child* [A criança explorada]. Londres: Zed Books, 2000.

193 O número de pessoas deslocadas internamente dobrou, entre 1985 e 1996, de dez para vinte milhões. Roberta Cohen & Francis M. Deng, *Masses in Flight: The Global Crisis of Internal Displacement* [Massas na luta: a crise global dos deslocamentos internos]. Washington: Brookings Institution Press, 1998, p. 32. Sobre esse tema, ver também Macrae & Zwi, *op. cit.*

194 Naomi Neft & Ann D. Levine, *Where Women Stand: An International Report on the Status of Women in 140 Countries, 1997-1998* [Onde estão as mulheres: um relatório internacional sobre o *status* das mulheres em 140 países, 1997-1998]. Nova York: Random House, 1997, pp. 151-63.

dependentes.[195] Assim, famílias chefiadas por mulheres foram completamente pauperizadas, e as mulheres da classe trabalhadora agora precisam ter mais de um emprego para sobreviver. Enquanto isso, o número de mulheres na prisão continuou a aumentar e uma política de encarceramento em massa prevaleceu em consonância com o retorno das economias do tipo *plantation*[196] no coração do industrialismo.

A LUTA DAS MULHERES E O MOVIMENTO FEMINISTA INTERNACIONAL

Quais são as implicações dessa situação para os movimentos feministas internacionais? A resposta imediata é que as feministas não deveriam apenas apoiar o cancelamento da "dívida do Terceiro Mundo", mas também se juntar em uma campanha por uma política de reparações, que devolva às comunidades devastadas pelo "ajuste" os recursos que lhes foram tomados. A longo prazo, as feministas devem reconhecer que não podemos esperar do capitalismo nenhuma melhoria em nossa vida, pois já vimos que, assim que os movimentos anticoloniais, de direitos civis e feministas forçaram o sistema a fazer concessões, ele reagiu com o equivalente a uma guerra nuclear.

---

195 Mimi Abramovitz, *Regulating the Lives of Women: Social Welfare Policy from Colonial Times to the Present* [Regulando a vida das mulheres: políticas de bem-estar social, dos tempos coloniais ao presente]. Boston: South End Press, 1996.

196 A autora faz referência ao regime de plantações muito empregado nos países colonizados pelos europeus, e não a qualquer tipo de cultivo. Essas plantações eram baseadas em monocultura de exportação e empregavam mão de obra escravizada ou muito barata. [N.T.]

Se a destruição de nossos meios de subsistência é indispensável para a sobrevivência das relações capitalistas, esse deve ser o terreno da nossa luta. Devemos nos unir à luta das mulheres do "Sul", que mostraram que as mulheres podem abalar até os regimes mais repressivos.[197] Um exemplo disso são as Madres de Plaza de Mayo [Mães da Praça de Maio], na Argentina, que por anos desafiaram um dos regimes mais repressivos do mundo, em uma época em que mais ninguém no país se atrevia a agir.[198] Um caso parecido é o das mulheres indígenas e proletárias do Chile que, depois do golpe militar de 1973, se uniram para garantir que suas famílias teriam um pouco de comida: organizando cozinhas comunitárias, tomaram consciência de suas necessidades e de sua força como mulheres.[199]

Esses exemplos mostram que o poder das mulheres não vem de cima, concedido por instituições globais como as Nações Unidas, mas que deve ser construído de baixo para cima, pois apenas pela auto-organização as mulheres podem revolucionar a própria vida. De fato, as feministas deveriam levar em conta que as iniciativas das Nações Unidas em nome dos direitos das mulheres coincidiram com os ataques mais devastadores contra as mulheres mundo afora, cuja responsabilidade recai

---

197 Diante da pauperização mais brutal, são as mulheres que se importam com as crianças e os mais velhos, enquanto seu companheiro tem maior probabilidade de abandonar a família, gastar o salário em bebida e descontar a frustração na companheira. Segundo a ONU, em muitos países, incluindo Quênia, Gana, Filipinas, Brasil e Guatemala, apesar da renda total das mulheres ser muito mais baixa do que a renda total dos homens, nos lares chefiados por mulheres há menos crianças gravemente desnutridas (United Nations, *op. cit.*, p. 129).

198 Jo Fisher, *Out of the Shadows: Women, Resistance and Politics in South America* [Saindo das sombras: mulheres, resistência e política na América do Sul]. Londres: Latin America Bureau, 1993, pp. 103-15.

199 *Ibidem*, pp. 17-44, 177-200.

diretamente sobre agências que são membros do sistema ONU: o Banco Mundial, o FMI, a OMC e, acima de tudo, o Conselho de Segurança. Em contraste com o feminismo da ONU, com suas organizações não governamentais, seus projetos de geração de renda e suas relações paternalistas com os movimentos locais, as mulheres formaram organizações de base na África, na Ásia e na América Latina para lutar por serviços básicos (como estradas, escolas, clínicas de saúde), para resistir aos ataques dos governos ao comércio ambulante, que é uma das principais formas de subsistência das mulheres, e para defenderem umas as outras dos abusos do marido.[200]

Como toda forma de autodeterminação, a libertação das mulheres requer condições materiais específicas, que começam pelo controle dos meios básicos de produção e subsistência. Como Maria Mies e Veronika Bennholdt-Thomsen argumentaram em *The Subsistence Perspective: Beyond the Globalised Economy* [A perspectiva da subsistência: além da economia globalizada] (1999), esse princípio não vale apenas para as mulheres do "Terceiro Mundo" — que têm sido importantes protagonistas nas lutas para recuperar terras ocupadas por grandes latifundiários —, mas também para mulheres em países industrializados. Em Nova York, as mulheres estão defendendo das retroescavadeiras suas hortas urbanas, produtos de grande esforço coletivo que uniu comunidades inteiras e revitalizou bairros antes consi-

200 Elizabeth Jelin, *Women and Social Change in Latin America* [Mulheres e mudança social na América Latina]. Londres: Zed Books, 1990; Carol Andreas, *Why Women Rebel: The Rise of Popular Feminism in Peru* [Por que as mulheres se rebelam: o surgimento do feminismo popular no Peru]. Westport: Lawrence Hill Company, 1985.

derados zonas de desastre.[201]

Mas a repressão que até esses projetos encontraram indica que precisamos de uma mobilização feminista contra a intervenção do Estado em nossa vida cotidiana, bem como em assuntos internacionais. As feministas também precisam se organizar contra a violência policial, o aumento da militarização e, antes de mais nada, a guerra. Nosso primeiro e mais importante passo deve ser nos opor ao recrutamento de mulheres nos exércitos, algo que infelizmente foi iniciado com o apoio de algumas feministas em nome da igualdade e da emancipação das mulheres. Há muito que aprender com essa política equivocada, pois a imagem de uma mulher uniformizada, que atinge a igualdade com os homens pelo direito de matar, é a imagem do que a globalização pode nos oferecer, ou seja, o direito de sobreviver à custa de outras mulheres e seus filhos, cujos países e recursos o capital corporativo precisa explorar.

---

201 Elvia Alvarado, citado em Medea Benjamin (org.), *Don't Be Afraid, Gringo: A Honduran Woman Speaks from the Heart: The Story of Elvia Alvarado* [Não tenha medo, gringo: uma mulher hondurenha fala com o coração: a história de Elvia Alvarado]. Nova York: Harper & Row, 1987; Bernadette Cozart, "The Greening of Harlem" [A ecologização do Harlem], em Peter Lamborn Wilson & Bill Weinberg (orgs.), *Avant Gardening: Ecological Struggle in the City and the World* [Hortas de vanguarda: luta ecológica na cidade e no mundo]. Nova York: Autonomedia, 1999; Sarah Ferguson, "A Brief History of Grassroots Greening in the Lower East Side" [Uma breve história da ecologia de base no Lower East Side], em Peter Lamborn Wilson & Bill Weinberg (orgs.), *op. cit.*

A REPRODUÇÃO DA FORÇA DE TRABALHO NA ECONOMIA GLOBAL E A REVOLUÇÃO FEMINISTA INACABADA (2009)

O trabalho e o serviço das mulheres estão profundamente enterrados no coração da estrutura social e econômica capitalista.
— David Staples, *No Place Like Home* [Não há lugar como o lar] (2006)

É evidente que o capitalismo levou à superexploração das mulheres. Tal fato não proporcionaria nenhum tipo de consolo se apenas significasse o aumento da miséria e da opressão, mas, felizmente, também provocou resistência. E o capitalismo tem compreendido que, se ignorar ou suprimir completamente essa resistência, ela pode se tornar cada vez mais radical, eventualmente se transformando em um movimento por emancipação e até mesmo no núcleo de uma nova ordem social.
— Robert Biel, *The New Imperialism* [O novo imperialismo] (2000)

O pilão quebrou de tanto socá-lo. Amanhã eu irei para casa. Até amanhã, até amanhã. [...] De tanto socá-lo, amanhã eu irei para casa.
— Canção das mulheres hauçá, da Nigéria.

INTRODUÇÃO

O que se segue é uma leitura política da reestruturação da (re)produção da força de trabalho na economia global, mas é também uma crítica feminista a Marx que tem se desenvolvido de diferentes formas desde a década de 1970. Essa crítica foi primeiramente articulada por ativistas da Campaign for Wages for Housework, especialmente por Mariarosa Dalla Costa, Selma James e Leopoldina Fortunati, e depois por Ariel Salleh, na Austrália, e pelas feministas da escola Bielefeld, Maria Mies, Claudia Von Werlhof e Veronica Bennholdt-Thomsen. O eixo central dessa crítica reside na afirmação de que a análise do capitalismo feita por Marx foi prejudicada por sua incapacidade de conceber o trabalho produtor de valor de outra forma que não seja a da produção de mercadorias, e sua consequente cegueira quanto à importância do trabalho reprodutivo não remunerado realizado pelas mulheres no processo de acumulação primitiva. Ignorar esse trabalho limitou a compreensão de Marx acerca do verdadeiro alcance da exploração capitalista do trabalho e da função que o salário desempenha na criação de divisões dentro da classe trabalhadora, começando pela relação entre mulheres e homens. Se Marx tivesse reconhecido que o capitalismo depende tanto de uma imensa quantidade de trabalho doméstico não remunerado para a reprodução da força de trabalho quanto da desvalorização dessas atividades reprodutivas para diminuir os custos com a força de trabalho, ele poderia ter sido menos inclinado a considerar o desenvolvimento capitalista como inevitável e progressivo. Quanto a nós, um século e meio depois da publicação de *O capital*, devemos desafiar o pressuposto da necessidade e da progressividade do capitalismo. Temos, pelo menos, três razões para isso.

Em primeiro lugar, cinco séculos de desenvolvimento capitalista esgotaram os recursos do planeta em vez de criar "condições materiais" para a transição ao "comunismo", como previa Marx, por meio da expansão das "forças produtivas", sob a forma da industrialização em larga escala. Eles não tornaram obsoleta a "escassez" – o principal obstáculo para a libertação humana, segundo Marx. Ao contrário, a escassez em escala mundial é hoje um produto direto da produção capitalista. Em segundo lugar, enquanto o capitalismo parece realçar a cooperação entre os trabalhadores na organização da produção de mercadorias, ele, na realidade, os divide de muitas maneiras: por meio de uma divisão desigual do trabalho; por meio do uso do salário, dando poder aos assalariados sobre os não assalariados; e por meio da institucionalização do sexismo e do racismo, que naturalizam e mistificam a organização de regimes de trabalho diferenciados através da suposição de diferentes personalidades. Em terceiro lugar, começando com a Revolução Mexicana (1910) e com a Revolução Chinesa (1949), as lutas mais antissistêmicas do último século não foram protagonizadas apenas, ou majoritariamente, por trabalhadores industriais assalariados – os sujeitos revolucionários previstos por Marx; foram travadas por movimentos camponeses, indígenas, anticoloniais, *antiapartheid* e feministas. Hoje, da mesma forma, essas lutas são protagonizadas por agricultores de subsistência e ocupantes urbanos, assim como por trabalhadores da indústria na África, na Índia, na América Latina e na China. Ainda mais importante, essas lutas foram travadas por mulheres que, contra todas as probabilidades, estão reproduzindo sua família independentemente do valor que o mercado coloca para sua vida, valorizando sua própria existência, reproduzindo-a para seu próprio bem, mesmo quando os capitalistas declaram sua inutilidade como força de trabalho.

Quais são as perspectivas, então, de que a teoria marxista possa servir como guia para a "revolução" em nossa época? Eu faço essa pergunta ao analisar a restruturação da reprodução na economia global. Minha posição é a de que, se a teoria marxista quer dialogar com os movimentos anticapitalistas do século XXI, ela deve repensar a questão da "reprodução" a partir de uma perspectiva planetária. Refletir sobre as atividades que reproduzem nossa vida afasta a ilusão de que a automação da produção pode criar as condições materiais para uma sociedade sem exploração, mostrando que o obstáculo para a revolução não é a falta de conhecimento tecnológico, mas as divisões que o desenvolvimento capitalista produz na classe trabalhadora. De fato, o perigo hoje é que, além de devorar a Terra, o capitalismo desencadeie mais guerras, como as que os Estados Unidos empreenderam no Afeganistão e no Iraque, provocadas pela determinação corporativa de se apropriar de todos os recursos naturais do planeta e de controlar a economia mundial.

MARX E A REPRODUÇÃO DA FORÇA DE TRABALHO

Dada a sua sofisticação teórica, é surpreendente que Marx tenha ignorado a existência do trabalho reprodutivo das mulheres. Ele reconheceu que, como qualquer outra mercadoria, a força de trabalho deve ser produzida e, na medida em que ela tem um valor monetário, representa uma "quantidade determinada do trabalho social médio nela objetivado".[202] Mas, enquanto ele explorava meticu-

---

202 Karl Marx, *Capital*, v. 1, p. 274. [Ed. bras.: *O capital*, livro I, p. 316.]

losamente a dinâmica da produção têxtil e da valorização capitalista, foi sucinto ao abordar a questão do trabalho reprodutivo, reduzindo-o ao consumo por parte dos trabalhadores das mercadorias que seus salários podem pagar e ao trabalho que a produção dessas mercadorias requer. Em outras palavras, como no esquema neoliberal, no que também diz respeito a Marx, tudo o que é preciso para (re)produzir a força de trabalho é a produção de mercadorias e o mercado. Nenhum outro trabalho intervém para preparar os bens que os trabalhadores consomem ou para restaurar física e emocionalmente sua capacidade para trabalhar. Nenhuma diferença é feita entre a produção de mercadorias e a produção da força de trabalho.[203] Uma linha de montagem produz a ambas. Consequentemente, o valor da força de trabalho é medido pelo valor das mercadorias (comida, roupas, moradia) que devem ser fornecidas ao "portador da força de trabalho, o homem", para que "possa renovar seu processo de vida" — ou seja, é medido pelo tempo de trabalho socialmente necessário para sua produção.[204]

Mesmo quando Marx discute a reprodução dos trabalhadores a partir de uma base geracional, ele é extremamente breve. Ele nos diz que os salários devem ser suficientemente altos para garantir "os substitutos dos trabalhadores", seus filhos, para que a força de trabalho possa perpetuar sua presença no mercado.[205] Mas, uma vez mais, os únicos agentes relevantes que ele reconhece nesse processo são os trabalhadores do sexo masculino que se autorreproduzem, seu salário e seu meio de subsistência. A produção dos trabalhadores se dá por meio das mercadorias. Nada é dito sobre mulheres, trabalho

---

203 *Ibidem*.
204 *Ibidem*, pp. 276-7. [Ed. bras.: *Ibidem*, p. 320.]
205 *Ibidem*, p. 275. [Ed. bras.: *Ibidem*, p. 318.]

doméstico, sexualidade e procriação. Nos poucos casos em que Marx se refere à reprodução biológica, ele a trata como um fenômeno natural, argumentando que é por meio das mudanças na organização da produção que uma população excedente é criada periodicamente para satisfazer as necessidades variáveis do mercado de trabalho.

Por que Marx ignorou tão persistentemente o trabalho reprodutivo das mulheres? Por que, por exemplo, ele não questionou quais transformações a que devem se submeter as matérias-primas envolvidas no processo de reprodução da força de trabalho para que seu valor seja transferido a seus produtos (como ele fez no caso de outras mercadorias)? Minha reflexão é a de que as condições da classe trabalhadora na Inglaterra — ponto de referência de Marx e Engels — respondem, em parte, por essa omissão.[206] Marx descreveu a condição do proletariado industrial de seu tempo como ele a via, e o trabalho doméstico realizado pelas mulheres dificilmente entrava em seu horizonte. O trabalho doméstico, enquanto ramo específico da produção capitalista, estava sob o horizonte histórico e político de Marx, ao menos em relação à classe trabalhadora industrial. Embora a partir da primeira fase do desenvolvimento capitalista, especialmente no período mercantilista, o trabalho reprodutivo tenha sido formalmente subsumido à acumulação capitalista, foi apenas no final no século XIX que o trabalho doméstico emergiu como motor-chave para a reprodução da força de trabalho industrial, organizada pelo capital para o capital, de acordo com as necessidades da produção industrial. Até 1870, em consonância com uma política tendente à "extensão ilimitada da jornada

---

206 Silvia Federici, *Calibã e a bruxa: mulheres, corpo e acumulação primitiva*. São Paulo: Elefante, 2017.

de trabalho" e à redução máxima do custo de produção da força de trabalho, o trabalho reprodutivo foi reduzido à sua expressão mínima, resultando na condição poderosamente descrita no livro I de *O capital*, no capítulo sobre a jornada de trabalho, e na obra *A situação da classe trabalhadora na Inglaterra* (1845), de Engels. Isto é, a condição de uma classe trabalhadora quase incapaz de se reproduzir, com uma expectativa de vida de vinte anos de idade, morrendo em sua juventude devido ao excesso de trabalho.[207]

Apenas no final do século XIX a classe capitalista começou a investir na reprodução do trabalho, em conjunto com uma mudança na forma de acumulação, da indústria leve à pesada, exigindo uma disciplina de trabalho muito mais intensa e um tipo de trabalhador menos extenuado. Em termos marxianos, podemos dizer que o desenvolvimento do trabalho reprodutivo e a consequente emergência de uma dona de casa em tempo integral foram os produtos da transição da extração do valor "absoluto" para a extração do "valor relativo" como modelo de exploração do trabalho. Não é de se estranhar que, embora Marx reconheça que "a manutenção e reprodução constantes da classe trabalhadora continuam a ser uma condição constante para a reprodução do capital", ele imediatamente adiciona: "o capitalista pode abandonar confiadamente o preenchimento dessa condição ao impulso de autoconservação e procriação dos trabalhadores. Ele apenas se preocupa em limitar ao máximo o consumo individual dos trabalhadores, mantendo-o nos limites do necessário [...]."[208]

Também podemos conjecturar que as dificuldades colocadas pela classificação de uma forma de trabalho

---

207 Karl Marx, *Capital*, v. 1, p. 346. [Ed. bras.: *O capital*, livro I, p. 872.]
208 *Ibidem*, p. 718. [Ed. bras.: *Ibidem*, p. 789.]

não sujeita à avaliação monetária motivaram ainda mais Marx a permanecer em silêncio sobre esse assunto. Mas há um outro motivo mais indicativo dos limites do marxismo como teoria política que devemos levar em consideração se quisermos explicar por que não apenas Marx, mas gerações de marxistas, criados em épocas em que o trabalho doméstico e a domesticidade já haviam triunfado, continuaram cegos com relação a esse trabalho.

Sugiro que Marx ignorou o trabalho reprodutivo realizado pelas mulheres porque ele permanecia ancorado em uma visão "tecnologicista" da revolução, na qual a liberdade é conquistada através da máquina, assumindo-se que o aumento da produtividade do trabalho é a fundação material para o comunismo, e a organização capitalista do trabalho é vista como o modelo mais elevado de racionalidade histórica, sustentado por todas as outras formas de produção, inclusive a reprodução da força de trabalho. Em outras palavras, Marx não reconheceu a importância do trabalho reprodutivo porque aceitou os critérios capitalistas sobre o que constitui o trabalho, e porque acreditava que o trabalho industrial assalariado era o estágio no qual se desenvolveria a batalha para a emancipação humana.

Com poucas exceções, os seguidores de Marx reproduziram os mesmos pressupostos (o famoso texto "Fragmento sobre as máquinas", nos *Grundrisse* [1857-1858], é testemunha dessa contínua história de amor), demonstrando que a idealização da ciência e da tecnologia como forças libertadoras continuou sendo um componente essencial da visão marxista da história e da revolução até nossos dias. Mesmo as feministas socialistas, ao reconhecer a existência do trabalho reprodutivo das mulheres no capitalismo, tenderam, no passado, a enfatizar seu suposto caráter antiquado, retrógrado e pré--capitalista, e imaginaram a reconstrução socialista sob a forma de um processo de racionalização, elevando seu nível de produtividade ao alcançado pelos setores líderes da produção capitalista.

Uma das consequências desse ponto cego nos tempos modernos foi a incapacidade dos teóricos marxistas em compreender a importância histórica das revoltas das mulheres no pós-Segunda Guerra Mundial contra o trabalho reprodutivo, como expressado no Movimento de Libertação das Mulheres, e ignoraram a redefinição prática feita pelo movimento sobre o que constitui o trabalho, quem é a classe trabalhadora e qual é a natureza da luta de classes. Apenas quando as mulheres saíram das organizações de esquerda é que os marxistas reconheceram a importância política do Movimento de Libertação das Mulheres. Até hoje, muitos marxistas não reconhecem o caráter de gênero de grande parte do trabalho reprodutivo, como até mesmo no caso do ecomarxista Paul Burkett, ou parecem tratar essa questão de modo leviano, como na concepção de "trabalho afetivo" de Antonio Negri e Michael Hardt. De fato, os teóricos marxistas geralmente se mostram mais indiferentes à questão da reprodução do que o próprio Marx, que dedicou páginas às condições das crianças nas fábricas, de forma que hoje seria um desafio encontrar qualquer referência às crianças na maioria dos textos marxistas.

Tratarei mais tarde dos limites do marxismo contemporâneo, para denotar a sua incapacidade de compreender o significado da virada neoliberal e do processo de globalização. No momento, basta dizer que, na década de 1960, sob o impacto da luta anticolonial e da luta contra a segregação racial nos Estados Unidos, as considerações de Marx sobre o capitalismo e as relações de classe foram submetidas a uma crítica radical de escritores políticos terceiro-mundistas, como Samir Amin e Andre Gunder Frank. Eles criticaram o eurocentrismo de Marx e sua preferência pelo proletariado industrial como sujeito revolucionário[209] e principal produtor da acumulação capitalista. De qualquer forma, foi a revolta das mulheres contra o trabalho doméstico na Europa e nos Estados Unidos, e depois a propagação de movimentos feministas por todo o planeta nas décadas de 1980 e 1990, que desencadeou a reflexão mais radical do marxismo.

A REVOLTA DAS MULHERES CONTRA O TRABALHO DOMÉSTICO E A REDEFINIÇÃO FEMINISTA DE TRABALHO, LUTA DE CLASSES E CRISE CAPITALISTA

Parece ser uma norma social que o valor do trabalho seja provado – e, talvez, criado – por sua recusa. Esse certamente foi o caso do trabalho doméstico, que permaneceu invisível e desvalorizado até que surgiu um movimento de mulheres que se recusava a aceitar o trabalho reprodutivo como seu destino natural. Foi a revolta das mulheres contra esse trabalho nas décadas de 1960 e 1970 que revelou a centralidade do trabalho doméstico não remunerado na economia capitalista, reconfigurando a imagem da nossa sociedade como um imenso circuito de "plantações domésticas" e "linhas de montagem", nas quais a produção de trabalhadores está articulada a uma base diária e geracional.

As feministas não estabeleceram apenas que a reprodução da força de trabalho envolve uma gama muito mais

---

209 Ver Samir Amin, *Accumulation on a World Scale: A Critique of the Theory of Underdevelopment* [Acumulação em escala mundial: uma crítica da teoria do subdesenvolvimento]. Nova York: Monthly Review Press, 1970.

ampla de atividades do que o consumo de mercadorias, posto que os alimentos devem ser preparados, as roupas devem ser lavadas, os corpos precisam ser acariciados e cuidados; o reconhecimento da importância da reprodução e do trabalho doméstico realizado pelas mulheres para a acumulação de capital as levou a uma reconsideração das categorias marxistas e a um novo entendimento da história, dos fundamentos do desenvolvimento capitalista e da luta de classes. A partir do início da década de 1970, uma teoria feminista ganhou corpo ao radicalizar a mudança teórica inaugurada com as críticas terceiro-mundistas a Marx, confirmando que o capitalismo não é necessariamente identificável com o trabalho contratual e assalariado, mas que, em essência, é um trabalho não livre, e revelando a conexão umbilical entre a desvalorização do trabalho reprodutivo e a desvalorização da posição social das mulheres.

Essa mudança de paradigma também teve consequências políticas. A mais imediata foi a recusa de *slogans* da esquerda marxista, como as ideias de "greve geral" e de "recusa ao trabalho", conceitos que nunca incluíram as trabalhadoras domésticas. Ao longo do tempo, aumentou a percepção de que o marxismo, filtrado pelo leninismo e pela social-democracia, expressou os interesses de um setor limitado do proletariado mundial: o dos trabalhadores homens, adultos, brancos, que tiravam seu poder do fato de trabalharem nos principais setores da produção industrial capitalista nos níveis mais altos de desenvolvimento tecnológico.

Do lado positivo, o entendimento do trabalho reprodutivo tornou possível a compreensão de que a produção capitalista depende da produção de um tipo particular de trabalhador – e, portanto, de um tipo particular de família, sexualidade e procriação –, o que levou a uma redefinição da esfera privada como uma esfera de relações de produção e como um terreno de luta anticapitalista. Nesse contexto é que as políticas que proíbem o aborto podem ser decodificadas como dispositivos para a regulação da oferta de mão de obra, e o colapso da taxa de natalidade e o aumento do número de divórcios podem ser lidos como instâncias de resistência à disciplina capitalista do trabalho. O pessoal tornou-se político, e houve o reconhecimento de que o capital e o Estado haviam subordinado nossa vida e a reprodução ao quarto.

Com base nessa análise, em meados da década de 1970 – momento crucial de formulação de políticas capitalistas, durante o qual foram dados os primeiros passos em direção a uma reestruturação neoliberal da economia mundial –, muitas feministas puderam comprovar que o desdobramento da crise capitalista era uma resposta não apenas às lutas nas fábricas, mas também à recusa das mulheres a realizar o trabalho doméstico, assim como ao aumento da resistência ao legado do colonialismo das novas gerações de africanos, asiáticos, latino-americanos e caribenhos. As principais contribuições dessa perspectiva partiram de ativistas do Wages for Housework Movement, como Mariarosa Dalla Costa, Selma James e Leopoldina Fortunati, que mostraram que as lutas invisíveis das mulheres contra a disciplina doméstica estavam subvertendo o modelo de reprodução que havia sido o pilar do sistema fordista. Dalla Costa, por exemplo, em "Riproduzione e emigrazione" [Reprodução e emigração] (1974), apontou que, desde o final da Segunda Guerra Mundial, as mulheres na Europa haviam se envolvido em uma greve silenciosa contra a procriação, como evidencia o colapso da taxa de natalidade e a promoção à imigração realizada pelos governos europeus. Fortunati, em *Brutto Ciao* [Má saudação] (1976), examinou as motivações por trás do êxodo rural das mulheres italianas após a

Segunda Guerra Mundial, sua reorientação do salário da família para a reprodução das novas gerações e as conexões entre a busca pela independência das mulheres no pós-guerra, o aumento do investimento em seus filhos e o aumento da combatividade das novas gerações de trabalhadores. Selma James, em *Sex, Race and Class* [Sexo, raça e classe] (1975), mostrou que o comportamento "cultural" das mulheres e os "papéis" sociais deveriam ser lidos como "resposta e rebelião contra" a totalidade de sua vida capitalista.

Em meados dos anos 1970, a luta das mulheres já não era "invisível", mas havia se convertido em um repúdio aberto à divisão sexual do trabalho, com todos os seus corolários: a dependência econômica dos homens, a subordinação social, o confinamento a uma forma naturalizada de trabalho não remunerado, e uma procriação e uma sexualidade controladas pelo Estado. Ao contrário de um equívoco bastante disseminado, a crise não estava limitada às mulheres brancas de classe média. Pelo contrário, o primeiro movimento de libertação das mulheres nos Estados Unidos foi formado, basicamente, por mulheres negras: o Welfare Mothers Movement [Movimento das mães pela assistência social], inspirado pelo Civil Rights Movement [Movimento pelos direitos civis], liderou a primeira campanha por um salário para o trabalho doméstico financiado pelo Estado (sob o pretexto do Aid to Dependent Children), que asseverou o valor econômico do trabalho reprodutivo das mulheres e declarou a "assistência social" como um direito das mulheres.[210]

As mulheres estavam se movimentando também em toda a África, Ásia e América Latina, como demonstrou

---

210 Milwaukee County Welfare Rights Organization, *op. cit.*

a decisão das Nações Unidas de intervir no campo das políticas feministas como patrocinadora dos direitos das mulheres, começando com a Conferência Global das Mulheres realizada no México em 1975. Já sugeri, em outros momentos, que as Nações Unidas desempenharam o mesmo papel com relação aos movimentos internacionais de mulheres que já haviam desempenhado na década de 1960 com relação à luta anticolonial.[211] Como no caso de seu (seletivo) patrocínio à "descolonização", sua autodesignação como agência encarregada de promover os direitos das mulheres lhe permitiu canalizar a política de libertação das mulheres dentro de um quadro compatível com as necessidades e os planos do capital internacional e da agenda neoliberal em curso. De fato, a Conferência na Cidade do México e aquelas que se seguiram derivaram, em partes, da percepção de que as lutas das mulheres sobre reprodução estavam redirecionando as economias pós-coloniais a um aumento no investimento na força de trabalho interna e eram o fator mais importante do fracasso dos planos de desenvolvimento do Banco Mundial para a mercantilização da agricultura. Na África, as mulheres se recusaram, consistentemente, a ser recrutadas para trabalhar nos campos de cultivo de seus maridos; em vez disso, elas defenderam a agricultura orientada para a subsistência, transformando suas aldeias de locais para a reprodução de trabalho barato — como na imagem proposta por Claude Meillassoux[212] —

211 Ver artigo "Rumo a Pequim: como a ONU colonizou o movimento feminista", neste volume, p. 240.
212 Claude Meillassoux, *Maidens, Meal and Money: Capitalism and the Domestic Community* [Empregadas, farinha e dinheiro: capitalismo e comunidade doméstica]. Cambridge: Cambridge University Press, 1975. Meillassoux afirma que a agricultura de subsistência significou um incentivo para os governos, as empresas e as agências de desenvolvimento, o que lhes permitiu uma

em zonas de resistência à exploração. Na década de 1980, essa resistência foi reconhecida como o principal fator da crise dos projetos de desenvolvimento agrícola do Banco Mundial, provocando uma série de artigos sobre as "contribuições das mulheres para o desenvolvimento" e, mais tarde, iniciativas voltadas a integrá-las à economia monetária, como "projetos de geração de renda" patrocinados por ONGs e esquemas de concessão de microcrédito. Diante desses eventos, não supreende que a reestruturação produzida pela globalização da economia mundial tenha levado a uma grande reorganização da reprodução, assim como a uma campanha contra as mulheres em nome do "controle populacional".

A seguir, descrevo as modalidades dessa reestruturação, identifico suas principais tendências, suas consequências sociais e seus impactos nas relações de classe. Inicialmente, no entanto, devo explicar por que continuo utilizando o conceito de força de trabalho, apesar de algumas feministas o criticarem como reducionista, apontando que as mulheres produzem indivíduos vivos – crianças, familiares, amigos – e não força de trabalho. A crítica é bem colocada. Força de trabalho é uma abstração. Como Marx nos diz, fazendo ecoar as palavras de Sismondi, força de trabalho "não é nada quando não é vendida" e utilizada.[213] No entanto, eu mantenho esse conceito, por várias razões. Em primeiro lugar, a fim de evidenciar o fato de que na sociedade capitalista o trabalho reprodutivo não significa a livre reprodução de nós mesmos ou de outros seguindo os desejos deles e os nossos. Na medida em que, direta ou indiretamente, é

---

exploração mais efetiva do trabalho africano, por meio de uma transferência constante de riqueza e trabalho das zonas rurais às zonas urbanas (pp. 110-1).

213 Karl Marx, *Capital*, v. 1, p. 277. [Ed. bras.: *O capital*, livro I, p. 321.]

trocado por um salário, o trabalho reprodutivo está, em todas as suas facetas, sujeito às condições impostas pela organização capitalista de trabalho e pelas relações de produção. Em outras palavras, o trabalho doméstico não é uma atividade livre. É a "produção e reprodução do meio de produção mais indispensável ao capitalista: o próprio trabalhador".[214] Assim sendo, ele está sujeito a todas as restrições que derivam do fato de que seu produto deve satisfazer os requisitos do mercado de trabalho.

Em segundo lugar, destacar a reprodução da "força de trabalho" revela o caráter dual e a contradição inerente do trabalho reprodutivo e, portanto, o caráter instável e potencialmente disruptivo deste trabalho. Uma vez que a força de trabalho só pode existir no indivíduo vivo, sua reprodução deve ser simultaneamente uma produção e valorização das qualidades e capacidades humanas desejadas, assim como uma adaptação aos padrões de vida impostos externamente pelo mercado de trabalho. Por mais impossível que seja, então, traçar uma linha entre o indivíduo vivo e sua força de trabalho, é igualmente impossível diferenciar os dois aspectos correspondentes do trabalho reprodutivo. Mesmo assim, manter o conceito faz ressaltar a tensão, a potencial separação, e sugere uma série de conflitos, resistências e contradições que possuem um significado político. Entre outras coisas (e esse entendimento foi crucial para o movimento de libertação das mulheres), ele nos mostra que podemos lutar contra o trabalho doméstico sem medo de arruinar nossa comunidade, já que esse trabalho aprisiona tanto as produtoras como aqueles reproduzidos por ele.

Também quero defender minha opção de continuar

---

214 Marx, *op. cit.*, p. 847. [Ed. bras.: Marx, *op. cit.*, p. 788.]

mantendo, contra as tendências pós-modernas, a separação entre produção e reprodução. Há certamente um sentido importante em que a diferença entre produção e reprodução se tornou um tanto indefinida. As lutas da década de 1960 na Europa e nos Estados Unidos, especialmente os movimentos estudantil e feminista, ensinaram à classe capitalista que investir na reprodução das próximas gerações de trabalhadores "não compensa". Não é uma garantia de um aumento na produtividade do trabalho. Por isso, não só o investimento estatal na força de trabalho diminuiu drasticamente, mas as atividades reprodutivas foram reorganizadas na forma de serviços produtores de valor que os trabalhadores devem comprar e pelos quais devem pagar. Desta forma, o valor produzido pelas atividades reprodutivas se materializa imediatamente, em vez de ser condicionado ao desempenho dos trabalhadores que eles reproduzem. Mas a expansão do setor de serviços não eliminou, de forma alguma, o trabalho reprodutivo doméstico não remunerado, nem aboliu a divisão sexual do trabalho na qual ele está imerso, o que ainda divide a produção e a reprodução segundo os sujeitos que realizam essas atividades e a função discriminatória do salário ou da falta dele.

Por fim, eu falo de trabalho "reprodutivo", em vez de "afetivo", porque, em seu caráter dominante, o último termo descreve apenas uma parte limitada do trabalho que a reprodução dos seres humanos requer e apaga o potencial subversivo do conceito feminista de trabalho reprodutivo. Ao destacar sua função na produção da força de trabalho, revelando assim as contradições inerentes desse trabalho, o conceito de "trabalho reprodutivo" reconhece a possibilidade de alianças cruciais e formas de cooperação entre produtores e reproduzidos: mães e filhos, professores e alunos, enfermeiras e pacientes.

Tendo em mente essa característica particular do trabalho reprodutivo, podemos, então, nos perguntar: como a globalização econômica reestruturou a reprodução da força de trabalho? E quais têm sido os efeitos dessa reestruturação para os trabalhadores e, especialmente, para as mulheres, tradicionalmente os principais sujeitos do trabalho reprodutivo? E, por último, o que aprendemos com essa reestruturação acerca do desenvolvimento capitalista e do lugar da teoria marxista nas lutas anticapitalistas do nosso tempo? Minha resposta a essas perguntas está organizada em duas partes. Primeiro, discutirei brevemente as principais mudanças que a globalização produziu no processo geral de reprodução social e nas relações de classe; depois, discutirei mais extensivamente a reestruturação do trabalho reprodutivo.

NOMEAR O INTOLERÁVEL: A ACUMULAÇÃO PRIMITIVA E A REESTRUTURAÇÃO DA REPRODUÇÃO

Há cinco maneiras principais pelas quais a reestruturação da economia mundial respondeu ao ciclo de lutas dos anos 1960 e 1970 e transformou a organização da reprodução e das relações de classe. Primeiro, houve a expansão do mercado de trabalho. A globalização produziu um salto histórico no tamanho do proletariado mundial, tanto por meio de um processo global de "cercamentos", que separou milhões de sua terra, de seu trabalho e de seus "direitos consuetudinários", quanto pelo aumento do emprego das mulheres. De modo não surpreendente, a globalização se apresentou como um processo de acumulação primitiva, que assumiu várias formas. No "Norte", a globalização assumiu a forma da desconcentração e da deslocalização industrial, da flexibilização e da precarização do trabalho, bem como da produção *just-in-time*.[215] Nos antigos países socialistas, houve a desestatização da indústria, a descoletivização da agricultura e a privatização da riqueza social. No "Sul", testemunhamos a *maquilização* da produção, a liberalização das importações e a privatização de terras. No entanto, o objetivo em ambas as partes foi o mesmo.

Ao destruir as economias de subsistência, separando os produtores dos seus meios de subsistência e fazendo com que milhões se tornassem dependentes de rendimentos monetários, até mesmo quando não podem conseguir um trabalho assalariado, a classe capitalista relançou o processo de acumulação e cortou os custos da produção do trabalho. Dois bilhões de pessoas foram inseridas no mercado de trabalho mundial, demonstrando a falácia das teorias que defendem que o capitalismo já não necessita de quantidades massivas de trabalho vivo porque, supostamente, se apoia sobre a crescente automação do trabalho.

Em segundo lugar, a desterritorialização do capital e a financeirização das atividades econômicas, possibilitadas pela "revolução da informática", criaram as condições pelas quais a acumulação primitiva, por meio do movimento quase instantâneo de capital em todo o mundo, tornou-se um processo permanente, derrubando, cada vez mais, as barreiras impostas sobre o capital pela resistência dos trabalhadores à exploração.

---

215 Sistema de organização fabril que reduz ao mínimo os custos com gestão e armazenamento ao produzir unicamente a quantidade exata de mercadorias demandadas em um dado momento. [N.T.E.]

Em terceiro lugar, testemunhamos o desinvestimento sistemático do Estado na reprodução da força de trabalho, implementado por meio de programas de ajuste estrutural e pelo desmantelamento do "Estado de bem-estar social". Como já mencionado, as lutas da década de 1960 ensinaram à classe capitalista que investir na reprodução da força de trabalho não se traduz necessariamente em uma maior produtividade do trabalho. Como resultado, surgiram uma política e uma ideologia que ressignificaram os trabalhadores como microempresários, responsáveis por seu autoinvestimento e sendo presumivelmente os beneficiários exclusivos das atividades reprodutivas neles despendidas. Consequentemente, ocorreu uma mudança no eixo temporal entre reprodução e acumulação. Os trabalhadores foram forçados a assumir os custos da sua reprodução, uma vez que os subsídios com cuidados de saúde, educação, pensões e transporte público foram todos cortados, além de haver um aumento dos impostos, de forma que cada articulação da reprodução da força de trabalho foi transformada em um ponto de acumulação imediata.

Em quarto lugar, a apropriação empresarial e a destruição de florestas, oceanos, águas, reservas de peixes, recifes de coral, espécies animais e vegetais atingiram um pico histórico. De país em país, da África às ilhas do Pacífico, imensas extensões de terras agrícolas e de águas costeiras – lar e fonte de subsistência para grandes populações – foram privatizadas e disponibilizadas para o agronegócio, para a mineração ou para a pesca industrial. A globalização revelou de forma inequívoca o custo da produção capitalista e da tecnologia, de forma que se tornou inconcebível falar, como Marx fez nos *Grundrisse*, na "influência civilizadora do capital", que emanava de sua "apropriação universal da natureza" e da sua transformação em "puro objeto para o homem, pura coisa da utilidade; deixa de ser reconhecida como poder em si; e o próprio conhecimento teórico das suas leis autônomas aparece unicamente como ardil para submetê-la às necessidades humanas, seja como objeto do consumo, seja como meio da produção".[216]

Em 2011, após o vazamento da British Petroleum no Golfo do México e o acidente nuclear em Fukushima, no Japão – entre outros desastres produzidos por grandes corporações –, à medida que os oceanos morrem, presos por ilhas de lixo, à medida que o espaço se transforma em um ferro-velho e um depósito do Exército, essas palavras não podem soar mais do que reverberações ameaçadoras.

Este desenvolvimento afetou, em diferentes graus, todas as populações ao redor do planeta. No entanto, a nova ordem mundial é mais bem descrita como um processo de recolonização. Longe de comprimir o mundo em uma rede de circuitos interdependentes, ela foi reconstruída como uma estrutura piramidal, aumentando as desigualdades e a polarização socioeconômica, e aprofundando as hierarquias que historicamente caracterizaram a divisão sexual e internacional do trabalho, que haviam sido debilitadas pelos movimentos feministas e anticoloniais.

O centro estratégico da acumulação primitiva tem sido o antigo mundo colonial, lugar da escravidão e das *plantations*, historicamente o coração do sistema capitalista. Eu chamo isso de "centro estratégico" porque a sua reestruturação foi a base e a precondição para a reorganização global da produção e do mercado de tra-

---

216 Karl Marx, *Grundrisse*, citado por David McLellan em Karl Marx, *Selected Writings*. Oxford: Oxford University Press, 1977, pp. 363-4. [Ed. bras.: Karl Marx, *Grundrisse: manuscritos econômicos de 1857-1858: esboços da crítica da economia política*. São Paulo: Boitempo, 2011, p. 542.]

balho mundial. É aqui, de fato, que testemunhamos os primeiros e os mais radicais processos de expropriação e de pauperização e o desinvestimento mais radical do Estado na reprodução da força de trabalho. Esses processos estão bem documentados. A partir da década de 1980, como consequência do ajuste estrutural, o desemprego na maioria dos países do "Terceiro Mundo" aumentou tanto que a Usaid[217] poderia recrutar trabalhadores oferecendo nada mais do que "trabalho por comida". Os salários caíram tão drasticamente que se relata que as mulheres empregadas nas *maquilas* compravam leite por copos e ovos e tomates por unidade. Populações inteiras foram desmonetizadas, enquanto suas terras lhes eram tomadas para serem concedidas a projetos governamentais ou a investidores estrangeiros. Atualmente, metade do continente africano recebe ajuda alimentar de emergência.[218] Na África Ocidental, do Níger a Nigéria e Gana, o fornecimento de eletricidade foi cortado e as companhias elétricas nacionais, desativadas, forçando aqueles que podem pagar a comprar geradores individuais, cujo barulho toma conta das noites, dificultando o sono das pessoas. As despesas governamentais com saúde e educação, os subsídios para agricultores, as ajudas às necessidades básicas foram todos desmantelados, drasticamente

---

217 A United States Agency for International Development [Agência dos Estados Unidos para o Desenvolvimento Internacional] (Usaid) é a agência estadunidense encarregada de distribuir a maior parte da ajuda exterior de caráter não militar. Em princípio independente, foi alvo de duras críticas e acusada de colaborar com a CIA ou de ajudar em diversos lugares do mundo na desestabilização de governos não alinhados com as políticas dos Estados Unidos. [N.T.E.]

218 Sam Moyo & Paris Yeros (orgs.). *Reclaiming the Land: The Resurgence of Rural Movement in Africa, Asia and Latin America* [Exigindo a terra: o renascimento do movimento rural na África, na Ásia e na América Latina]. Londres: Zed Books, 2005, p. 1.

reduzidos e esvaziados. Como consequência, a expectativa de vida está caindo e reapareceram fenômenos que a influência civilizadora do capitalismo supostamente havia apagado da face da Terra há muito tempo: escassez, fome, epidemias recorrentes — e até caça às bruxas.[219] Onde os programas de "austeridade" e a apropriação de terra não conseguiram avançar, a guerra completou a tarefa, abrindo novos campos para a perfuração de petróleo e a extração de diamantes ou coltan [columbita-tantalita, usado na produção de aparelhos eletrônicos]. Quanto às populações-alvo dessas desapropriações, elas se tornaram sujeitos de uma nova diáspora, conduzindo milhões de pessoas do campo para as cidades, que cada vez mais se assemelham a acampamentos. Mike Davis usou a frase "planeta favela" para se referir a essa situação, mas uma descrição mais correta e vívida falaria de um planeta de guetos e de um regime de segregação global.

Se ainda considerarmos que, por meio da crise da dívida e do ajuste estrutural, os países do "Terceiro Mundo" foram forçados a desviar a produção de alimentos do mercado doméstico para o mercado de exportação, a transformar a terra arável e cultivável para o consumo humano em terrenos de extração mineral e produção de biocombustíveis, a desmatar suas florestas transformando-as em local de despejo de todo tipo de resíduos, assim como áreas de depredação para corporações caçadoras de genes,[220] então devemos concluir que, nos planos do capi-

---

219 Silvia Federici, "Witch-Hunting: Globalization and Feminist Solidarity in Africa Today" [Caça às bruxas: globalização e solidariedade feminista na África hoje], em *Journal of International Women's Studies*, edição especial: *Women's Gender Activism in Africa* [Ativismo de gênero das mulheres na África], v. 10, n. 1, pp. 21-35, out. 2008.

220 Os caçadores de genes são os piratas modernos da genética, que coletam o patrimônio genético dos povos indígenas para descobrir variações particula-

tal internacional, existem agora regiões do mundo destinadas à "reprodução quase zero". De fato, a destruição da vida em todas as suas formas é hoje tão importante quanto a força produtiva do biopoder na formação das relações capitalistas, como meio de adquirir matérias-primas, desacumular trabalhadores indesejados, debilitar a resistência e reduzir os custos da produção do trabalho.

O grau em que chegou o subdesenvolvimento da reprodução da força de trabalho se reflete, em todo o mundo, nos milhões de pessoas que, a fim de emigrar, enfrentam dificuldades incontáveis e a perspectiva de morte e de encarceramento. Certamente, a migração não é apenas uma necessidade, mas um êxodo em direção a níveis mais elevados de resistência, um meio de reapropriar a riqueza roubada, como argumentam Yann Moulier Boutang e Dimitris Papadopoulos, entre outros autores.[221] É por isso que a migração adquiriu um caráter autônomo que dificulta sua utilização como um mecanismo regulador da estruturação do mercado de trabalho. Mas, não há dúvida de que, se milhões de pessoas deixam seus países rumo a um destino incerto a milhares de quilômetros de distância de suas casas, é porque elas não podem se reproduzir por si só, pelo menos não em condições de vida adequadas. Tal fato é especialmente evidente quando consideramos que a metade dos migrantes são mulheres, muitas das quais são casadas e com filhos, que elas devem deixar para trás. De

---

res, negócio de grande potencial para as empresas transnacionais farmacêuticas. [N.T.E.]

221 Yann Moulier Boutang, *De l'esclavage au salariat. Èconomie historique du salariat bridé* [Da escravidão ao salário: economia histórica do assalariado]. Paris: Presse Universitaire de France, 1998; Dimitris Papadopoulos, Niam Stephenson & Vassilis Tsianos, *Escape Routes: Control and Subversion in the 21st Century* [Rotas de fuga: controle e subversão no século XXI]. Londres: Pluto Press, 2008.

um ponto de vista histórico, essa prática é altamente incomum. As mulheres são, geralmente, as que ficam, não por falta de iniciativa ou por restrições tradicionais, mas porque são aquelas que foram feitas para se sentir mais responsáveis pela reprodução de sua família. São elas que têm que se certificar de que as crianças serão alimentadas — quando, muitas vezes, elas mesmas não têm o que comer — e que garantem que os idosos e os doentes receberão cuidados. Assim, quando centenas de milhares de mulheres deixam sua casa para enfrentar anos de humilhação e isolamento, vivendo com a angústia de não poder dar às pessoas que amam o mesmo cuidado que dão a estranhos em outras partes do mundo, sabemos que algo bastante dramático está acontecendo na organização da reprodução mundial.

No entanto, devemos rejeitar a conclusão de que a indiferença da classe capitalista internacional frente à perda de vidas que a globalização está produzindo é uma prova de que o capital já não precisa de trabalho vivo. Na realidade, a destruição da vida humana em larga escala tem sido um componente estrutural do capitalismo desde a sua criação, como a contrapartida necessária da acumulação da força de trabalho, o que pressupõe, inevitavelmente, um processo violento. As recorrentes "crises da reprodução" que testemunhamos na África nas últimas décadas estão enraizadas nesta dialética da acumulação e da destruição do trabalho. Além disso, a expansão do trabalho não contratual e de outros fenômenos que podem parecer abominações em um "mundo moderno" — como o encarceramento em massa, o tráfico de sangue, de órgãos e de outras partes humanas — deve ser entendida nesse contexto.

O capitalismo promove uma crise permanente da reprodução. Se isso não é muito evidente em nossa vida em muitas partes do "Norte" global é porque as catástrofes humanas que o capitalismo causou foram mais frequentemente externalizadas, confinadas às colônias e racionalizadas como um efeito do atraso cultural ou do apego às tradições equivocadas e "tribais". Durante a maior parte dos anos 1980 e 1990, os efeitos da reestruturação global no "Norte" dificilmente foram sentidos, exceto nas comunidades não brancas, ou poderiam aparecer, em alguns casos (como na flexibilização e na precarização do trabalho), como alternativas libertadoras em relação à jornada diária de trabalho de oito horas, senão como antecipações de uma sociedade sem trabalhadores.

Mas, do ponto de vista da totalidade das relações trabalhador-capital, esses desenvolvimentos demonstram o poder contínuo do capital em dispersar os trabalhadores e minar seus esforços organizacionais no local de trabalho assalariado. Combinadas, essas tendências aboliram os contratos sociais, desregulamentaram as relações de trabalho e reintroduziram formas não contratuais de trabalho, não apenas destruindo os recursos do comunismo, conquistados em um século de luta operária, mas ameaçando a produção de novos "comuns".

Nos países do "Norte", os rendimentos reais e as taxas de emprego também caíram, o acesso à terra e aos espaços urbanos foi reduzido e o empobrecimento – e, até mesmo, a fome – se tornaram generalizados. Trinta e sete milhões de pessoas passam fome nos Estados Unidos, enquanto 50% da população é considerada de "baixa renda", segundo estimativas realizadas em 2011. Acrescenta-se que a introdução de tecnologias que economizam mão de obra, longe de reduzir, ampliou a duração da jornada de trabalho, a ponto de vermos no Japão pessoas morrendo de trabalhar, enquanto o "tempo de lazer" e a aposentadoria se tornaram um luxo. Fazer bico é hoje uma necessidade para muitos trabalhadores nos Estados Unidos, enquanto muitas pessoas entre sessenta e setenta anos, despojadas de sua pensão, estão retornando ao mercado de trabalho. Ainda mais importante é o fato de que estamos testemunhando o desenvolvimento de uma mão de obra sem-teto e itinerante, compelida ao nomadismo, sempre em movimento, em caminhões, *trailers*, ônibus, procurando emprego onde surge uma oportunidade. Este é um destino que antes se reservava nos Estados Unidos aos trabalhadores agrícolas sazonais, que, como pássaros migratórios, cruzavam todo o país atrás de colheitas.

Além do empobrecimento, do desemprego, do excesso de trabalho, do número de pessoas sem-teto e da dívida, houve uma crescente criminalização da classe trabalhadora, por meio de uma política de encarceramento em massa, recordando o Grande Confinamento do século XVII,[222] e a formação de um proletariado *ex-lege* [por força da lei], composto por trabalhadores imigrantes sem documentação, estudantes inadimplentes em seus empréstimos, produtores ou vendedores de produtos ilícitos, profissionais do sexo. É uma multidão de proletários, existindo e trabalhando na sombra, lembrando-nos de que a produção de populações sem direitos — escravizados, serventes sem contrato, peões, condenados, *sans papiers* [sem documentos] — continua sendo uma necessidade estrutural da acumulação do capital.

O ataque à juventude foi especialmente severo, em

---

222 A partir do final do século XVI e durante o século XVII, se espalharam pela Europa os chamados "hospitais gerais" ou "casas de trabalho" [*workhouses*], onde se confinava de forma forçada todas as pessoas que não eram consideradas produtivas (vagabundos, mendigos e pobres em geral). Por um lado, o trabalho obrigatório que desempenhavam foi aproveitado pelo capitalismo emergente. Por outro, devido ao medo de confinamento nesses centros, as formas de vida que permitiam subsistir à margem do trabalho assalariado foram desaparecendo, o que abriu caminho para a extensão da disciplina laboral capitalista necessária para que se estabelecesse esse tipo de trabalho. [N.T.E.]

especial à juventude negra da classe trabalhadora – a potencial herdeira da política do Black Power –, para quem nada foi concedido, nem a possibilidade de um emprego seguro ou de acesso à educação. Mas, para muitos jovens da classe média, o futuro também está em questão. Estudar tem um alto custo, causa endividamento e uma provável inadimplência no pagamento de empréstimos estudantis. A competição pelo emprego é dura e as relações sociais são cada vez mais estéreis, pois a instabilidade impede a construção da comunidade. Não é de se surpreender que, entre as consequências sociais da reestruturação da reprodução, tenha havido um aumento no número de suicídios entre os jovens, bem como um aumento da violência contra mulheres e crianças, incluindo o infanticídio. É impossível, então, compartilhar o otimismo de pessoas como Antonio Negri e Michael Hardt, segundo os quais, nos últimos anos, as novas formas de produção criadas pela reestruturação global da economia já preveem a possibilidade de modalidades mais autônomas e cooperativas de trabalho.

No entanto, o ataque à nossa reprodução não passou incontestado. A resistência tomou várias formas, algumas permanecendo invisíveis até serem reconhecidas como fenômenos de massa. A financeirização da reprodução diária através do uso de cartões de crédito, de empréstimos e endividamento, especialmente nos Estados Unidos, também deve ser vista, nessa perspectiva, como uma resposta ao declínio dos salários e como uma recusa à austeridade imposta, e não simplesmente como um produto da manipulação financeira. Em todo o mundo, a partir da década de 1990, também cresceu um movimento de movimentos que desafiou todos os aspectos da globalização – por meio de manifestações de massa, de ocupações de terras, da construção de economias solidárias e outras formas de construções comuns. Mais importante ainda, a recente propagação de levantes de massa duradouros e movimentos *occupy*, que durante o último ano atingiram grande parte do mundo, da Tunísia ao Egito, da maior parte do Oriente Médio à Espanha e aos Estados Unidos, abriu uma lacuna que permite vislumbrar a ideia de que uma grande transformação social ainda é possível. Depois de anos de aparente suspensão, em que nada parecia capaz de parar os poderes destrutivos de uma ordem capitalista em declínio, a "Primavera Árabe" e a expansão de acampamentos em toda a paisagem estadunidense, juntando-se às muitas já estabelecidas pela crescente população sem-teto, mostram que as massas estão se mobilizando novamente e que uma nova geração está indo às ruas determinada a recuperar seu futuro e a escolher formas de luta que podem potencialmente construir pontes entre as principais divisões sociais.

TRABALHO REPRODUTIVO, TRABALHO DAS MULHERES E RELAÇÕES DE GÊNERO NA ECONOMIA GLOBAL

Nesse contexto, devemos agora nos questionar como o trabalho reprodutivo tem sido entendido na economia global e como as mudanças pelas quais ele passou remodelaram a divisão sexual do trabalho e as relações entre mulheres e homens. Aqui também se destaca a diferença substancial entre produção e reprodução. A primeira diferença a ser notada é que, enquanto a produção foi reestruturada através de um salto tecnológico em áreas-chave da economia mundial, nenhum salto tecnológico ocorreu na esfera do trabalho doméstico para reduzir significativamente o trabalho socialmente necessário para a reprodução da força de trabalho, apesar do enorme aumento no número de mulheres empregadas fora de casa. Nos países do "Norte", o computador adentrou a esfera reprodutiva de grande parte da população, de modo que comprar, socializar, adquirir informações e até mesmo ter acesso a algumas formas de trabalho sexual agora podem ser feitas *on-line*. Empresas japonesas estão promovendo a robotização das acompanhantes e do sexo. Entre as suas invenções estão as "enfermeiras robôs", que dão banho nos idosos, e a amante interativa, a ser moldada pelo cliente de acordo com suas fantasias e desejos. Mas, mesmo nos países mais desenvolvidos tecnologicamente, o trabalho doméstico não teve uma redução significativa. Pelo contrário, ele foi comercializado e redistribuído principalmente sobre os ombros das mulheres imigrantes do "Sul" e dos antigos países socialistas. E as mulheres continuam desempenhando a maior parte desse trabalho. Ao contrário de outras formas de produção, a produção dos seres humanos é, em grande parte, irredutível à mecanização, uma vez que exige um alto grau de interação humana e a satisfação de necessidades complexas em que os elementos físicos e afetivos estão intrinsicamente combinados. A reprodução humana é um processo de trabalho intensivo que fica mais evidente no cuidado de crianças e de idosos que, mesmo em seus componentes mais físicos, requer o fornecimento de uma sensação de segurança, de consolo e de antecipação dos medos e desejos.[223] Nenhuma dessas atividades é puramente

---

223 Ver Nancy Folbre, "Nursebots to the Rescue? Immigration, Automation and Care", [Enfermeiras-robôs ao resgate? Imigração, automação e cuidado], em *Globalizations*, v. 3, n. 3, pp. 349-60, 2006.

"material" ou "imaterial", nem pode ser dividida de forma a possibilitar sua mecanização ou substituição pelo fluxo virtual da comunicação *on-line*.

É por isso que, em vez de serem tecnologizados, o trabalho doméstico e o trabalho de cuidado foram redistribuídos nos ombros de diferentes sujeitos ao longo de sua comercialização e globalização. Como a participação das mulheres no trabalho assalariado aumentou imensamente, sobretudo nos países do "Norte", grandes cotas de trabalho doméstico foram retiradas do lar e reorganizadas no mercado por meio do crescimento da indústria de serviços, que agora constitui o setor econômico dominante do ponto de vista do emprego assalariado. Isso significa que, agora, mais refeições são feitas fora de casa, mais roupas são lavadas em lavanderias ou em tinturarias a seco, e mais alimentos são comprados já prontos para o consumo.

Também houve uma redução das atividades reprodutivas como consequência da recusa das mulheres em relação à disciplina envolvida no casamento e na criação dos filhos. Nos Estados Unidos, o número de nascimentos caiu de 118 por cada mil mulheres na década de 1960 para 66,7 em 2006, resultando em um aumento da idade das mães de primeira viagem de trinta anos, em 1980, para 36,4 anos, em 2006. A queda no crescimento demográfico tem sido especialmente elevada na Europa Ocidental e no Leste Europeu, onde, em alguns países como Itália e Grécia, ainda continua a "greve" das mulheres contra a procriação contínua, acarretando um regime demográfico de crescimento zero que suscita muita preocupação entre os políticos, e que é o principal fator por trás da crescente demanda de expansão da imigração. Também houve um declínio no número de casamentos e de pessoas casadas nos Estados Unidos, de 56% de todas as famílias, em 1990, para 51%, em 2006, e um aumento simultâneo do número de pessoas que vivem sozinhas – nos Estados Unidos, houve um aumento de 7,5 milhões, de 23 milhões para 30,5 milhões, o que representa um crescimento de 30%.

Mais importante ainda é que, no período subsequente ao ajuste estrutural e à reconversão econômica, ocorreu uma reestruturação internacional do trabalho reprodutivo, na qual grande parte da reprodução da força de trabalho metropolitana agora é realizada por mulheres imigrantes provenientes do "Sul" global, especialmente no que se refere à prestação de cuidados de crianças e idosos e para a reprodução sexual de trabalhadores homens.[224] Este tem sido um desenvolvimento extremamente importante a partir de vários pontos de vista. No entanto, suas implicações políticas ainda não são suficientemente compreendidas entre as feministas em termos das relações de poder que cria entre as mulheres e dos limites que surgem desta mercantilização da reprodução. Enquanto os governos celebram a "globalização do cuidado", que lhes permite reduzir o investimento na reprodução, fica evidente que essa "solução" tem um custo social tremendo, não apenas para as mulheres imigrantes individualmente, mas também para as comunidades de onde elas são originárias.

Nem a reorganização do trabalho reprodutivo em uma base de mercado, nem a "globalização do cuidado", muito menos a tecnologização do trabalho reprodutivo "libertaram as mulheres" ou eliminaram a exploração inerente ao trabalho reprodutivo em sua forma atual. Se tomarmos uma perspectiva global, veremos que não só

---

224 Ver "Reprodução e luta feminista na nova divisão internacional do trabalho" (1999), neste volume, p. 138.

as mulheres ainda fazem a maior parte do trabalho doméstico não remunerado em todos os países, mas, devido aos cortes nos serviços sociais e à descentralização da produção industrial, a quantidade de trabalho doméstico que as mulheres realizam, pago ou não, aumentou, mesmo quando elas realizam um trabalho fora de casa.

Três fatores principais provocaram o aumento da jornada de trabalho das mulheres e o retorno ao trabalho dentro de casa. Em primeiro lugar, as mulheres foram os amortecedores da globalização econômica, pois tiveram que compensar com seu trabalho a deterioração das condições econômicas produzidas pela liberalização da economia mundial e pelo crescente desinvestimento dos Estados na reprodução da força de trabalho. Isso tem sido um fato especialmente observado nos países submetidos a programas de ajuste estrutural, onde o Estado cortou completamente os gastos em saúde, educação, infraestrutura e necessidades básicas. Como consequência desses cortes, na maior parte da África e da América do Sul, as mulheres agora gastam mais tempo buscando água e preparando alimentos, além de terem que lidar com doenças que são muito mais frequentes no momento em que a privatização dos cuidados de saúde tornou inacessíveis as visitas às clinicas para a maioria, enquanto a desnutrição e a destruição ambiental aumentam a vulnerabilidade das pessoas diante das doenças.

Nos Estados Unidos, também devido a cortes no orçamento, grande parte do trabalho que os hospitais e outras agências públicas tradicionalmente faziam foi privatizada e transferida para os lares, ocultando o trabalho não remunerado das mulheres. Atualmente, por exemplo, os pacientes são dispensados quase que imediatamente após a cirurgia, e a casa deve absorver uma variedade de tarefas médicas pós-operatórias e terapêuticas que no passado seriam feitas por médicos e enfermeiros profissionais.[225] A assistência pública aos idosos (com serviços de limpeza, cuidados pessoais) também foi cortada, as visitas domiciliares foram encurtadas e os serviços prestados, reduzidos.

O segundo fator que devolveu a centralidade ao trabalho doméstico no lar foi a expansão do "trabalho domiciliar", em parte devido à desconcentração da produção industrial, em parte pela disseminação do trabalho informal. Como David Staples escreve em *No Place Like Home* (2006), longe de ser uma forma anacrônica de trabalho, o trabalho domiciliar demonstrou ser uma estratégia capitalista de longo prazo, que hoje ocupa milhões de mulheres e crianças em todo o mundo, em cidades, vilarejos e subúrbios. Staples aponta corretamente que o trabalho está sendo direcionado inexoravelmente para casa por causa da atração do trabalho doméstico não remunerado, no sentido de que, ao organizar o trabalho em casa, os empregadores podem torná-lo invisível, minar o esforço dos trabalhadores para se sindicalizar e rebaixar os salários ao mínimo. Muitas mulheres escolhem esse trabalho na tentativa de reconciliar a obtenção de uma renda com o cuidado de sua família; mas o resultado é uma escravidão a um trabalho que proporciona salários "muito abaixo do salário médio que seria pago se o trabalho fosse realizado em um ambiente formal, e que reproduz uma divisão sexual do trabalho que fixa as mulheres mais profundamente no trabalho doméstico".[226]

---

225 Nona Glazer, *Women's Paid and Unpaid Labor: Work Transfer in Health Care and Retailing* [O trabalho pago e não pago das mulheres: transferência de trabalho no cuidado à saúde e varejo]. Filadélfia: Temple University Press, 1993.
226 David E. Staples, *No Place Like Home: Organizing Home-Based Labor in the Era of Structural Adjustment* [Não há lugar como o lar: organizando o trabalho em casa na era do ajuste estrutural]. Nova York: Routledge, 2006, pp. 1-5.

Por último, o crescimento do emprego feminino e a reestruturação da reprodução não eliminaram as hierarquias de gênero no trabalho. Apesar do crescimento do desemprego masculino, as mulheres ainda ganham apenas uma fração do salário dos homens. Também testemunhamos um aumento da violência masculina contra as mulheres, desencadeada em parte pelo medo da competição econômica, em parte pela frustração que os homens experimentam ao não serem capazes de cumprir seus papéis como os provedores da família e, mais importante, desencadeada pelo fato de os homens terem menos controle sobre o corpo e sobre o trabalho das mulheres, à medida que mais mulheres dispõem de seu próprio dinheiro e passam mais tempo fora de casa. Em um contexto em que a queda de salários e o desemprego generalizado tornam mais difícil para os homens constituírem uma família, muitos deles usam o corpo das mulheres como meio de troca e de acesso ao mercado mundial, através da organização da pornografia e da prostituição.

É difícil quantificar o aumento da violência contra as mulheres, e seu significado é mais bem apreciado quando consideramos a violência em termos qualitativos, a partir do ponto de vista das novas formas que ela tem tomado. Em vários países, sob o impacto do ajuste estrutural, toda a estrutura familiar tem se desintegrado. Isso ocorre frequentemente por consentimento mútuo — quando um ou ambos os parceiros migram, ou ambos se separam na busca de alguma forma de renda. Mas, muitas vezes, significa um evento mais traumático, quando, por exemplo, frente à pauperização e ao empobrecimento, o marido abandona a esposa e os filhos. Em partes da África e da Índia, também foram registrados ataques contra mulheres idosas, que foram expulsas de casa e até mesmo assassinadas após terem sido acusadas de feitiçaria ou de estarem possuídas pelo demônio. Esse fenômeno provavelmente reflete uma crise ainda mais grave quanto ao apoio familiar para as pessoas que já não são vistas como produtivas diante da rápida diminuição dos recursos. Esses atos também têm sido associados, significativamente, ao desmantelamento contínuo dos sistemas de propriedade comunal de terras.[227] Além disso, é uma manifestação da desvalorização à qual o trabalho reprodutivo e os sujeitos que o realizam foram submetidos diante da expansão das relações monetárias.[228]

Outros exemplos de violência atribuíveis ao processo de globalização foram o aumento de assassinatos de viúvas na Índia, o aumento do tráfico de mulheres e de outras formas de trabalho sexual forçado, além do aumento absoluto no número de mulheres assassinadas ou desaparecidas. Centenas de mulheres jovens, na sua maior parte trabalhadoras das *maquilas*, foram assassinadas em Ciudad Juárez e em outras cidades mexicanas na fronteira com os Estados Unidos, aparentemente vítimas de estupros ou redes criminosas que produzem e traficam pornografia e *snuff movies*.[229] Um aumento horrível no número de mulheres vítimas de assassinatos também foi registrado no México e na Guatemala. Mas, sobretudo, o que mais aumentou foi a violência institucional. Essa é a violência da pauperização absoluta, das condições de trabalho desumanas, da migração em

---

227 Hugo F. Hinfelaar. "Witch-Hunting in Zambia and International Illegal Trade" [Caça às bruxas na Zâmbia e comércio internacional ilegal], em Gerrie Ter Haar (org.), *Witchcraft Beliefs and Accusations in Contemporary Africa* [Crenças e acusações de bruxaria na África contemporânea]. Trenton: Africa World Press, 2007, pp. 229-46.

228 Federici, *op. cit.*

229 *Snuff movies* são filmes que mostram mortes ou assassinatos reais, sem a ajuda de efeitos especiais, com a finalidade de exploração comercial. [N.T.]

condições clandestinas. Essa migração também pode ser vista como uma luta por maior autonomia e autodeterminação, por meio da saída do lar, como a busca por relações de poder mais favoráveis.

Várias conclusões e reflexões podem ser extraídas desta análise. Primeiramente, lutar por um trabalho remunerado ou por "se juntar à classe trabalhadora no local de trabalho", como algumas feministas marxistas gostavam de denominar, não pode ser um caminho para a libertação. O trabalho assalariado pode ser uma necessidade, mas não uma estratégia política coerente. Enquanto o trabalho reprodutivo for desvalorizado, enquanto ele for considerado um assunto privado e uma responsabilidade exclusiva das mulheres, estas sempre enfrentarão o capital e o Estado com menos poder do que os homens e em condições de extrema vulnerabilidade social e econômica. Também é importante reconhecer que existem sérios limites no desenvolvimento de um trabalho reprodutivo reduzido ou reorganizado conforme as bases do mercado. Por exemplo, até onde podemos reduzir ou comercializar o cuidado das crianças, dos idosos, dos doentes, sem impor um grande custo àqueles que necessitam de cuidados? O grau de deterioração de nossa saúde proveniente da mercantilização da produção de alimentos (por exemplo, com o aumento da obesidade, mesmo entre as crianças) é instrutivo. Quanto à comercialização do trabalho reprodutivo por meio de sua redistribuição nas costas de outras mulheres, como atualmente essa "solução" foi organizada, ela só estende a crise do trabalho doméstico, agora deslocada para as famílias das mulheres que trabalham como cuidadoras remuneradas, e cria novas desigualdades entre as mulheres.

O que necessitamos é de um ressurgimento e um novo impulso das lutas coletivas sobre a reprodução, reivindicando o controle sobre as condições materiais de nossa reprodução e criando novas formas de cooperação em torno desse trabalho que escapem da lógica do capital e do mercado. Esta não é uma utopia, mas um processo que já está em andamento em muitas partes do mundo e com possibilidades de se expandir frente à perspectiva de um colapso do sistema financeiro mundial. Agora os governos estão tentando usar a crise para impor regimes rígidos de austeridade durante os próximos anos. Mas por meio das ocupações de terras, da agricultura urbana comunitária, das ocupações habitacionais, da criação de várias formas de troca e redes de intercâmbio, de ajuda mútua, de formas alternativas de cuidado com a saúde – para citar alguns dos campos em que esta reorganização da reprodução está sendo mais desenvolvida –, está começando a emergir uma nova economia, que talvez possa converter o trabalho reprodutivo de uma atividade opressiva e discriminatória em um campo de trabalho mais libertador e criativo para a experimentação das relações humanas.

Como afirmei, isso não é uma utopia. Certamente, as consequências da economia mundial globalizada teriam sido muito mais nefastas se não fosse o esforço realizado por milhões de mulheres para garantir o sustento da família, independentemente do valor que lhes concedam no mercado de trabalho capitalista. Através de suas atividades de subsistência, assim como de várias formas de ação direta (da ocupação de terras públicas à agricultura urbana), as mulheres ajudaram sua comunidade a evitar a espoliação total, a esticar os orçamentos e a colocar comida na panela. Em meio a guerras, crises econômicas e desvalorizações, enquanto o mundo à sua volta estava desmoronando, elas continuaram plantando milho em áreas abandonadas, preparando alimentos para vender nas ruas, criando cozinhas comunais – *ollas communes* [panelas comuns], como no Chile e no Peru[230] —, interpondo-se à mercantilização total da vida e iniciando um processo de reapropriação e recoletivização da reprodução, o que é indispensável se quisermos recuperar o controle sobre nossa vida. Os movimentos *occupy* e de tomada de praças de 2011 são uma continuação desse processo, uma vez que as "multidões" entenderam que nenhum movimento pode se sustentar se não colocar como pauta central a reprodução de seus participantes, transformando também as manifestações em momentos de reprodução e cooperação coletivas.

---

230 *Ollas comunes* é o termo utilizado para designar a experiência de comedores populares, autogeridos e independentes, inicialmente organizados na depressão econômica chilena dos anos 1930. Nos anos 1980, outros países como Peru e, depois, Argentina retomaram a iniciativa em contextos de novas crises econômicas. [N.T.]

Camponesas chinesas descascando arroz. Gravura de *L'album, giornale letterario e di belle arti* [O álbum, jornal literário e das belas artes], publicado em 22 de junho de 1839.

PARTE 3

—

REPRODUZINDO OS COMUNS

RUMO A PEQUIM: COMO A ONU COLONIZOU O MOVIMENTO
FEMINISTA (2000) 238 · SOBRE O CUIDADO DOS IDOSOS E OS
LIMITES DO MARXISMO (2009) 253 · MULHERES, LUTAS
POR TERRA E GLOBALIZAÇÃO: UMA PERSPECTIVA INTERNACIONAL
(2004) 277 · FEMINISMO E A POLÍTICA DO COMUM EM UMA
ERA DE ACUMULAÇÃO PRIMITIVA (2010) 303 · SOBRE O
TRABALHO AFETIVO (2011) 324

COMO PODEMOS SAIR DA POBREZA SE NÃO CONSEGUIMOS SEQUER UM PEDAÇO DE TERRA PARA TRABALHAR? SE TIVÉSSEMOS TERRAS PARA CULTIVAR, NÃO PRECISARÍAMOS QUE NOS ENVIASSEM ALIMENTOS DOS ESTADOS UNIDOS. NÃO. NÓS TERÍAMOS OS NOSSOS PRÓPRIOS ALIMENTOS. MAS, ENQUANTO O GOVERNO SE RECUSAR A NOS DAR AS TERRAS E OS OUTROS RECURSOS DE QUE NECESSITAMOS, CONTINUAREMOS A TER ESTRANGEIROS DIRIGINDO NOSSO PAÍS.

— ELVIA ALVARADO, CITADO
EM *DON'T BE AFRAID, GRINGO*
[NÃO TENHA MEDO, GRINGO] (1987)

AS MULHERES PERSISTIRAM NAS SUAS ATIVIDADES ECONÔMICAS DURANTE A ÉPOCA COLONIAL, APESAR DAS ENORMES DIFICULDADES QUE ENFRENTARAM. [...] AS MULHERES INSTITUÍRAM, POR GERAÇÕES, ALGUMA FORMA DE AÇÃO COLETIVA PARA AUMENTAR A PRODUTIVIDADE GRUPAL, PREENCHER LACUNAS SOCIOECONÔMICAS ONDE QUER QUE A ADMINISTRAÇÃO COLONIAL FALHASSE OU PROTESTAR CONTRA POLÍTICAS QUE LHES PRIVASSEM DE RECURSOS PARA MANTER SUA FAMÍLIA.

— MARGARET SNYDER & MARY TADESSE, *AFRICAN WOMEN AND DEVELOPMENT* [MULHERES AFRICANAS E DESENVOLVIMENTO] (1995)

RUMO A PEQUIM: COMO A ONU COLONIZOU O MOVIMENTO FEMINISTA (2000)

O presente ensaio debate a promoção dos "direitos das mulheres" por parte da Organização das Nações Unidas (ONU) nas décadas de 1980 e 1990 e seu impacto na política dos movimentos feministas internacionais e na resistência das mulheres contra a globalização. Traça um paralelo entre o papel desempenhado pelas Nações Unidas no processo de descolonização nos anos 1960 e sua recente defesa do feminismo global. Meu argumento é que, nos dois casos, a intervenção da ONU limitou o potencial revolucionário desses movimentos, assegurando que suas agendas sociais fossem adaptadas aos objetivos do capital internacional e das instituições que o sustentam. Ao contrário da crença popular de que o feminismo patrocinado pela ONU serviu para a causa da libertação feminina, eu me inclino a pensar que o "feminismo global" despolitizou os movimentos de mulheres, debilitando a preciosa autonomia de outrora e contribuindo para desarticular as mulheres frente à expansão das relações capitalistas.

Os últimos anos da década de 1970 foram testemunhas de uma grande transformação na política e na direção do movimento feminista, com a intervenção massiva das Nações Unidas nas políticas feministas como promotora e defensora da "emancipação das mulheres". Tal emancipação foi concretizada por meio de diversas conferências globais sobre mulheres e por uma série de atividades complementares dirigidas a instruir os governos ao redor do mundo sobre a necessidade de incluir as mulheres em programas políticos e econômicos.

O momento dessa intervenção foi tudo, menos acidental. Em meados dos anos 1970, os movimentos feministas haviam se transformado em uma força social poderosa, que desafiava não só as relações desiguais de gênero, mas também toda a estrutura social "patriarcal", exigindo uma mudança social radical. Além disso, os movimentos se disseminaram por meio de grupos, iniciativas ou organizações que emergiam em todas as partes do mundo. Possivelmente, três considerações motivaram a decisão das Nações Unidas de intervir e se autodeclarar o órgão encarregado da despatriarcalização de toda a estrutura de poder político internacional. Em primeiro lugar, houve o entendimento de que a relação entre as mulheres, o capital e o Estado já não podia ser organizada por meio da mediação dos homens assalariados, uma vez que o movimento de libertação das mulheres expressava um repúdio massivo a tal mediação e uma demanda por autonomia em relação aos homens que já não podia ser reprimida. Em segundo lugar, havia a necessidade de domesticar um movimento que contava com um enorme potencial subversivo, fortemente autônomo (até aquele momento), comprometido com uma transformação radical da vida cotidiana e que suspeitava da representação e da participação política.

Domesticar esse movimento era especialmente urgente em um momento em que, em resposta à inextricável "crise do trabalho" da metade da década de 1970, uma contraofensiva capitalista global foi colocada em prática, buscando restabelecer o domínio da classe capitalista sobre a classe trabalhadora e destruindo os modelos de organização responsáveis pela resistência à exploração.

Nesse contexto, "crise do trabalho" é uma expressão reducionista, já que a crise enfrentada pelo capitalismo em meados dos anos 1970 era de caráter estrutural, resultado de um único ciclo de lutas, ocorrido ao longo do século XX e que culminou com a luta anticolonialista e com a luta pelo poder dos negros nos Estados Unidos na década de 1960, o que acabou por debilitar as hierarquias no trabalho sobre as quais o capitalismo havia edificado o seu poder. Uma vasta literatura sobre o assunto documentou que, em meados dos anos 1970, a crise do domínio sobre o trabalho foi tão intensa que, por um momento, a capacidade do sistema de se autorreproduzir foi questionada. Não é de se surpreender que o discurso dominante nos círculos capitalistas internacionais, em 1974, tenha sido o do "crescimento zero", que, na prática, se traduziu no surgimento de uma incipiente greve capitalista, que preparava o terreno para a desterritorialização da produção e para a implementação de certas táticas que mais tarde ficaram conhecidas como ajuste estrutural e globalização.

Mas não faremos aqui revisões históricas, que já foram objeto de estudo de uma ampla literatura. Basta dizer que deter o movimento feminista era uma tarefa indispensável para os planificadores do capitalismo em uma época em que uma ofensiva histórica aos meios mais elementares da reprodução social e do poder dos trabalhadores estava sendo lançada. Além disso, a existência de correntes liberais no seio do movimento de mulheres, que equiparavam a libertação da mulher à igualdade de direitos e à "igualdade de oportunidades" no sistema econômico existente, revelou a possibilidade de usar o movimento para apoiar o desenvolvimento da agenda liberal. O que seria mais conveniente do que utilizar a demanda feminista liberal por trabalho, por "igualdade em relação aos homens" — inclusive para entrar no Exército —, com a finalidade de fortalecer as desacreditadas instituições contra as quais os trabalhadores estavam se rebelando no mundo inteiro? Aqui reside o paradoxo do ingresso massivo das mulheres na força de trabalho nos Estados Unidos e na Europa, coincidindo com o maior ataque contra os direitos dos trabalhadores desde a década de 1920, algo que mudaria, talvez para sempre, o rosto da zona industrial nessas regiões.

É nesse contexto que a ONU se volta para a tarefa de transformar o movimento pela libertação das mulheres, que abandonaria seu caráter antissistêmico para dar lugar a um movimento capaz de legitimar e apoiar a agenda neoliberal. Há aqui uma interessante comparação com o papel desempenhado pela ONU na década de 1960 em relação à luta anticolonial. Como apontou Horace Campbell, entre outros, uma vez que foi demonstrado que a luta anticolonial não poderia ser derrotada, a ONU abraçou a causa, encabeçando esse movimento ao se declarar como defensora dos colonizados[231] e direcionando o processo de descolonização para um formato compatível com os planos do capitalismo internacional, principalmente o dos Estados Unidos, que viam a descolonização como uma oportunidade para a criação de um mercado global, livre das barreiras que os impérios coloniais colocavam à circulação internacional do capital e das mercadorias.

Assim como ocorreu com o processo de "descolonização", a partir da organização da I Conferência Mundial da Mulher, celebrada na Cidade do México em meados da

---

231 A ONU se orgulha de seu papel no processo de descolonização, argumentando que a descolonização estava contemplada na Declaração Universal dos Direitos Humanos de 1948. Na realidade, a descolonização ocorreu de acordo com os preceitos e as necessidades dos principais membros do Conselho de Segurança da ONU (Estados Unidos, França e Reino Unido). O colonialismo continua vigente nos lugares onde é conveniente aos interesses dos Estados Unidos, como no Saara Ocidental ou na Palestina. O papel da ONU na descolonização foi o de proteger os interesses do capital internacional.

década de 1970, a ONU voltou-se a uma política de "des-patriarcalização", dando um passo para a criação de um novo contrato social entre as populações de mulheres (selecionadas) e o Estado. Voltarei a tratar das diretrizes gerais desse modelo mais a frente. Agora, assinalo as táticas utilizadas pela ONU para levar adiante esse programa. Entre elas estão:

- O apoio à difusão massiva de conferências internacionais, de modo a direcionar a energia e o esforço das feministas, em âmbito internacional, à agenda e às atividades elaboradas institucionalmente;
- A criação de comissões às quais reconhecidas feministas foram convidadas, distanciando-as da ampla maioria das mulheres e dos movimentos em que já estavam inseridas. O fato de que tantas mulheres tenham aceitado trabalhar para as Nações Unidas deu credibilidade e legitimidade aos programas da organização e habilitou a instituição a fixar calendários, espaços e até modalidades de ativismo feminista;
- A criação de um quadro de "feministas globais", que funcionou como uma união global de mulheres, encarregado de representar as necessidades e os desejos das mulheres perante os olhos do mundo e, assim, decidir qual seria a agenda e a luta feminista verdadeira e legítima;
- A pressão sobre os governos para instituírem escritórios e ministérios de mulheres e para que fossem signatários de declarações em prol dos direitos das mulheres, tais como a Declaração sobre a Eliminação da Violência contra a Mulher, adotada pela Assembleia Geral da ONU em 20 de dezembro de 1993.

Nenhuma dessas iniciativas teria alcançado o efeito obtido se não fosse pela grande divulgação e financiamento que tiveram, além da estreita colaboração entre a ONU e um grande número de corporações – as mesmas que, nesses anos, empobreceram as comunidades das feministas cujas viagens e estadias para a IV Conferência Mundial da Mulher, em Pequim, estavam financiando. As corporações eram tão preponderantes na organização dessas conferências que seu nome era impresso nos programas distribuídos em Pequim.[232] No que se refere ao dinheiro destinado a produzir esses eventos, que incluíam muitas reuniões preparatórias prévias a cada conferência, algumas das feministas participantes – principalmente as provenientes do "Terceiro Mundo" – se mostravam profundamente descontentes. "Implorei para que me dessem o dinheiro que pagaram pelo meu quarto (mais de cem dólares por dia em um hotel no centro da cidade), porque com esse dinheiro eu poderia alimentar um povoado inteiro no meu país por uma semana, mas eles se recusaram a fazer isso", lamentou uma mulher africana convidada para uma conferência preparatória em Nova York. Isso não devia surpreender.

O objetivo da intervenção não era melhorar as condições das mulheres. Prova disso é que, na mesma década

---

232 A longa lista de duas páginas de patrocinadores impressa em *Look at the World Through Women's Eyes: Plenary Speeches from the NGO Forum Beijing '95* [Olhar o mundo através dos olhos das mulheres: discursos das plenárias do fórum das ONGs em Pequim 1995] é um quem-é-quem do capital internacional, desde o Banco Mundial até a Usaid, do governo da Austrália e do Japão até Apple, Hewlett Packard, Midland Bank, The Royal Thai International Airways, Samsung Electronics, Fatima bint Mubarak Al Ketbi (viúva do sheik Zayed bin Sultan Al Nahyan, de Abu Dhabi, um dos fundadores dos Emirados Árabes Unidos), entre dezenas de outros grupos empresariais e de agências internacionais filiadas ou que fazem parte da ONU.

em que a ONU se dedicou a trabalhar pelos direitos das mulheres — entre 1976 e 1985 —, a condição das mulheres se deterioravam drasticamente no mundo inteiro, devido às políticas adotadas por agências que fazem parte da própria instituição, como o Banco Mundial, o FMI e a OMC — políticas contra as quais a ONU nunca se opôs e as quais nunca criticou. Os programas de ajustes estruturais, impostos pelo Banco Mundial e pelo FMI em boa parte do "Terceiro Mundo" em resposta à "crise da dívida" afundaram a maioria das regiões afetadas em uma pobreza que não foi vista nem no período colonial e que, sistematicamente, minou as possibilidades de as mulheres (exceto uma minoria de classe alta e do empresariado) melhorarem sua qualidade de vida e acessarem os serviços de educação, atenção médica e alimentar, entre outros. O único serviço "gratuito" que a mulher pôde acessar foi o de esterilização, imposto literalmente a milhões de mulheres por meio de táticas extorsivas e enganadoras.[233]

O que a ONU conseguiu foi neutralizar o movimento pela libertação das mulheres e incorporá-lo a seu programa político como uma vitrine para seu projeto de "democratização".

A política das conferências internacionais foi alvo de críticas desde seus primórdios. Já em 1975, era evidente que tais eventos propiciariam uma divisão do movimento, eliminando seus componentes radicais e redesenhando a agenda feminista. As feministas institucionais dos Estados Unidos, que dispunham de muito mais recursos

---

233 É significativo que as mulheres tenham sido pressionadas a utilizar o Norplant (contraceptivo composto por seis pequenas cápsulas de silicone que são implantadas sob a pele do braço) ou o DIU, apesar de muitas evidências apontarem para efeitos colaterais, como infecções, depressão e várias outras doenças.

econômicos que as demais participantes, dominavam a cena. Os temas de maior importância para as feministas nessa época não podiam ser destacados – por exemplo, a ocupação da Palestina por Israel – e os movimentos de base convidados eram financiados pelos Estados Unidos ou por agências da ONU e tinham, portanto, sua capacidade de crítica limitada.

As conferências seguintes (Copenhague, 1980; Nairóbi, 1985; Pequim, 1995) confirmaram essa tendência, bem como o aumento da burocratização do movimento, produzida pelas iniciativas da ONU, e a crescente disparidade entre as promessas e a realidade das mulheres neste âmbito. Em 1985, existiam 170 organizações internacionais de mulheres, disseminadas ao redor do mundo e nascidas graças às conferências da ONU. Nesse mesmo ano foi lançado oficialmente o Programa de Ajuste Estrutural em Seul, na Coreia do Sul.

PLATAFORMA DE AÇÃO DE PEQUIM

Mas do que se trata a agenda idealizada pela ONU? Que tipo de movimentos feministas internacionais ela ajudou a criar? Encontramos a melhor resposta na Declaração e Plataforma de Ação de Pequim.

Tal plataforma prepara caminho para a plena exploração da mulher, não só dentro de casa, mas também no trabalho assalariado, eliminando os obstáculos à "participação da mulher na economia", resultantes das demandas dos homens. Ironicamente, promete igualdade entre homens e mulheres em um momento em que até mesmo o homem assalariado encontra-se privado das garantias e dos benefícios de que antes usufruía. Também promete "integrar" as mulheres ao "desenvolvimento sustentável" – uma piada quando um programa de austeridade assassino e mais cortes nas ofertas de emprego são impostos em grande parte do mundo. Típicas do "duplo discurso" do programa da ONU para a emancipação da mulher são as recomendações para retirar as mulheres da pobreza, defendê-las da violência e eliminar as desigualdades de gênero. Para as mulheres que estavam perdendo a terra, o trabalho e o acesso à educação e à saúde, a Plataforma de Ação de Pequim propunha aumentar a "autoconfiança" e o acesso à educação, desenvolver "a inclusão de uma perspectiva de gênero" em todos os níveis de programas e políticas de governos e órgãos nacionais e internacionais, aumentar as "oportunidades econômicas", e "garantir acesso pleno e equitativo aos recursos econômicos, inclusive o direito à herança, à *posse* de terras e outras propriedades, ao *crédito*, aos recursos naturais e às tecnologias apropriadas".

Enfatizo os termos "posse" e "crédito" porque eles abrangem as reais intenções da ONU. "Posse" significa, na realidade, o fortalecimento da legislação da propriedade privada em detrimento da ocupação contínua da terra, nos lugares onde ainda prevaleciam as terras comunitárias (como na maior parte da África e em vastas regiões da América Latina – no México, por exemplo), e onde o Banco Mundial vinha se esforçando por instituir títulos individuais de propriedade e o mercado da terra, enfrentando uma enorme resistência. De fato, o movimento pelo direito da mulher à terra surgido em Pequim beneficiou as mulheres que têm a possibilidade de comprar terras ou de obter uma propriedade própria por meio do marido, e cujo direito de acesso é com frequência questionado por familiares de seu cônjuge. Mas, para a maioria das mulheres na África, na Ásia e na América Latina, desalojadas diariamente por companhias mineradoras ou por projetos de desenvolvimento do agronegócio, as garantias legais são bastante irrelevantes, uma vez que os únicos meios que essas mulheres dispõem para adquirir terras são a ocupação e o cultivo de terras públicas sem uso, prática muito difundida principalmente na África. "Crédito" refere-se a créditos rurais e microcréditos que tanto têm sido promovidos pelo Banco Mundial e por diversas organizações não governamentais desde o final dos anos 1970 como a solução para a pobreza no campo, levando milhões de trabalhadores rurais e pequenos empresários ao endividamento e a serem escravos dos bancos.[234]

A Plataforma de Ação de Pequim também prometeu combater as desigualdades de gênero em matéria de educação, promover o ingresso de mulheres jovens em áreas como ciência e tecnologia, reduzir a mortalidade infantil e apoiar as pesquisas desenvolvidas por mulheres no campo da saúde. No entanto, não se menciona o fato de que, após o ajuste estrutural, até mesmo a educação primária se tornou um luxo em muitas partes do mundo, já que foram introduzidas taxas em todos os níveis do sistema educacional. A saúde também foi privatizada, a ponto de as pessoas na África retornarem às práticas tradicionais e ao trabalho de curandeiros. As vacinas contra a mortalidade infantil também foram drasticamente reduzidas, sem mencionar que o principal obstáculo dos sistemas de saúde é, hoje em dia, a desnutrição.

De novo, a Plataforma de Pequim visa a eliminar a violência contra a mulher; no entanto, essa violência é

---

234 No México, isso gerou uma grande revolta no final dos anos 1990, que culminou no movimento El Barzón [O laço], que se espalhou por todo o país entre 2000 e 2005.

definida como a estritamente infligida pelo homem no âmbito individual. Não é mencionada a violência institucional, como a cometida contra trabalhadoras, principalmente negras e latinas nas prisões dos Estados Unidos, a violência enfrentada pelas mulheres nas *maquilas* ou *sweatshops* ou a violência bélica. "Proteger as mulheres que vivem em situações de conflitos armados", reza o documento, mas sem prever nenhum tipo de condenação a tais situações. Ao contrário, sugere-se que as mulheres aumentem sua participação na "resolução de conflitos" e que fortaleçam seu papel na difusão "da cultura de paz" na sociedade e na família.

Em resumo, a Plataforma de Pequim é uma mistura de ilusões, evasões e discurso duplo. No entanto, seria um erro argumentar que a soma de todas essas sugestões tenha se constituído em um esforço vão. A plataforma faz parte de uma grande maquinaria que tem tido a gigantesca tarefa (em grande parte, realizada) de transformar um movimento potencialmente subversivo em outro suficientemente domesticado, para que seja parte integral e que apoie a reestruturação neoliberal da economia internacional e sua política expansionista. Além disso, por trás dessa linguagem difusa, podemos vislumbrar alguns objetivos práticos:

- Criar um quadro de feministas de Estado, isto é, mulheres que atuem na órbita estatal, em governos variados, encarregadas de instituir mudanças necessárias para um aproveitamento mais cuidadoso do trabalho e das capacidades das mulheres;
- Criar um quadro de "feministas globais" que façam a mediação entre os movimentos e as lutas das mulheres, ajudando a desenhar um programa feminista domesticado, fornecendo linguagens e

conceitos adequados às instituições, imprimindo às prescrições da ONU uma imagem popular e mesmo radical;

- Gerar redes de movimentos de base para serem consultadas periodicamente, ainda que, no âmbito oficial, o objetivo seja contribuir para legitimar as decisões da ONU;
- Redefinir a questão da pobreza como um problema de falta de capital e de aplicação inapropriada das legislações sobre propriedade. A insistência com os "créditos" e com uma reforma agrária legal – as duas panaceias da população rural e das mulheres, particularmente – estão em conformidade com a política do Banco Mundial de privatizar a terra e descartar, de uma vez por todas, a ideia de redistribuição de terras, que constituía o verdadeiro objetivo da luta anticolonialista.

A intervenção da ONU ajudou a enterrar o movimento feminista,[235] chegando até a decapitá-lo em alguns casos, por meio da cooptação de algumas de suas principais porta-vozes. O velho feminismo despenteado e peludo da década de 1960 foi substituído pelo empoderado e bem vestido feminismo dos anos 1990, que corre pelo mundo com seu *laptop*, fazendo *advocacy*, criando redes de contatos, cortejando os meios de comunicação e gastando horas e horas em discussões cujo objetivo é mudar um nome em documentos e declarações oficiais, sendo cada

---

235 Ajudou, porque não foi o único fator do desaparecimento do movimento feminista como força social. Certamente, a reestruturação econômica global desempenhou um papel-chave nesse processo, assim como as crescentes segmentações dentro do movimento, vinculadas a classe social, etnia, orientação sexual e à consequente falta de estratégias comuns.

vez mais desconectado de qualquer movimento de massa.

Nesse sentido, o "feminismo" se tornou cúmplice de uma política institucional — motivo pelo qual, compreensivamente, tantas jovens radicais não querem se associar a esse movimento. Isso ficou mais visível na questão da guerra. No começo da década de 1980, as feministas dos Estados Unidos e da Europa adotaram uma postura firme contra o lançamento de mísseis Pershing, ocupando durante longos meses prédios próximos a bases militares em Greenham Common (Inglaterra), em Seneca Falls (estado de Nova York) e em Puget Sound (estado de Washington), e enfrentando, frequentemente, agressões físicas por parte da polícia, das Forças Armadas e da população local. Em 1991, por outro lado, o Exército estadunidense, composto por soldados de ambos os sexos, era saudado como um símbolo de civilização, e a mulher vestida com um uniforme de cor cáqui era comparada pela imprensa, de forma positiva, a uma mulher iraniana de xador preto, sem nenhum protesto massivo por parte das feministas em nenhum lugar do mundo.

Sem dúvida, surgiram pontos positivos dos encontros internacionais promovidos pela ONU. A política feminista se internacionalizou. Muitas mulheres que participaram das conferências se depararam com histórias e temáticas que não conheciam, principalmente aquelas que vinham da Europa e dos Estados Unidos. Elas adquiriram um conhecimento mais amplo da política internacional e, em alguns casos, estabeleceram laços políticos com grupos e redes externas à esfera da ONU. No entanto, eu me atrevo a afirmar que todo este desenvolvimento poderia ter ocorrido sem a intervenção das Nações Unidas, e que tampouco foram suas tarefas que deram luz aos principais resultados. No final dos anos 1990, os zapatistas tinham uma rede internacional articulada completamente independente de partidos políticos, de informações midiáticas, de teorias, de iniciativas, além de possuir diferentes formas de cooperação. De maneira similar, em 1995, o movimento antiglobalização realizava a tarefa de instruir ativistas de todo o mundo sobre as consequências do ajuste estrutural, da crise da dívida dos países do "Terceiro Mundo" e do papel do Banco Mundial, do FMI e da OMC na recolonização em curso no "Terceiro Mundo". O movimento feminista não deve nada às Nações Unidas pela consciência internacional adquirida, especialmente tendo em vista que a ONU tem uma longa história na promoção de políticas que são uma negação descarada a tal internacionalismo. A organização não somente apoiou o apelo à guerra dos Estados Unidos como também, em nome da igualdade, alistou mulheres para que, como os homens, tivessem o "privilégio" de matar outros seres humanos.

Se olharmos para o futuro, vemos indícios de um declínio no entusiasmo com os direitos das mulheres. Podemos afirmar que alcançamos muita coisa até agora. O movimento feminista já não constitui uma ameaça, apesar de as lutas feministas continuarem sendo o principal obstáculo ao cercamento das terras e ao controle das florestas e das águas. Igualmente, os governos aderiram à proposta de estabelecer escritórios responsáveis por assuntos relacionados à mulher, e a bandeira dos direitos das mulheres agora pode ser levantada em qualquer empresa militar. Enquanto isso, milhões de mulheres foram recrutadas para trabalhar em *sweatshops*, abandonaram seu país em busca de remunerações mais altas e foram desalojadas e conduzidas a campos de refugiados, tudo a partir da patrocinada "década da mulher" das Nações Unidas.

ATIVIDADES PATROCINADAS PELA ONU

- Década da Mulher 1976-1985.
- III Conferência Mundial sobre a Mulher realizada em Nairóbi, em 1985. Essa foi uma conferência marcante, pois contou com a participação de quinze mil mulheres e cinco mil jornalistas, além de ter produzido o documento Estratégias Orientadas ao Futuro, para o Desenvolvimento da Mulher até o Ano 2000, elogiado como um grande avanço para as mulheres, ao mesmo tempo que, ironicamente, o Programa de Ajuste Estrutural era lançado em Seul.
- Linking Hands for Changing Laws: Women's Rights as Human Rights Around the World [Juntando as mãos para mudar as leis: os direitos das mulheres como direitos humanos ao redor do mundo], em Toronto, em 1992.
- II Conferência Mundial de Direitos Humanos em Viena, em 1993.
- Conferência Internacional sobre População e Desenvolvimento, ocorrida no Cairo, em 1994. Foi quando a ONU declarou o "Ano da Família". É de se notar que a ONU auxiliou o Banco Mundial no projeto de "controle de população", que afirma que a causa da pobreza no mundo vem do crescimento populacional, culpando as mulheres como agentes do empobrecimento de seus países.
- IV Conferência Mundial da Mulher em Pequim, em 1995.

SOBRE O CUIDADO DOS IDOSOS E OS LIMITES DO MARXISMO (2009)

INTRODUÇÃO

O "trabalho de cuidado", especialmente o cuidado com os idosos, tem chamado a atenção pública recentemente nos países da Organização para a Cooperação e o Desenvolvimento Econômico (OCDE) em resposta a uma série de tendências que colocaram em crise várias das formas tradicionais de assistência. As primeiras dessas tendências foram o crescimento, em termos relativos e absolutos, da população idosa e o aumento da expectativa de vida – que, no entanto, não foram acompanhados por um crescimento dos serviços de cuidados dos idosos.[236] Também houve uma expansão do emprego assalariado de mulheres, o que reduziu sua contribuição à reprodução da família.[237] Precisamos acrescentar a esses fatores o processo contínuo de urbanização e a gentrificação dos bairros das classes trabalhadoras, que destruíram as redes de apoio e as formas de ajuda mútua com as quais as pessoas mais velhas que viviam sozinhas podiam contar, já que os vizinhos traziam comida, faziam a cama e engatavam conversas. Como resultado

---

236 Laurence J. Kotlikoff & Scott Burns, *The Coming Generational Storm: What You Need to Know About America's Economic Future* [A tempestade geracional que se aproxima: o que você precisa saber sobre o futuro econômico dos Estados Unidos]. Cambridge: MIT Press, 2004.
237 Folbre, *op. cit.*, p. 350.

dessas tendências, para um grande número de pessoas idosas os efeitos positivos de um ciclo de vida mais longo foram anulados ou obscurecidos pela perspectiva de solidão, exclusão social e maior vulnerabilidade a maus-tratos físicos e psicológicos. Com isso em mente, apresento aqui algumas reflexões sobre a questão do cuidado com os idosos nas políticas sociais contemporâneas, especialmente nos Estados Unidos, para então perguntar que tipo de ação pode ser tomada nesse terreno e por que a questão do cuidado com os idosos está ausente na literatura da esquerda radical.

Meu principal objetivo aqui é reivindicar uma redistribuição da riqueza social na direção dos cuidados com os idosos e construir formas coletivas de reprodução para permitir que pessoas idosas sejam atendidas quando já não forem mais autossuficientes, e que isso não aconteça à custa da vida de seus provedores. Porém, para isso ocorrer, a luta pelo cuidado dos idosos deve ser politizada e incluída na agenda dos movimentos de justiça social. Também é necessária uma revolução cultural no conceito de "velhice", contra sua representação desvalorizada como um fardo fiscal para o Estado, de um lado, e, de outro, um estágio "opcional" da vida, que pode ser superado e até prevenido se adotarmos a tecnologia médica correta e os recursos de "melhoria de vida" expelidos pelo mercado.[238] O que está em jogo na politização do

---

238 Como Kelly Joyce e Laura Mamo apontam em "Graying the Cyborg: New Directions in Feminist Analyses of Aging, Science and Technology" [Acinzentando o ciborgue: novos rumos nas análises feministas sobre envelhecimento, ciência e tecnologia] — em Toni M. Calasanti & Kathleen F. Slevin (orgs.), *Age Matters: Realigning Feminist Thinking* [Idade importa: realinhando o pensamento feminista]. Nova York: Routledge, 2006, pp. 99-122 —, levada pela busca por lucro e por uma ideologia que privilegia a juventude, uma ampla campanha está em curso com foco nos idosos como consumidores,

cuidado dos idosos não são só o destino das pessoas mais velhas e a falta de sustentabilidade dos movimentos radicais, que deixam de abordar uma questão tão crucial na nossa vida, mas a possibilidade de uma solidariedade entre gerações e classes, que tem sido por muitos anos o alvo de uma incansável campanha promovida por parte dos economistas políticos e dos governos que retratam as reservas que os trabalhadores ganharam para sua velhice (aposentadoria e outras formas de seguridade social) como uma bomba-relógio econômica e uma hipoteca pesada para o futuro dos jovens.

A CRISE DO CUIDADO DOS IDOSOS NA ERA GLOBAL

Em alguns aspectos, a atual crise do cuidado dos idosos não tem nada de novo. Na sociedade capitalista, essa atividade sempre esteve em crise, tanto por conta da desvalorização do trabalho reprodutivo no capitalismo quanto pelo fato de os idosos serem vistos como pessoas que já não são produtivas, já não sendo valorizados como eram em muitas sociedades pré-capitalistas por serem os detentores da memória e da experiência coletiva. Em outras palavras, o cuidado dos idosos sofre de uma dupla desvalorização, cultural e social. Como todo trabalho reprodutivo, ele não é reconhecido como trabalho, mas, diferentemente da reprodução da força de trabalho, cujo produto tem um

---

prometendo "regenerar" seu corpo e retardar o envelhecimento se eles usarem os produtos farmacêuticos e as tecnologias apropriados. Nesse contexto, a velhice se torna quase um pecado, uma adversidade que provocamos em nós mesmos por não conseguir aproveitar os últimos produtos rejuvenescedores.

valor reconhecido, considera-se que essa ocupação absorve valor sem produzi-lo. Assim, o financiamento destinado para o cuidado de idosos é tradicionalmente distribuído com a avareza remanescente das Poor Laws[239] do século XIX, e a tarefa de cuidar dos idosos que já não são mais autossuficientes foi deixada para família e parentes, com pouco apoio externo, graças à suposição de que as mulheres deveriam naturalmente assumir essa tarefa como parte de seu trabalho doméstico.

Foi necessária uma longa luta para forçar o capital a reproduzir não só a força de trabalho "em uso", mas também a classe trabalhadora por todo o seu ciclo de vida, com fornecimento de assistência inclusive para aqueles que não mais estão no mercado de trabalho. No entanto, nem mesmo o Estado keynesiano atingiu esse objetivo. Testemunha disso é a legislação de seguridade social do New Deal, decretada em 1940 nos Estados Unidos e considerada "uma das conquistas do nosso século", mas que só resolveu parcialmente os problemas enfrentados pelos idosos, pois vinculava a seguridade social aos anos de emprego assalariado e só oferecia cuidado na velhice àqueles em estado de absoluta pobreza.[240]

O triunfo do neoliberalismo piorou essa situação. Nos anos 1990, em alguns países da OCDE foram tomadas medidas para aumentar o financiamento do cuidado doméstico e oferecer serviços e aconselhamento para os cuidadores.[241]

---

239 Referência à Poor Law Amendment Act [Lei de auxílio aos pobres], aprovada na Inglaterra em 1834.

240 Dora L. Costa, *The Evolution of Retirement: An American Economic History, 1880-1990* [A evolução da aposentadoria: uma história econômica estadunidense, 1880-1990]. Chicago: The University of Chicago Press, 1998, p. 1.

241 Organisation for Economic Co-operation and Development Health Project, *Long-Term Care for Older People* [Cuidado de longo prazo para idosos]. Paris:

Na Inglaterra, o governo deu aos cuidadores o direito de exigir de seus empregadores horários de trabalho flexíveis para "conciliar" o trabalho assalariado e o trabalho de cuidado.[242] Mas o desmantelamento do "sistema de bem-estar social" e a insistência neoliberal de que a reprodução é uma responsabilidade pessoal dos trabalhadores provocaram uma tendência contrária que está ganhando impulso e que será sem dúvida acelerada pela atual crise econômica.

O fim das reservas do sistema de bem-estar social para os idosos foi especialmente crítico nos Estados Unidos, onde atinge tal ponto que os trabalhadores muitas vezes empobrecem no processo de cuidar de um parente com deficiência. Uma política em particular criou muitas dificuldades: a transferência de boa parte do cuidado hospitalar para o espaço da casa, um movimento motivado por preocupações puramente financeiras e executado com pouca consideração quanto às estruturas exigidas para substituir os serviços que os hospitais oferecem. Como descrito por Nona Glazer, essa mudança não apenas aumentou a quantidade de trabalho-cuidado que os membros da família, geralmente mulheres, tinham

---

OECD Publications, 2005; Lourdes Beneria, "The Crisis of Care, International Migration, and Public Policy" [A crise do cuidado, migração internacional e política pública], em *Feminist Economics*, v. 14, n. 3, pp. 2-3, 5, jul. 2008
242 Na Grã-Bretanha, onde se estima que 5,2 milhões de pessoas ofereçam cuidados informais, cuidadores de adultos receberam o direito de pedir horas de trabalho flexíveis a partir de abril de 2007 (*ibidem*). Na Escócia, a Community Care and Health Act [Lei de cuidado e saúde comunitários], de 2002, "introduziu o cuidado pessoal gratuito para os mais velhos" e também redefiniu os cuidadores como "colegas que recebem recursos, e não consumidores [...] obrigados a pagar pelos serviços". Fiona Carmichael et al., "Work-Life Imbalance: Informal Care and Paid Employment in the UK" [Desequilíbrio entre vida e profissão: cuidado informal e emprego remunerado no Reino Unido], em *Feminist Economics*, v. 14, n. 2, p. 7, abr. 2008.

de fazer,[243] mas também levou para casa procedimentos "perigosos", inclusive alguns que envolvem "risco de morte", que no passado eram realizados por enfermeiras registradas, e em hospitais.[244] Ao mesmo tempo, cuidadores domésticos subsidiados viram sua carga de trabalho dobrar, enquanto a duração de suas visitas foi progressivamente cortada,[245] algo que os obrigou a reduzir seu trabalho "à manutenção da casa e ao cuidado do corpo".[246] Casas de repouso financiadas pelo governo federal também foram "taylorizadas", "com o uso de estudos de tempo e movimento para decidir quantos pacientes os trabalhadores devem servir".[247]

---

243 Glazer, *op. cit.* Segundo várias pesquisas, como consequência desses cortes, entre vinte milhões e cinquenta milhões de familiares nos Estados Unidos prestam o cuidado que tradicionalmente era executado por enfermeiros e assistentes sociais. Os cuidadores na família fornecem aproximadamente 80% do cuidado aos parentes idosos ou a familiares com deficiência, e a necessidade de prestar esses serviços cresce conforme o aumento da expectativa de vida, o envelhecimento da população e o desenvolvimento da medicina. Com mais doentes em estado terminal escolhendo ficar em casa até os dias finais, os familiares ou amigos agora servem de cuidadores informais para quase três quartos dos adultos doentes ou com deficiência que vivem em uma comunidade ao longo da vida, de acordo com um relatório dos Archives of Internal Medicine [Arquivos de medicina interna] de janeiro de 2007. Jane E. Brody, "When Families Take Care of Their Own" [Quando famílias cuidam de si mesmas], em *The New York Times*, 10 nov. 2008.

244 Como consequência dessa "transferência", escreve Glazer, a casa foi transformada em uma indústria médica, onde, por exemplo, se fazem diálises: donas de casa e ajudantes precisam aprender a inserir catéteres e cuidar de feridas, e todo um novo tipo de equipamento médico foi fabricado para uso doméstico. Glazer, *op. cit.*, p. 154.

245 Glazer, *op. cit.*, p. 166-7, 173-4.

246 Eileen Boris & Jennifer Klein, "We Were the Invisible Workforce: Unionizing Home Care" [Somos a força de trabalho invisível: sindicalizando o cuidado doméstico], em Dorothy Sue Cobble (org.). *The Sex of Class: Women Transforming American Labor* [O sexo da classe: mulheres transformando o trabalho estadunidense]. Ithaca: Cornell University Press, 2007, p. 180.

247 Glazer, *op. cit.*, pp. 166-7, 173-4.

A "globalização" do cuidado dos idosos nos anos 1980 e 1990 não remediou essa situação. A nova divisão internacional do trabalho reprodutivo promovida pela globalização depositou uma grande quantidade do trabalho de cuidado sobre os ombros das mulheres imigrantes. Essa mudança foi muito vantajosa para os governos, pois permitiu a eles economizar os bilhões de dólares que, em outro caso, teriam de pagar para oferecer serviços aos idosos. Também permitiu a muitos idosos que gostariam de manter sua independência continuar em casa sem ir à falência. Mas essa não pode ser considerada uma "solução" ao cuidado dos idosos sem uma completa transformação social e econômica das condições dos cuidadores e dos fatores que motivam a "escolha" por esse trabalho.

É por causa do impacto destrutivo da "liberalização econômica" e do "ajuste estrutural" em seu país de origem que milhões de mulheres da África, da Ásia, das ilhas do Caribe e dos antigos países socialistas imigram a regiões mais afluentes da Europa, do Oriente Médio e dos Estados Unidos para servir como babás, empregadas domésticas e cuidadoras de idosos. Para fazer isso, elas precisam abandonar suas próprias famílias, inclusive filhos e pais idosos, e recrutar parentes ou contratar outras mulheres com menos poder aquisitivo para substituí-las, pois já não podem oferecer esse tipo de cuidado.[248] Para usar o caso da Itália como exemplo, calcula-se que três em cada quatro *badanti* (como são chamados os cuidadores de idosos)

---

248 Jean L. Pyle, "Transnational Migration and Gendered Care Work: Introduction" [Migração internacional e trabalho de cuidado generificado: introdução], em *Globalizations*, v. 3, n. 3, p. 289, 2006; Arlie Hochschild & Barbara Ehrenreich, *Global Woman: Nannies, Maids and Sex Workers in the New Economy* [Mulher global: babás, empregadas e trabalhadoras sexuais na nova economia]. Nova York: Henry Holt, 2002.

possuem filhos, mas apenas 15% vivem com a família.[249] Isso significa que a maioria sofre de profunda ansiedade ao encarar o fato de que sua própria família pode não ter o mesmo cuidado que eles oferecem a outras pessoas mundo afora. Nesse contexto, Arlie Hochschild fala de uma "transferência global de cuidado e emoções", e da formação de uma "corrente de cuidado global".[250] Mas essa corrente muitas vezes se quebra: mulheres imigrantes são afastadas de seus filhos, acordos pré-combinados não são cumpridos, parentes morrem durante sua ausência.

Igualmente importante, as cuidadoras — por conta da desvalorização do trabalho reprodutivo e do fato de serem imigrantes, muitas vezes sem documentos, e mulheres não brancas — estão vulneráveis a uma grande quantidade de chantagens e abusos: longas jornadas de trabalho, ausência de férias remuneradas ou outros benefícios, exposição a comportamentos racistas e assédio sexual. É tão baixo o pagamento às cuidadoras nos Estados Unidos que quase metade delas precisa recorrer a cupons de alimentação e outras formas de assistência social para pagar as contas.[251] Efetivamente, como expressou o Domestic Workers United [Trabalhadores domésticos unidos] — principal organização de trabalhadores domésticos e cuidadores do estado de Nova York, promotora da Carta de Direitos dos Trabalhadores Domésticos —, os cuidadores vivem e trabalham na "sombra da escravidão".[252]

---

249 Dario Di Vico. "Le badanti, il nuovo welfare privato" [Os cuidadores, o novo bem-estar privado], em *Corriere della Sera*, 13 jun. 2004, p. 15.
250 Arlie Hochschild, *op. cit.*; Arlie Hochschild & Barbara Ehrenreich, *op. cit.*, pp. 26-7.
251 *The New York Times*, 28 jan. 2009.
252 A Domestic Workers United fez campanha para obter o reconhecimento de que cuidadores são trabalhadores e merecem acesso aos mesmos direitos

Também é importante ressaltar que a maior parte dos idosos e sua família não tem condições financeiras de contratar cuidadores ou pagar por serviços que atendam as suas verdadeiras necessidades. Isso acontece particularmente no caso de idosos com deficiência que necessitam de cuidado 24 horas. De acordo com as estatísticas de 2003 do Consiglio Nazionale dell'Economia e del Lavoro [Conselho nacional de economia e trabalho] (CNEL), na Itália apenas 2,8% dos idosos recebem assistência não familiar em casa; na França é o dobro, e na Alemanha são três vezes mais.[253] Mas esse número ainda é baixo. Um grande número de idosos mora sozinho, encarando dificuldades que são ainda mais devastadoras à medida que se tornam mais invisíveis. No verão de 2003, milhares de idosos morreram na Europa por desidratação, falta de comida e medicamentos, ou simplesmente pelo calor insuportável. Em Paris, morreram tantos que as autoridades tiveram que guardar os corpos em espaços públicos refrigerados até que a família fosse procurá-los.

Quando membros da família cuidam dos mais velhos, as tarefas recaem principalmente sobre os ombros das mulheres,[254] que, por meses, às vezes anos, vivem à beira da exaustão física e nervosa, consumidas pelo trabalho e pela responsabilidade de ter que oferecer cuidado e muitas vezes realizar procedimentos para os quais elas normalmente não estão preparadas. Muitas trabalham fora de casa, mas precisam abandonar o emprego quando

---

que têm outras categorias laborais. A campanha foi bem-sucedida, e Nova York foi o primeiro estado dos Estados Unidos a reconhecer a categoria, ao aprovar, em 2010, a Declaração dos Direitos dos Trabalhadores Domésticos.

253 Dario Di Vico, *op. cit.*

254 No entanto, segundo o *The New York Times*, o número de homens que cuidam de seus pais idosos aumenta regularmente nos Estados Unidos.

o trabalho com o cuidado aumenta. A "geração sanduí-che", que ao mesmo tempo cria os filhos e cuida dos pais, fica particularmente estressada.[255] A crise do trabalho de cuidado chegou a tal ponto que, em famílias de baixa renda e monoparentais nos Estados Unidos, adolescentes e crianças, alguns com não mais de onze anos, cuidam dos idosos, administrando também tratamentos e inje-ções. Como noticiou o *The New York Times*, um estudo realizado nos Estados Unidos em 2005 revelou que "3% dos lares com crianças entre oito e dezoito anos incluíam cuidadores em idade infantil".[256]

A alternativa para os que não podem pagar alguma forma de "cuidado assistido" são asilos públicos, que, no entanto, parecem mais prisões do que abrigos para ido-sos. Normalmente, por falta de equipe e financiamento, essas instituições oferecem um cuidado mínimo. Na melhor das hipóteses, deixam seus residentes sentados na cama por horas sem ninguém disponível para mudar de posição, ajustar seus travesseiros, massagear suas pernas, cuidar dos inchaços ou simplesmente conversar, elementos básicos para a manutenção de um sentido de identidade e dignidade e de uma sensação de estar vivo e se sentir valorizado. Na pior das hipóteses, asilos são lugares onde os idosos são drogados, amarrados à cama, largados deitados em seus próprios excrementos e sujei-

---

255 Martin Beckford, "'Sandwich Generation' Families Torn between Demands of Children and Parents" [Famílias da "geração sanduíche" se divi-dem entre as demandas de filhos e pais], em *The Telegraph*, 1 abr. 2009.
256 Pam Belluck, "In Turnabout, Children Take Caregiver Role" [Em inversão de papéis, crianças assumem papel de cuidadores], em *The New York Times*, 22 fev. 2009. Os filhos também se tornaram cuidadores na Inglaterra e na Austrália, países onde muitas vezes se reconhece o direito desses familiares de participarem de discussões de "cuidado ao paciente" e pedirem uma com-pensação pelo seu trabalho.

tos a todo tipo de maus-tratos físicos e psicológicos. Isso apareceu em uma série de reportagens, incluindo uma publicada pelo governo dos Estados Unidos em 2008, que mostra um histórico de maus-tratos, negligência e violação dos padrões de segurança e saúde em 94% dos asilos do país.[257] A situação não é mais encorajadora em outros lugares. Na Itália, são muito frequentes os relatos de maus-tratos em asilos contra idosos com deficiência ou com doenças crônicas, assim como casos em que se nega a assistência médica necessária.[258]

O CUIDADO DOS IDOSOS, OS SINDICATOS E A ESQUERDA

Os problemas que descrevi são tão comuns e urgentes que poderíamos imaginar que o cuidado dos idosos deveria ser uma prioridade na agenda dos movimentos de justiça social e sindicatos internacionalmente. No entanto, não é o que acontece. Quando não estão trabalhando em instituições, como é o caso de enfermeiros e ajudantes, os cuidadores são ignorados pelos sindicatos, mesmo os mais combativos, como o Congress of South African Trade

257 Robert Pear, "Violations Reported in 94% of Nursing Homes" [Violações são encontradas em 94% dos asilos], em *The New York Times*, 29 ago. 2008.
258 Ver Francesco Santanera, "Violenze e abusi dovuti anche alla mancata applicazione delle leggi" [Violência e abuso também se devem a falhas na aplicação da lei], em *Prospettive Assistenziali*, jan./mar. 2010, p. 169. A revista *Prospettive Assistenziali* [Perspectivas assistenciais] é dedicada à luta contra a exclusão social, especialmente de pessoas com deficiência e idosos. De acordo com uma fiscalização do governo feita em 2010, um terço das instituições para idosos viola o regulamento legal. "Controlli del Nas in 863 strutture per anziani" [Inspeção do Nas em 863 estruturas para idosos], em *Ansa*, 26 fev. 2010.

Unions [Sindicatos do congresso sul-africano] (Cosatu).[259]

Sindicatos negociam pensões, condições de aposentadoria e planos de saúde. Mas em seus programas pouco se discute sobre os sistemas de apoio necessários para as pessoas que estão envelhecendo e os cuidadores, quer eles recebam ou não um pagamento pelo trabalho. Nos Estados Unidos, até recentemente, os sindicatos não tentavam organizar sequer os cuidadores, muito menos os trabalhadores domésticos não remunerados. Assim, até hoje cuidadores que trabalham para indivíduos ou famílias foram excluídos da Fair Labor Standards Act [Lei de padrões justos no trabalho], uma legislação do New Deal que garante "acesso ao salário mínimo, hora extra, direito de negociação e outras proteções no local de trabalho".[260] Como já foi mencionado, entre os cinquenta estados estadunidenses, apenas o de Nova York reconheceu os cuidadores como trabalhadores, com a aprovação de uma Declaração de Direitos dos Trabalhadores Domésticos em novembro de 2010, pela qual a Domestic Workers United havia lutado por muito tempo. E os Estados Unidos não são um caso isolado. De acordo com uma pesquisa da OIT de 2004, "as taxas de sindicalização nacional do serviço doméstico mal chegam a 1%".[261] Também não são todos os trabalhadores que têm aposentadoria, apenas aqueles que trabalharam em troca de salário, e certamente esse não é o caso de cuidadores que fazem parte da família e

---

259 Shireen Ally, "Caring about Care Workers: Organizing in the Female Shadow of Globalization" [Cuidando de trabalhadores de cuidado: organizando à sombra feminina da globalização], trabalho apresentado na International Conference on Women and Globalization [Conferência internacional sobre mulheres e globalização] em San Miguel de Allende, México, 27 jul.-3 ago. 2005, p. 3.

260 Eileen Boris & Jennifer Klein, *op. cit.*, p. 182.

261 Shireen Ally, *op. cit.*, p. 1.

não são remunerados. Como o trabalho reprodutivo não é reconhecido como trabalho, e os sistemas de previdência calculam os benefícios com base nos anos passados em um emprego assalariado, mulheres que foram donas de casa em período integral só conseguem uma aposentadoria através de um marido assalariado e não possuem seguridade social em caso de divórcio.

Organizações trabalhistas não questionam essas desigualdades, tampouco os movimentos sociais e a esquerda marxista, que, com poucas exceções, parece ter excluído os idosos da luta, a julgar pela ausência de qualquer referência ao cuidado dos idosos nas análises marxistas contemporâneas. A responsabilidade por essa situação remonta, em parte, ao próprio Marx. O cuidado dos idosos não é um tema encontrado em seus trabalhos, ainda que a questão da velhice estivesse na agenda política revolucionária desde o século XVIII, e sociedades de ajuda mútua e visões utópicas de comunidades recriadas (fourieristas, owenistas, icarianos) fossem abundantes na época.[262]

---

262 Robin Blackburn, *Banking on Death or Investing in Life: The History and Future of the Pensions* [Economizar com a morte ou investir na vida: a história e o futuro das pensões]. Londres: Verso, 2002, pp. 39-41; Charles Nordhoff, *The Communistic Societies of the United States: From Personal Observation* [Sociedades comunísticas dos Estados Unidos: uma observação pessoal]. Nova York: Dover Publications, 1966. Como aponta Robin Blackburn, as primeiras propostas de pagar pensão a idosos apareceram na época da Revolução Francesa. Tom Paine discutiu a questão na segunda parte de *Rights of a Man* [Direitos de um homen] (1792), assim como seu amigo Condorcet, que ofereceu um plano para cobrir todos os cidadãos. Seguindo os passos dessas propostas, "a Convenção Nacional declarou que dia 10 de frutidor [décimo-segundo e último mês do Calendário Revolucionário Francês, que esteve em vigor na França de 22 de setembro de 1792 a 31 de dezembro de 1805] deveria ser a data da Fête de la Veillesse [Festa da velhice] e que deviam ser estabelecidas casas para idosos em cada departamento. [...] A Convenção adotou o princípio de uma pensão cívica para idosos em junho de 1794, apenas alguns meses após

Marx estava preocupado com a compreensão da mecânica da produção capitalista e as múltiplas maneiras pelas quais a luta de classes a desafia e modifica sua forma. A segurança na velhice e o cuidado dos idosos não entraram nessa discussão. A velhice era uma raridade entre os trabalhadores das fábricas e os mineiros na época, cuja média da expectativa de vida, em áreas industriais como Manchester e Liverpool, na Inglaterra, na melhor das hipóteses não ultrapassava os trinta anos — se acreditarmos nos relatos dos contemporâneos de Marx.[263]

Mais importante ainda, Marx não reconheceu a centralidade do trabalho reprodutivo, nem para a acumulação de capital, nem para a construção da nova sociedade comunista. Ainda que ele e Engels tenham descrito as péssimas condições de vida e de trabalho da classe trabalhadora na Inglaterra, ele quase naturalizou o processo de reprodução, sem nunca imaginar como o trabalho reprodutivo podia ser reorganizado em uma sociedade

---

a abolição da escravidão" (Blackburn, *op. cit.*, pp. 40-1). Na época de Marx, formas de assistência contra doenças, velhice e morte, assim como desemprego, eram oferecidas por "sociedades de amigos", que eram clubes de trabalhadores organizados com base no comércio, descritos por John Foster como "a única instituição social que tocava a vida adulta de praticamente a maioria da população trabalhadora" (*Class Struggle and the Industrial Revolution: Early Industrial Capitalism in Three English Towns* [Luta de classe e a revolução industrial: início do capitalismo industrial em três cidades inglesas]. Londres: Routlegde, 1977, p. 216). Além disso, embora o auge do socialismo utópico tenha sido no começo do século XIX, só mais tarde, em 1860, os experimentos comunitários continuaram a se comprometer em proteger seus participantes da pobreza, do desamparo e da velhice, especialmente nos Estados Unidos. Um jornalista daquela época, Charles Nordhoff, contou ao menos 72 grupos organizados segundo princípios cooperativos/comunitários.

263 Wally Seccombe, *Weathering the Storm: Working-Class Families from the Industrial Revolution to the Fertility Decline* [Esperando a tempestade: famílias da classe trabalhadora, da revolução industrial ao declínio da fertilidade]. Londres: Verso, 1993 e 1995, pp. 75-7.

pós-capitalista ou no próprio curso da luta. Por exemplo, ele discutiu "cooperação" apenas no processo da produção de mercadoria, negligenciando as formas qualitativamente diferentes de cooperação proletária no processo de reprodução, que Piotr Kropotkin mais tarde chamou de "ajuda mútua".[264]

Para Marx, a cooperação entre os trabalhadores é uma característica fundamental da organização capitalista do trabalho "totalmente produzida pelo capital[ista]", que só entra em cena quando os trabalhadores "deixaram de pertencer a si mesmos" e se tornou puramente funcional ao aumento da eficiência e da produtividade do trabalho.[265] Assim, ela não deixa espaço para as múltiplas expressões de solidariedade e as várias "instituições de apoio mútuo" — "associações, sociedades, irmandades, alianças" — que Kropotkin encontrou entre a população industrial de sua época.[266] Como notou Kropotkin, essas mesmas formas de ajuda mútua dão limites ao poder do capital e do Estado sobre a vida dos trabalhadores, permitindo a inúmeros proletários evitar a falência completa e plantando as sementes de um sistema de segurança autogerido, garantindo alguma proteção contra o desemprego, as doenças, a velhice e a morte.[267]

A visão utópica em "Fragmento sobre as máquinas", nos *Grundrisse*, é um exemplo dos limites típicos da pers-

---

264 Para o conceito de ajuda mútua de Piotr Kropotkin, ver o trabalho homônimo, *Mutual Aid: A Factor of Evolution* (1902). [Ed. bras.: *Ajuda mútua: um fator de evolução*. São Sebastião: A Senhora Editora, 2009.]
265 "Como cooperadores", escreve Marx, "membros de um organismo laborativo, eles próprios não são mais do que um modo de existência específico do capital" (Karl Marx, *Capital*, v. 1, p. 451. [Ed. bras.: *O capital*, livro I, p. 506]). O poder produtivo que eles desenvolvem "é força produtiva do capital" (*ibidem*).
266 Kropotkin, *op. cit.*, p. 208, 221.
267 *Idem*, p. 230.

pectiva de Marx. No texto, ele projeta um mundo no qual as máquinas fazem todo o trabalho, e os seres humanos apenas cuidam delas, sendo como seus supervisores. Essa imagem, na verdade, ignora que, mesmo em países capitalistas avançados, muito do trabalho socialmente necessário consiste em atividades reprodutivas, e que esse trabalho se mostrou irredutível à mecanização.

As necessidades, os desejos e as possibilidades das pessoas mais velhas, ou das pessoas que estão fora do mundo do trabalho assalariado, só podem ser atendidos de forma mínima incorporando a tecnologia ao trabalho pelos quais eles são reproduzidos. A automação do cuidado com os idosos é um caminho já bastante percorrido. Como mostrou Nancy Folbre, principal economista feminista e teórica do cuidado dos idosos nos Estados Unidos, as indústrias japonesas estão tão avançadas na tentativa de tecnologizar essa atividade como no geral estão em relação à produção de robôs interativos. Robôs enfermeiros, que dão banho nas pessoas ou as "levam para caminhar", e "robôs de companhia" (cães robóticos, ursinhos) já estão disponíveis no mercado, ainda que a preços proibitivos.[268] Também sabemos que a televisão e os computadores pessoais se tornaram substitutos dos *badanti* para muitos idosos. Cadeiras de roda comandadas eletronicamente aumentaram a mobilidade de quem tem controle suficiente sobre os próprios movimentos para dominar esses comandos.

Esses avanços científicos e tecnológicos podem trazer grandes benefícios para pessoas mais velhas, se forem financeiramente acessíveis a elas. A circulação de conhecimento que proporcionam certamente lhes disponibiliza uma grande riqueza. Mas isso não pode

---

268 Folbre, *op. cit.*, p. 356.

substituir o trabalho dos cuidadores, especialmente no caso de idosos que moram sozinhos ou que sofrem de doenças e possuem alguma deficiência. Como aponta Folbre, parceiros robóticos podem até mesmo aumentar a solidão e o isolamento das pessoas.[269] A automação também não é capaz de dar atenção aos dilemas — medos, ansiedades, perda de identidade e do sentido de dignidade — que as pessoas enfrentam à medida que envelhecem e se tornam dependentes de outrem para que suas necessidades mais básicas sejam satisfeitas.

O que é necessário para abordar a questão do cuidado dos idosos não é inovação tecnológica, e sim uma mudança nas relações sociais, de modo que a valorização do capital já não dite a atividade social, e a reprodução se torne um processo coletivo. Isso, no entanto, não será possível dentro de um referencial marxista, a menos que ocorra uma importante reformulação da questão do trabalho, como a que foi iniciada pelas feministas nos anos 1970 dentro de nossa discussão política sobre a função do trabalho doméstico e da origem da discriminação com base no gênero. As feministas rejeitaram a centralidade que o marxismo historicamente conferiu ao trabalho industrial assalariado e à produção de mercadorias como lugares cruciais para a transformação social, e criticaram a falta de atenção à reprodução dos seres humanos e da força de trabalho. A lição do movimento feminista é que não apenas a reprodução é o pilar do "tecido social", mas que mudar as condições sob as quais nos reproduzimos é parte essencial da nossa capacidade de criar "movimentos que se autorreproduzem".[270] Pois ignorar que o "pessoal" é "político"

---

269 Folbre, *op. cit.*
270 O conceito de "movimentos que se autorreproduzem" tornou-se uma palavra de ordem de vários coletivos dos Estados Unidos que recusam a

enfraquece a força da nossa luta.

Nessa questão, os marxistas contemporâneos não estão à frente de Marx. Por exemplo, vemos que a teoria do autonomismo marxista sobre "trabalho afetivo" e "imaterial" ainda se esquiva da rica problemática revelada pela análise feminista do trabalho reprodutivo no capitalismo.[271] Essa teoria argumenta que, na atual fase do desenvolvimento capitalista, a distinção entre produção e reprodução tornou-se totalmente borrada, já que o trabalho passa a ser a produção de formas de ser, de "afetos" e de objetos "imateriais" em vez de físicos.[272] Nesse sentido, o "trabalho afetivo" é um componente de todas as formas de trabalho, e não uma forma específica de (re)produção. Os exemplos de "trabalhadores afetivos" ideais são as funcionárias de cadeias de *fast-food* que devem virar hambúrgueres no McDonald's com um sorriso no rosto ou as comissárias de bordo que precisam vender uma sensação de segurança para as pessoas a quem estão servindo. Mas esses exemplos são enganosos, pois muito do trabalho reprodutivo, como exemplifica o cuidado com os idosos, exige um envolvimento completo

---

separação – típica da política de esquerda – entre o trabalho político e a reprodução diária de nossa vida. Para uma elaboração desse conceito, ver a coleção de artigos publicada pelo coletivo Team Colors, *In the Middle of a Whirlwind* [No meio de um turbilhão], e o artigo recentemente publicado por Craig Hughes e Kevin Van Meter (do Team Colors), em *Rolling Thunder*, "The Importance of Support".

271 Refiro-me, em particular, à teoria do trabalho imaterial formulada por Michael Hardt e Antonio Negri na trilogia de *Empire* (2000) [Ed. bras.: *Império*. Rio de Janeiro: Record, 2001], *Multitude: War and Democracy in the Age of Empire* (2004) [Ed. bras.: *Multidão: guerra e democracia na era do império*. Rio de Janeiro: Record, 2005], pp. 108-11, e *Commonwealth* (2009) [Ed. bras.: *Bem-estar comum*. Rio de Janeiro: Record, 2016].

272 Para uma discussão sobre a teoria de Hardt e Negri sobre o trabalho imaterial, ver Silvia Federici, "Sobre o trabalho afetivo (2011)", neste volume, p. 326.

com as pessoas a serem reproduzidas, uma relação que dificilmente pode ser concebida como "imaterial".

É importante reconhecer, entretanto, que o conceito de "trabalho de cuidado" também é, em certa medida, redutor. O termo entrou para o uso comum nos anos 1980 e 1990, em conjunção com o surgimento de uma nova divisão do trabalho dentro do trabalho reprodutivo, separando os aspectos físicos e emocionais desse trabalho. Cuidadores pagos se ativeram a essa distinção, na tentativa de especificar as atividades que seus empregadores devem esperar deles e de estabelecer que o trabalho oferecido é qualificado. Mas essa distinção é insustentável, e os cuidadores são os primeiros a reconhecer isso, pois o que diferencia a reprodução de seres humanos da produção de mercadorias é o caráter holístico de várias das tarefas envolvidas. De fato, quando essa separação é introduzida, na medida em que idosos (ou crianças) são alimentados, lavados, penteados, massageados e medicados sem nenhuma consideração por sua resposta emocional, "afetiva", e seu estado geral, entramos em um mundo de alienação radical. A teoria do "trabalho afetivo" ignora essa problemática e a complexidade envolvida na reprodução da vida. Ela também sugere que todas as formas de trabalho no capitalismo "pós-industrial" estão cada vez mais homogeneizadas.[273] Ainda assim, uma olhada rápida na organização do cuidado dos idosos, na forma como está constituída atualmente, desfaz essa ilusão.

---

273 Hardt & Negri, *Multitude*, p. 114. [Ed. bras.: Hardt & Negri, *Multidão*, p. 157.]

MULHERES, ENVELHECIMENTO E CUIDADO DOS IDOSOS PELA PERSPECTIVA DE ECONOMISTAS FEMINISTAS

Como argumentaram as economistas feministas, a crise do cuidado com os idosos, seja ela considerada do ponto de vista dos idosos ou de seus cuidadores, é essencialmente uma questão de gênero. Ainda que seja cada vez mais tratada como mercadoria, a maior parte do trabalho de cuidado ainda é feita por mulheres na forma de trabalho não remunerado, o que não lhes dá direito a nenhuma forma de pensão. Assim, paradoxalmente, quanto mais as mulheres cuidam de outrem, menos cuidado elas recebem em troca, pois dedicam menos tempo ao trabalho assalariado do que os homens, e muitos planos de seguridade social são calculados com base nos anos em que a pessoa passa prestando esse tipo de trabalho. Cuidadores pagos, como vimos, também são afetados pela desvalorização do trabalho reprodutivo, formando uma "subclasse" que ainda precisa lutar para ser socialmente reconhecida como trabalhadora. Em suma, por causa da desvalorização do trabalho reprodutivo, as mulheres, em comparação aos homens, em todos os lugares, encaram a velhice com menos recursos em termos de apoio da família, renda monetária e bens disponíveis. Nos Estados Unidos, onde a aposentadoria e a seguridade social são calculadas em anos de trabalho em um emprego, as mulheres formam a maior parte dos idosos pobres e o maior número de residentes em asilos de baixa renda — os campos de concentração de nossa época —, justamente porque elas passam muito tempo de vida fora da força de trabalho assalariada, em atividades que não são reconhecidas como trabalho.

Ciência e tecnologia não são capazes de resolver esse problema. É necessária uma transformação na divisão social/sexual do trabalho e, acima de tudo, o reconhecimento do trabalho reprodutivo como trabalho, dando aos que o desempenham o direito à remuneração, de modo que os membros da família responsáveis pelo cuidado não sejam penalizados por fazerem esse trabalho.[274] O reconhecimento e a valorização do trabalho reprodutivo também são cruciais para superar as divisões que existem entre os cuidadores, que opõem, de um lado, os membros da família, que tentam minimizar os gastos com o cuidado de seus idosos, e, de outro, os cuidadores contratados, que lidam com as consequências desmoralizantes de trabalhar no limite da pobreza e da desvalorização.

As economistas feministas que trabalham com essa questão têm articulado alternativas possíveis para os sistemas atuais. Em *Warm Hands in Cold Age: Gender and Aging* [Mãos quentes em uma era fria: gênero e envelhecimento], Nancy Folbre, Lois B. Shaw e Agneta Stark discutem as reformas necessárias para dar segurança à população em processo de envelhecimento, especialmente às mulheres mais velhas, assumindo uma perspectiva internacional e avaliando quais países estão na vanguarda dessa questão.[275] No topo, elas colocam os países escandinavos, que oferecem sistemas de seguridade quase universais. Na parte mais baixa, estão os Estados

---

274 A respeito dessa questão, ver Mariarosa Dalla Costa, "Women's Autonomy and Remuneration for Carework in the New Emergencies" [Autonomia das mulheres e remuneração pelo trabalho de cuidado nas novas emergências], em *The Commoner*, v. 15, inverno de 2012.

275 Nancy Folbre, Lois B. Shaw & Agneta Stark (orgs.). *Warm Hands in Cold Age: Gender and Aging*. Nova York: Routledge, 2007, p. 164.

Unidos e a Inglaterra, onde a assistência aos idosos está ligada ao histórico de emprego. Mas, em ambos os casos, há um problema na maneira como as políticas públicas são configuradas, já que elas refletem uma divisão sexual do trabalho desigual e as expectativas tradicionais relacionadas ao papel das mulheres na família e na sociedade. Essa é uma área crucial em que devem ocorrer mudanças.

Folbre também pede uma redistribuição dos recursos para recanalizar o dinheiro público do complexo industrial-militar e de outros empreendimentos destrutivos para o cuidado das pessoas na terceira idade. Ela reconhece que isso pode parecer "irreal", algo equivalente a convocar uma revolução, mas insiste que deveria ser posto em "nossa agenda", pois o futuro de todos os trabalhadores está em jogo, e uma sociedade cega ao enorme sofrimento que espera tantas pessoas na terceira idade – como é o caso nos Estados Unidos, hoje – é uma sociedade que caminha para a autodestruição.

No entanto, não há nenhum sinal de que essa cegueira será superada em breve. Em nome da crise econômica, os criadores de políticas públicas a ignoram, e em todo lugar lutam para cortar o gasto social e passar a faca na previdência estatal e nos sistemas de seguridade social, inclusive nos subsídios ao trabalho de cuidado. O refrão dominante é a reclamação obsessiva de que uma população idosa mais cheia de vida e de energia e que insiste teimosamente em continuar vivendo torna a previdência pública insustentável. Possivelmente, foi pensando nos milhões de estadunidenses determinados a viver depois dos oitenta anos que Alan Greenspan confessou em suas memórias ter ficado assustado quando percebeu que a administração do presidente Bill Clinton tinha de fato acumulado um superávit financeiro.[276] Mesmo antes da crise, no entanto, os criadores de políticas públicas orquestraram durante anos uma guerra entre gerações, avisando incessantemente que o crescimento da população com mais de 65 anos quebraria o sistema de seguridade social, deixando uma pesada hipoteca nos ombros dos mais jovens. Agora, enquanto a crise se aprofunda, o ataque à assistência aos mais velhos e ao cuidado dos idosos está destinado a aumentar, seja na forma de hiperinflação, dizimando a renda fixa, seja na privatização parcial dos sistemas de seguridade social, seja no aumento da idade de aposentadoria. O que é certo é que ninguém está defendendo um aumento do financiamento do governo para o cuidado dos idosos.[277]

Assim, é urgente que os movimentos de justiça social, incluindo os acadêmicos radicais e os ativistas, intervenham nesse terreno, para evitar uma solução para a crise que deixe de lado os mais velhos, e formulem iniciativas capazes de juntar os diferentes sujeitos sociais implicados na questão do cuidado dos idosos – os cuidadores, a família dos idosos e, acima de tudo, os próprios idosos –, que agora são muitas vezes postos em relação antagônica entre si. Já estamos vendo exemplos de uma aliança em algumas das lutas pelo cuidado dos idosos, pois enfermeiros e pacientes, cuidadores remunerados e familiares de seus clientes se unem cada vez mais para confrontar o Estado, cientes de que, quando as relações de produção se tornam antagônicas, tanto os que produzem quanto os

---

276 Alan Greenspan, *The Age of Turbulence: Adventures in a New World.* Nova York: Penguin Press, 2007, p. 217. [Ed. bras.: *A era da turbulência: aventuras em um novo mundo.* Rio de Janeiro: Alta Books, 2007.]
277 Elizabeth A. Watson & Jane Mears, *Women, Work and Care of the Elderly* [Mulheres, trabalho e cuidado dos idosos]. Burlington: Ashgate, 1999, p. 193.

que reproduzem pagam o preço.

Enquanto isso, o que há de "comum" no trabalho reprodutivo e de cuidado também está em andamento. Formas comunais de habitação baseadas em "contratos de solidariedade" estão sendo criadas atualmente em algumas cidades italianas por idosos que, para não serem institucionalizados, unem esforços e recursos quando não podem contar com a família ou contratar um cuidador. Nos Estados Unidos, "comunidades de cuidado" estão sendo formadas pelas gerações mais jovens de ativistas políticos, com o objetivo de socializar e coletivizar a experiência da doença, da dor, do luto e do "trabalho de cuidado" envolvido e, nesse processo, começar a reivindicar e redefinir o que significa estar doente, envelhecer, morrer.[278] Esses esforços precisam ser expandidos, pois são essenciais para reorganizar nossa vida cotidiana e criar relações sociais não exploratórias. As sementes do novo mundo não serão plantadas *on-line*, mas na cooperação que podemos desenvolver entre nós, começando por aqueles que precisam enfrentar a época mais vulnerável da vida sem os recursos e a ajuda de que precisam: uma forma de tortura oculta, mas, sem dúvida, generalizada em nossa sociedade.

---

278 A organização de "comunidades de cuidado" é o projeto de vários coletivos anarquistas DIY [*do it yourself*, faça você mesmo] nas duas costas dos Estados Unidos que acreditam ser essa uma precondição para a construção de movimentos que se autorreproduzem. O modelo aqui é o trabalho solidário organizado pela Act Up em resposta à disseminação da aids na comunidade gay nos anos 1980, que, contra todas as expectativas, marcou uma grande virada no crescimento desse movimento. Mais informações sobre o projeto de "comunidades de cuidado" podem ser encontradas em alguns *sites* (como o do coletivo Dicentra Collective's de Portland, Oregon), assim como vários zines produzidos a respeito. Sobre esse tópico, ver também Team Colors, *op. cit.*, pp. 29-39.

MULHERES, LUTAS POR TERRA E GLOBALIZAÇÃO: UMA PERSPECTIVA INTERNACIONAL (2004)

Apesar de uma tentativa sistemática das potências coloniais de destruir os sistemas femininos de agricultura, as mulheres hoje constituem a maior parte dos trabalhadores agrícolas do planeta e estão na vanguarda da luta por um uso não capitalista dos recursos naturais (terra, florestas e águas). Mediante a defesa da agricultura de subsistência, o acesso comunal à terra e a oposição à expropriação da terra, as mulheres estão construindo internacionalmente o caminho para uma nova sociedade não exploradora, na qual a ameaça da fome e da devastação ecológica desaparecerá.

> Como podemos sair da pobreza se não conseguimos sequer um pedaço de terra para trabalhar? Se tivéssemos terras para cultivar, não precisaríamos que nos enviassem alimentos dos Estados Unidos. Não. Nós teríamos os nossos próprios alimentos. Mas, enquanto o governo se recusar a nos dar as terras e os outros recursos de que necessitamos, continuaremos a ter estrangeiros dirigindo nosso país.[279]

---

279 Elvia Alvarado, citado em Medea Benjamin (org.), *op. cit.*, p. 104.

AS MULHERES MANTÊM O MUNDO VIVO

Até recentemente, as questões relacionadas à terra e aos conflitos pela terra não haviam gerado muito interesse entre a maioria dos estadunidenses, a menos que fossem agricultores ou descendentes de indígenas, para os quais a importância da terra como a fundação da vida ainda é, pelo menos culturalmente, primordial. Muitos dos conflitos em torno da terra pareciam ter ficado em um passado remoto. Como consequência da urbanização massiva, a terra não parecia mais ser o meio fundamental de reprodução, e novas tecnologias industriais alegavam fornecer todo o poder, a autonomia e a criatividade anteriormente associadas ao autofornecimento e à agricultura em pequena escala.

Isso tem significado uma grande perda, começando pelo fato de que essa amnésia criou um mundo no qual as questões mais básicas sobre a nossa existência — qual a origem dos nossos alimentos?, eles nutrem ou envenenam nosso corpo? — permanecem sem resposta e, muitas vezes, nem sequer são colocadas. No entanto, a indiferença dos moradores urbanos em relação à terra está chegando ao fim. A preocupação com a engenharia genética dos cultivos agrícolas e o impacto ecológico da destruição das florestas tropicais, juntamente com o exemplo oferecido pelas lutas dos povos originários — como os zapatistas, que pegaram em armas para se opor à privatização da terra —, criaram uma nova consciência na Europa e na América do Norte sobre a importância da "questão da terra", que até pouco tempo ainda era identificada como uma questão do "Terceiro Mundo".

Como consequência dessa mudança conceitual, hoje em dia se reconhece que a terra não é um "fator de produção" irrelevante para o capitalismo moderno. A terra é a base material para o trabalho de subsistência das mulheres, que por sua vez é a principal fonte de "segurança alimentar" para milhões de pessoas no planeta. Nesse contexto, volto-me para as lutas que as mulheres estão realizando em todo o mundo não somente para se reapropriar da terra, mas também como forma de impulsionar a agricultura de subsistência e o uso não comercial dos recursos naturais. São esforços extremamente importantes, não só porque graças a eles milhares de milhões de pessoas são capazes de sobreviver, mas porque eles apontam para as mudanças que temos que fazer se quisermos construir uma sociedade na qual nossa reprodução não seja realizada à custa de outras pessoas, nem represente uma ameaça à continuação da vida no planeta.

MULHERES E TERRA: UMA PERSPECTIVA HISTÓRICA

É um fato indiscutível, mas ao mesmo tempo difícil de mensurar, tanto nas áreas rurais quanto urbanas, que as mulheres são as agricultoras de subsistência do planeta. Ou seja, as mulheres produzem a maior parte dos alimentos consumidos pela família (direta ou estendida) ou vendidos em mercados locais, especialmente na África e na Ásia, onde vive a maioria da população mundial.

A agricultura de subsistência é difícil de mensurar, porque costuma ser um trabalho não remunerado e, muitas vezes, não é feita em fazendas formais. Ademais, muitas das mulheres que a realizam não a descrevem como trabalho. Isso se assemelha a outro fato econômico bem conhecido: o número de trabalhadoras domésticas e o valor de seu trabalho também são difíceis de mensurar. Levando em conta o viés capitalista de produção para o mercado, o trabalho doméstico não é contabilizado como trabalho e ainda não é considerado por muitas pessoas como um "trabalho de verdade".

Agências internacionais como a Organização das Nações Unidas para a Alimentação e a Agricultura (FAO) e a Organização Internacional do Trabalho (OIT) ignoraram muitas vezes as dificuldades apresentadas pela mensuração do trabalho de subsistência; por outro lado, reconheceram que essa mensuração depende da definição adotada. Elas observaram, por exemplo, que "em Bangladesh a participação das mulheres na força de trabalho era de 10%, de acordo com a Labour Force Survey [Pesquisa sobre força de trabalho] de 1985-1986. Mas, em 1989, quando essa mesma pesquisa incluiu no questionário atividades específicas como a debulha, o processamento de alimentos e a criação de aves, a taxa de atividade econômica [das mulheres] aumentou para 63%".[280]

Não é fácil, então, avaliar precisamente, tendo como referência as estatísticas disponíveis, quantas pessoas, e quantas mulheres em particular, estão envolvidas na agricultura de subsistência. Mas está claro que é um número significativo. Na África subsaariana, por exemplo, de acordo com a FAO, "as mulheres produzem até 80% de todos os alimentos básicos para o consumo doméstico e

---

280 United Nations, *The World's Women 1995*, p. 114. Em 1988, a OIT definiu como trabalhadores de subsistência na agricultura e na pesca aqueles que "proveem comida, abrigo e um mínimo de renda e dinheiro para si e para os seus familiares", uma definição vaga, que depende da noção de "rendimento mínimo em dinheiro" e "provisão" utilizada. Além disso, seu significado operacional tem segundas intenções. Por exemplo, os trabalhadores de subsistência carecem de "orientação para o mercado" e passam por dificuldades, como não ter acesso ao crédito formal e à tecnologia avançada.

para o comércio".[281] Considerando que a população da África subsaariana é de cerca de 750 milhões de pessoas, e que uma grande porcentagem é composta de crianças, isso significa que mais de cem milhões de mulheres africanas devem ser agricultoras de subsistência.[282] Como diria o *slogan* feminista: "as mulheres sustentam mais da metade do céu".

Devemos reconhecer que a persistência da agricultura de subsistência é um fato surpreendente, considerando que o desenvolvimento capitalista tem como pressuposto a separação dos produtores agrícolas – em particular, as mulheres – da terra. E isso só pode ser explicado através das tremendas lutas das mulheres para resistir à mercantilização da agricultura.

Evidências dessas lutas são encontradas ao longo da história da colonização, da cordilheira dos Andes à África. Em resposta à expropriação de terras pelos espanhóis (ajudados por chefes locais), as mulheres no México e no Peru, durante os séculos XVI e XVII, fugiram para as montanhas, reuniram ali a população para resistir aos invasores estrangeiros e se tornaram as defensoras mais

---

281 FAO, *Gender and Agriculture*. Disponível em <www.fao.org/gender>.
282 O impacto social e econômico do colonialismo variou muito, dependendo, em parte, da duração do controle colonial direto. Podemos até mesmo interpretar as diferenças atuais na participação das mulheres na agricultura de subsistência e de cultivos comerciais como uma medida da extensão da apropriação colonial da terra. Utilizando as estatísticas de participação da força de trabalho da ONU-OIT e lembrando o problema da medição em relação à agricultura de subsistência, vemos que a África subsaariana tem a maior porcentagem de mão de obra feminina na agricultura (75%), enquanto no sul da Ásia é de 55%, no Sudeste Asiático, 42%, e na Ásia oriental, 35%. Em contrapartida, a América do Sul e América Central têm baixas taxas de participação de mulheres na agricultura, semelhantes às encontradas nas regiões "desenvolvidas", como a Europa, entre 7% e 10%. Ou seja, as taxas de participação se correlacionam grosseiramente com a duração do colonialismo formal nas regiões.

firmes das antigas culturas e religiões, centradas na adoração de deidades da natureza.[283] Mais tarde, no século XIX, na África e na Ásia, as mulheres defenderam os tradicionais sistemas femininos de agricultura dos ataques sistemáticos lançados pelos colonizadores europeus para desmantelar e redefinir o trabalho agrícola como um trabalho masculino.

Como Ester Boserup demonstrou em relação à África ocidental, não somente os funcionários coloniais, os missionários e, posteriormente, os produtores agrícolas impuseram culturas comerciais à custa da produção de alimentos, mas excluíram as mulheres africanas, que realizavam a maior parte do trabalho agrícola, a partir do estudo dos sistemas modernos de agricultura e de assistência técnica. Eles invariavelmente privilegiaram os homens na atribuição de terras, mesmo quando estavam ausentes de casa.[284] Assim, além de erodir os direitos "tradicionais" das mulheres como participantes de sistemas de terras comunais e como cultivadoras independentes, tanto colonizadores quanto produtores agrícolas introduziram novas divisões entre mulheres e homens — e impuseram uma nova divisão sexual do trabalho, baseada na subordinação das mulheres aos homens, o que, de acordo com os esquemas colonialistas, incluía uma cooperação não remunerada com o marido na lavoura de cultivos comerciais.

Entretanto, as mulheres não aceitaram a deterioração

---

283 Irene Silverblatt. *Moon, Sun, and Witches: Gender Ideologies and Class in Inca and Colonial Peru* [Lua, sol e bruxas: ideologias de gênero e classe no Peru inca e colonial]. Princeton: Princeton University Press, 1987; Silvia Federici, *Calibã e a bruxa*.

284 Ester Boserup, *Women's Role in Economic Development* [O papel das mulheres no desenvolvimento econômico]. Londres: George Allen & Unwin, 1970, pp. 53-5, 59-60.

de sua posição social sem protestar. Na África colonial, elas se revoltaram todas as vezes que temeram que o governo pudesse vender suas terras ou se apropriar de suas colheitas. Exemplar foi o protesto das mulheres que se organizaram contra as autoridades coloniais em Kedjom Keku e Kedjom Ketinguh (no noroeste de Camarões, então sob o domínio britânico) em 1958. Furiosas por rumores que afirmavam que o governo colocaria suas terras à venda, sete mil mulheres marcharam várias vezes para Bamenda, a capital da província na época, e, em sua estadia mais longa, acamparam diante dos edifícios administrativos coloniais britânicos durante duas semanas, "cantando alto e fazendo sentir a sua presença barulhenta".[285]

Na mesma região, as mulheres lutaram contra a destruição de seus cultivos de subsistência pelo gado pertencente aos membros da elite masculina local ou aos nômades fula, aos quais as autoridades coloniais haviam concedido direitos de pastoreio sazonal, esperando recolher um imposto sobre os rebanhos. Também nesse caso, o protesto ruidoso das mulheres derrotou o plano, forçando as autoridades a sancionar os pastores que não cumprissem o acordo. Como escreve Susan Diduk,

> durante os protestos, as mulheres se perceberam lutando pelas necessidades de sobrevivência e subsistência de seus familiares e parentes. Seu trabalho agrícola foi e continua sendo indispensável para a produção diária de alimento. Os homens de Kedjom também enfatizam a importância desses papéis tanto no passado quanto no presente. Hoje

---

285 Susan Diduk, "Women's Agricultural Production and Political Action in the Cameroon Grassfields" [Produção agrícola e ação política das mulheres nos campos de grama de Camarões], em *Africa*, v. 59, n. 3, pp. 339-40, 1989.

em dia, ainda é frequente escutar: "as mulheres não sofrem pela lavoura e por carregar as crianças por nove meses? Sim, e o fazem para o bem do país."[286]

Houve muitas lutas semelhantes nas décadas de 1940 e 1950 por toda a África, nas quais as mulheres resistiram à introdução de culturas comerciais e ao trabalho extra que esses cultivos impunham, afastando-as da agricultura de subsistência. O poder da agricultura de subsistência das mulheres pode ser visto, do ponto de vista da sobrevivência das comunidades colonizadas, como a sua contribuição à luta anticolonial, em particular para a sobrevivência dos que lutaram pela libertação em áreas de mata — por exemplo, na Argélia, no Quênia ou em Moçambique.[287] Também no período pós-independência, as mulheres lutaram para não ser recrutadas para os projetos de desenvolvimento agrícola como "ajudantes" não remuneradas de seus maridos. O melhor exemplo dessa resistência é a intensa luta na

---

286 Diduk, *op. cit.*, p. 343. Sobre as lutas das mulheres agricultoras em Camarões ocidental na década de 1950, ver também Margaret Snyder & Mary Tadesse, *African Women and Development: A History* [Mulheres africanas e desenvolvimento: uma história]. Londres: Zed Books, 1995, p. 23: "as mulheres persistiram nas suas atividades econômicas durante a época colonial, apesar das enormes dificuldades que enfrentaram. Um exemplo é a forma como elas se mobilizaram para formar sociedades de milho em Camarões ocidental na década de 1950. Ao longo do tempo, formaram-se duzentas sociedades como essas, com uma participação total de dezoito mil mulheres. Elas usavam moinhos que eram de propriedade comum, cercavam o campo e construíam unidades de armazenamento de água e lojas cooperativas [...]". Em outras palavras, "as mulheres instituíram, por gerações, alguma forma de ação coletiva para aumentar a produtividade grupal, preencher lacunas socioeconômicas onde quer que a administração colonial falhasse ou protestar contra políticas que lhes privassem de recursos para manter sua família".
287 Basil Davidson, *The People's Cause: A History of Guerrillas in Africa* [A causa do povo: uma história das guerrilhas na África]. Londres: Longman, 1981, pp. 76-8, 96-8, 170.

Senegâmbia contra a cooperação nos cultivos comerciais de arroz, implementados em detrimento da produção de alimentos para subsistência.[288]

Graças a essas lutas — atualmente reconhecidas como a principal razão do fracasso dos projetos de desenvolvimento agrícola dos anos 1960 e 1970 —, uma proporção considerável do setor de subsistência sobreviveu em muitas regiões do mundo, apesar do compromisso dos governos anteriores e posteriores à independência em impulsionar o "desenvolvimento econômico" em linhas capitalistas.[289]

A determinação de milhões de mulheres na África, na Ásia e nas Américas em não abandonar a agricultura de subsistência deve ser enfatizada para contrapor a tendência, comum mesmo entre cientistas sociais radicais, de interpretar a sobrevivência da agricultura feminina de subsistência como uma função da necessidade do capital internacional, tanto de reduzir o custo da reprodução do trabalho como de "liberar" os trabalhadores do sexo masculino para o cultivo de plantações comerciais e outros tipos de trabalho assalariado. Claude Meillassoux, um defensor marxista dessa teoria, argumentou que a produção feminina orientada para a subsistência — ou a "economia doméstica", como ele a denomina — serviu para assegurar o fornecimento de trabalhadores baratos para o setor capitalista no mercado nacional e internacional e,

---

288 Judith Carney & Michael Watts, "Disciplining Women? Rice, Mechanization, and the Evolution of Mandinka Gender Relations in Senegâmbia" [Disciplinando as mulheres? Arroz, mecanização e a evolução das relações de gênero entre os Mandinka em Senegambia], em *Signs*, v. 16, n. 4, pp. 651-81, 1991.

289 Caroline O. N. Moser, *Gender Planning and Development: Theory, Practice, and Training* [Planejamento de gênero e desenvolvimento: teoria, prática e treinamento]. Londres: Routledge, 1993.

como tal, subsidiou a acumulação capitalista.[290] Segundo sua argumentação, graças ao trabalho das "vilas", os trabalhadores que migraram para Paris ou Joanesburgo forneceram uma mercadoria "gratuita" para os capitalistas que os empregavam, uma vez que os empregadores não tiveram que pagar por sua formação nem tiveram que apoiá-los com seguro-desemprego quando já não necessitavam mais dos seus serviços.

Dessa perspectiva, o trabalho das mulheres na agricultura de subsistência é um bônus para os governos, as empresas e as agências de desenvolvimento, permitindo-lhes explorar de forma mais eficaz o trabalho assalariado e obter uma constante transferência de riqueza das áreas rurais para as urbanas, degradando consequentemente a qualidade de vida das agricultoras.[291] A seu favor, Meillassoux reconhece os esforços realizados pelas agências internacionais e pelos governos para "subdesenvolver" o setor de subsistência. Ele identifica a constante espoliação dos recursos desse setor e assinala a natureza precária dessa forma de trabalho-reprodução, prevendo o advento de uma crise decisiva a curto prazo.[292] Entretanto, ele não percebe a luta que enfatiza a sobrevivência do trabalho de subsistência nem a importância da sua continuidade, apesar dos ataques lançados sobre essa atividade, do ponto de vista da capacidade da comunidade de resistir à invasão das relações capitalistas.

Quanto aos economistas liberais, sua visão de "traba-

---

290 Claude Meillassoux, *op. cit.*
291 *Idem*, pp. 110-1.
292 A crise consiste supostamente no fato de que, se a economia doméstica se torna muito improdutiva, ela não consegue reproduzir o trabalhador imigrante, mas, caso se torne muito produtiva, ela eleva os custos do trabalho, já que, nesse caso, o trabalhador pode recusar trabalho assalariado.

lho de subsistência" o degrada completamente ao nível da atividade "não econômica", "improdutiva", da mesma maneira que a economia liberal se recusa a ver o trabalho doméstico não remunerado das mulheres na própria casa como trabalho. Por isso, os economistas liberais, inclusive quando parecem assumir uma posição feminista, propõem, como alternativa, "projetos geradores de renda" — o remédio universal para a pobreza e, presumivelmente, a chave para a emancipação das mulheres na era neoliberal.[293]

O que essas diferentes perspectivas ignoram é a importância estratégica do acesso à terra para as mulheres e em sua comunidade, apesar da capacidade das empresas e dos governos de usá-las às vezes, de acordo com seus interesses. Podemos estabelecer uma analogia com a situação que prevaleceu em algumas ilhas do Caribe — por exemplo, a Jamaica — durante a escravidão, quando os proprietários de *plantations* deram aos escravizados parcelas de terra ("campos de provisão") para que estes as cultivassem para seu próprio sustento. Os proprietários tomaram essa medida para economizar com a importação de alimentos e reduzir o custo de reprodução dos seus trabalhadores, mas essa estratégia também ofereceu vantagens para os escravizados, dando-lhes um maior grau de mobilidade e independência, a tal ponto que, de acordo com alguns historiadores, antes mesmo da emancipação, formara-se um protocampesinato em algumas ilhas com um notável grau de liberdade de movimento, já obtendo algum lucro com a

---

293 Exemplar aqui é Caroline Moser (*op. cit.*, pp. 235-8), uma "feminista do Banco Mundial" que faz uma análise sofisticada do trabalho das mulheres e cuja abordagem com relação às mulheres é, em seus termos, "emancipatória". Depois de analisar cuidadosamente as muitas abordagens teóricas sobre o trabalho das mulheres, incluindo a marxista, os estudos de caso que ela examina são dois: projetos "geradores de renda" e um esquema de "alimentação para o trabalho".

venda de seus próprios produtos.[294]

Ao ampliar essa analogia para ilustrar o uso capitalista pós-colonial do trabalho de subsistência, podemos dizer que a agricultura de subsistência tem sido um importante meio de provisão para bilhões de trabalhadores, dando aos trabalhadores assalariados a possibilidade de contratar melhores condições de trabalho e sobreviver a greves trabalhistas e protestos políticos, de forma que em vários países o setor assalariado adquiriu uma importância desproporcional ao seu pequeno tamanho numérico.[295]

A "vila" — metáfora para denominar a agricultura de subsistência em uma configuração comunitária — também tem sido um lugar crucial na luta das mulheres, fornecendo a base a partir da qual reivindicar a riqueza que o Estado e o capital retiravam delas. Essa luta assumiu muitas formas, sendo dirigida tanto contra os homens quanto contra os governos, mas foram sempre fortalecidas pelo fato de as mulheres terem acesso direto à terra

---

294 Barbara Bush, *Slave Women in Caribbean Society: Gender Stratification in the Caribbean, 1650-1838* [Mulheres escravas na sociedade caribenha: estratificação de gênero no Caribe, 1650-1838]. Bloomington: Indiana University Press, 1990; Marietta Morrissey, *Slave Women in the New World* [Mulheres escravas no novo mundo]. Lawrence: University Press of Kansas, 1989. No entanto, assim que o preço do açúcar no mercado mundial subiu, os proprietários das plantações reduziram o tempo designado aos escravizados para cultivar os seus terrenos de subsistência.

295 Silvia Federici, "The Debt Crisis, Africa and the New Enclosures". Ver, por exemplo, o que Michael Chege escreve sobre os trabalhadores assalariados africanos e a terra: "a maioria dos trabalhadores africanos mantém um ponto de apoio nas áreas rurais; a existência de um trabalho alienado da propriedade da terra ainda está para acontecer" ("The State and Labour in Kenya" [O Estado e o trabalho no Quênia], em Peter Anyang' Nyong'o (org.), *Popular Struggles for Democracy in Africa* [Lutas populares por democracia na África]. Londres: Zed Books, 1987, p. 250). Uma das consequências dessa "falta de alienação" é que o trabalhador africano pode contar com uma base material de solidariedade (especialmente a provisão de alimentos) da vila sempre que ela/ele decide fazer greve.

e, dessa forma, poderem sustentar a si mesmas e aos seus filhos e ganhar algum dinheiro extra com a venda do excedente produzido. Assim, mesmo depois de se tornarem urbanizadas, as mulheres continuaram a cultivar qualquer pedaço de terra a que tinham acesso, a fim de alimentar sua família e manter um certo grau de autonomia em relação ao mercado.[296]

A importância das vilas como fonte de poder para trabalhadoras e trabalhadores na antiga ordem colonial pode ser aferida através dos ataques radicais que, desde o início dos anos 1980 e durante a década de 1990, sofreram por parte de Banco Mundial, FMI e OMC sob o pretexto do ajuste estrutural e da "globalização".[297]

O Banco Mundial fez da destruição da agricultura de subsistência e da promoção da mercantilização da terra as peças centrais de seus onipresentes programas de ajuste estrutural.[298] No final dos anos 1980 e durante os anos 1990, não só cercaram a terra mas também inunda-

---

296 Deborah Fahy Bryceson, *Liberalizing Tanzania's Food Trade: Private and Public Faces of Urban Marketing Policy, 1939-1988* [Liberalizando o comércio de alimentos na Tanzânia: faces públicas e privadas da política de marketing urbano, 1939-1988]. Londres: James Currey, 1993, pp. 105-17.

297 O ataque empreendido pelo Banco Mundial através do ajuste estrutural falsifica a afirmação de Meillassoux de que a economia doméstica é funcional para o capitalismo, mas comprova seu prognóstico de que uma crise "final" do capitalismo se manifesta devido à sua incapacidade de preservar e controlar a economia doméstica (Meillassoux, *op. cit.*, p. 141).

298 Federici, "The Debt Crisis, Africa and the New Enclosures"; Caffentzis, "The Fundamental Implications of the Debt Crisis for Social Reproduction in Africa". In: Mariarosa Dalla Costa & Giovanna Franca Dalla Costa (orgs.), *Paying the Price: Women and the Politics of International Economic Strategy.* Londres: Zed Books, 1995, pp. 15-41; Terisa E. Turner & Leigh S. Brownhill, "African Jubilee: Mau Resurgence and the Fight for Fertility in Kenya, 1986-2002". In: Terisa E. Turner & Leigh S. Brownhill (orgs.), *Gender, Feminism and the Civil Commons,* edição especial, *Canadian Journal of Development Studies,* n. 22, fev. 2001.

ram os mercados das recém-liberalizadas economias da África e da Ásia (que não têm permissão para subsidiar seus agricultores) com alimentos "baratos" (ou seja, subsidiados) provenientes da Europa e da América do Norte, deslocando ainda mais as agricultoras dos mercados locais. Enquanto isso, grandes parcelas de terras outrora comunais foram absorvidas pelas empresas do agronegócio e destinadas à produção de cultivo para a exportação. Finalmente, a guerra e a fome forçaram milhões de pessoas a abandonar sua terra natal.

O que se seguiu foi uma grave crise de reprodução cujas proporções não haviam sido alcançadas nem mesmo durante o período colonial. Inclusive em regiões antes famosas por sua produtividade agrícola, como o sul da Nigéria, os alimentos agora são escassos ou muito caros para a maior parte da população que, como consequência do ajuste estrutural, tem que enfrentar simultaneamente o aumento do preço dos alimentos, o congelamento dos salários, a desvalorização da moeda, o desemprego generalizado e os cortes nos serviços sociais.[299]

Aqui se destaca a importância da luta das mulheres pela terra. As mulheres têm sido o principal escudo do proletariado mundial contra a fome provocada pelo regime neoliberal do Banco Mundial. Elas foram as principais oponentes da exigência neoliberal de que os "preços do mercado" devem determinar quem vive e quem morre, e são as que forneceram um modelo prático para a reprodução da vida em um caminho não comercial.

---

299 Veja o declínio dramático no "salário real" e o aumento da taxa de pobreza na Nigéria. Uma vez considerado um país de "renda média", a Nigéria agora tem 70% da sua população vivendo com menos de um dólar americano por dia e 90% com menos de dois dólares por dia (estatísticas do Programa de Desenvolvimento da ONU).

A LUTA PELA SUBSISTÊNCIA E CONTRA A "GLOBALIZAÇÃO" NA ÁFRICA, NA ÁSIA E NA AMÉRICA LATINA

Diante de uma renovação do impulso de privatização da terra, de extensão dos cultivos comerciais e do aumento dos preços dos alimentos na era da globalização, as mulheres recorreram a diferentes estratégias para se opor às instituições mais poderosas do planeta.

A tática primordial adotada pelas mulheres para defender sua comunidade do impacto do ajuste econômico e da dependência do mercado global tem sido a expansão da agricultura de subsistência, inclusive nos centros urbanos. O caso de Guiné-Bissau é bastante ilustrativo: desde o início da década de 1980, as mulheres plantam pequenos jardins com verduras, mandioca e árvores frutíferas ao redor da maioria das casas da capital do país e em outras cidades, e em tempos de escassez preferem perder o lucro que poderiam ter ao vender seus produtos para garantir alimento para a família.[300] Ainda com referência à África, Christa Wichterich observa que, na década de 1990, a agricultura de subsistência e as hortas urbanas (*cooking pot economics* [economia de panela]) ressurgiram em muitas cidades, realizadas principalmente por mulheres da classe baixa:

---

300 Rosemary Galli & Ursula Frank, "Structural Adjustment and Gender in Guinea Bissau" [Ajuste estrutural e gênero na Guiné-Bissau], em Gloria T. Emeagwali (org.), *op. cit*. Na Guiné-Bissau, as mulheres plantavam arroz durante a estação chuvosa em terrenos nas periferias da cidade. Durante a estação seca, mulheres mais empreendedoras tentam obter acesso a terrenos próximos para plantar vegetais irrigados não só para consumo doméstico, mas para a venda (*ibidem*, p. 20).

Em Dar es Salaam, no lugar de canteiros de flores havia cebolas e mamoeiros em frente às moradias de funcionários públicos mal pagos; galinhas e bananeiras nos quintais de Lusaka; vegetais nos grandes canteiros centrais das vias arteriais de Kampala e, especialmente, de Kinshasa, onde o sistema de abastecimento de alimentos havia colapsado há muito tempo [...] [Também] nas cidades [quenianas] [...] as margens laterais das estradas, jardins de frente e terrenos baldios foram imediatamente ocupados com milho, plantas e *sukum wiki*, um tipo de repolho muito popular nessa região.[301]

Para expandir a produção de alimentos, no entanto, as mulheres precisaram ampliar seu acesso à terra, o que é ameaçado pelas campanhas impulsionadas pelas agências internacionais para mercantilizar o uso do solo. Para manter as terras de cultivo, outras mulheres preferiram permanecer nas zonas rurais, enquanto a maioria dos homens migrou, o que provocou uma "feminização das vilas", com os trabalhos sendo realizados por mulheres que cultivam sozinhas ou em cooperativas.[302]

A recuperação ou expansão de terras para a agricultura de subsistência também foi uma das principais lutas das mulheres rurais em Bangladesh, fato que conduziu à formação da Landless Women Association [Associação das mulheres sem-terra], que desde 1992 vem realizando inúmeras ocupações de terra. Durante esse período, a associação conseguiu assentar cinquenta mil famílias, enfrentando muitas vezes os latifundiários em violentos confrontos. De acordo com Shamsun Nahar Khan Doli, uma das líderes do movimento e a quem devo essa infor-

---

301 Christa Wichterich, *op. cit.*, p. 73.
302 Rosemary Galli & Ursula Frank, *op. cit.*, p. 23.

mação, muitas ocupações são realizadas em *chars,* ilhas pouco elevadas formadas por depósitos de solo no leito e até mesmo no próprio rio.[303] Esses novos lotes de terra, de acordo com a lei de Bangladesh, deveriam ser alocados para agricultores sem-terra, mas, devido ao crescente valor comercial da terra, os grandes proprietários estão se apropriando cada vez mais deles; no entanto, as mulheres se organizaram para detê-los, defendendo-se com vassouras, lanças de bambu e até facas. Elas também criaram sistemas de alarme para avisar umas as outras da aproximação de barcos levando os proprietários de terras ou seus capangas, para que possam resistir ao ataque ou impedir que desembarquem.

Lutas semelhantes pela terra estão ocorrendo na América do Sul. No Paraguai, a Coordinadora de Mujeres Campesinas [Comissão de mulheres camponesas] (CMC) foi formada em 1985 em aliança com o Movimiento Campesino Paraguayo [Movimento camponês paraguaio] (MCP) para exigir a distribuição de terras.[304] Como ressalta Jo Fischer, a CMC foi o primeiro movimento de mulheres camponesas que saiu às ruas e incorporou a seu programa os interesses das mulheres, condenando "a sua dupla opressão, como camponesas e como mulheres".[305]

O ponto de inflexão para a CMC ocorreu quando o governo concedeu grandes extensões de terra ao movimento camponês nas florestas próximas à fronteira com o Brasil. As mulheres assumiram essas concessões como

---

303 Este relatório é baseado em um testemunho oral proferido no Countersummit [Contracúpula] de Praga, em 2000. [O Countersummit de Praga foi um conjunto de eventos e manifestações de ativistas antiglobalização ocorridos em setembro de 2000 durante as reuniões de cúpula do FMI e do Banco Mundial na capital da República Checa. — N.E.]

304 Jo Fisher, *op. cit.,* p. 86.

305 *Ibidem,* p. 87.

uma oportunidade para organizar uma comunidade modelo, juntando-se para cultivar coletivamente suas parcelas de terra. Como relata Geraldina, uma das fundadoras da CMC,

> trabalhamos a todo momento, mais agora do que nunca, mas também mudamos a maneira de trabalhar. Estamos experimentando o trabalho comunitário para ver se ganhamos mais tempo para fazer outras coisas. Também nos dá a chance de compartilhar nossas experiências e preocupações. Para nós, essa é uma maneira muito diferente de viver. Antes, não conhecíamos sequer nossos vizinhos.[306]

A luta das mulheres pela terra incluiu a defesa de comunidades ameaçadas por projetos de habitação comercial construídos em nome do "desenvolvimento urbano". A "habitação" tem, historicamente, implicado a perda de "terras" para a produção de alimentos. Um exemplo de resistência a essa tendência é a luta das mulheres de Kawaala, um bairro de Kampala (Uganda), onde o Banco Mundial, em conjunto com o Conselho Municipal de Kampala (KCC), patrocinou, entre 1992 e 1993, um grande projeto habitacional que destruiria muitas terras agrícolas de subsistência localizadas perto ou ao redor das casas dos moradores. Não surpreende o fato de que foram as mulheres que se organizaram com mais força contra esse projeto, formando um comitê de vizinhos – o comitê de moradores de Abataka – e obrigando, finalmente, o Banco Mundial a retirar-se do projeto. De acordo com uma das mulheres que lideraram o movimento,

---

306 Jo Fisher, *op. cit.*, p. 98.

enquanto os homens evitavam o conflito, as mulheres podiam dizer tudo o que pensavam em reuniões públicas na frente de representantes do governo. As mulheres eram mais reivindicativas porque seriam mais diretamente afetadas. É muito difícil para as mulheres ficar sem qualquer fonte de renda [...] a maioria dessas mulheres é responsável por sustentar seus filhos, e sem qualquer renda ou comida não pode fazê-lo [...]. Se você vem e tira a paz e a renda delas, elas vão lutar, não porque queiram, mas porque foram oprimidas e reprimidas.[307]

Aili Mari Tripp ressalta que a situação no bairro de Kawaala está longe de ser única.[308] Lutas semelhantes foram relatadas em diferentes partes da África e da Ásia, onde organizações de mulheres camponesas enfrentaram o desenvolvimento de zonas industriais que ameaçavam deslocá-las com suas famílias e contaminar o meio ambiente.

O desenvolvimento de moradias nos moldes industriais e comerciais frequentemente entra em conflito com a agricultura de subsistência das mulheres, em um contexto no qual cada vez mais mulheres, inclusive nos centros urbanos, cultivam os terrenos que têm à disposição (em Kampala, as mulheres produzem 45% dos alimentos para as suas famílias). É importante acrescentar que, ao defender a terra do assalto dos interesses comerciais e afirmar o princípio de que "a terra e a vida não estão à venda", as mulheres, mais uma vez, estão defendendo a

---

307 Aili Mari Tripp, *Women and Politics in Uganda* [Mulheres e política em Uganda]. Oxford: James Currey, 2000, p. 183.

308 Tripp conclui que "a luta de Kawaala é, em muitos aspectos, um microcosmos de algumas das mudanças que estão ocorrendo em Uganda" (*ibidem*, p. 194).

história e a cultura do seu povo, como fizeram no passado frente à invasão colonial. No caso de Kawaala, a maioria dos residentes na terra em disputa vivia ali há gerações, e era lá que havia enterrado seus parentes — evidência final da propriedade da terra para muitos em Uganda. As reflexões de Tripp sobre essa luta pela terra são pertinentes nesta análise:

> Voltando aos eventos do conflito, torna-se evidente que os moradores, especialmente as mulheres envolvidas, estavam tentando institucionalizar algumas normas novas para a mobilização da comunidade, não apenas em Kawaala, mas mais amplamente, com o intuito de fornecer um modelo para outros projetos comunitários. Eles tiveram a visão de um esforço mais colaborativo que considerou as necessidades das mulheres, das viúvas, das crianças e dos idosos como ponto de partida, e reconheceu sua dependência da terra para a sobrevivência.[309]

Dois outros desenvolvimentos precisam ser mencionados em conjunto com a defesa das mulheres à produção de subsistência. Primeiro, tem ocorrido a formação de sistemas regionais autossuficientes com o objetivo de garantir a "segurança alimentar" e manter uma economia baseada na solidariedade e na recusa da concorrência. O exemplo mais impressionante a esse respeito vem da Índia, onde as mulheres formaram a National Alliance for Women's Food Rights [Aliança nacional para os direitos alimentares das mulheres], um movimento nacional formado por 35 grupos de mulheres. Um dos principais esforços da Aliança tem sido a campanha em defesa da

---

309 Tripp, *op. cit.*, p. 194.

economia da semente de mostarda, que é fundamental para muitas mulheres rurais e urbanas na Índia. Sendo um cultivo de subsistência, a semente tem sido ameaçada pelas tentativas de corporações multinacionais estadunidenses de impor a soja geneticamente modificada como fonte de óleo de cozinha.[310] Em resposta, o grupo tem construído "alianças diretas entre produtores e consumidores", a fim de "defender o modo de vida dos agricultores e as diversas escolhas culturais dos consumidores", como afirmado por Vandana Shiva, uma das líderes do movimento. Em suas palavras: "protestamos contra as importações de soja e de produtos de soja geneticamente modificados". Como cantam as mulheres das favelas de Delhi, *"sarson bachao, soya bhagaa"*, ou "salve a mostarda, jogue fora a soja".[311]

Em segundo lugar, em todo o mundo as mulheres lideraram a luta para evitar a extração comercial de madeira e salvar ou reconstruir florestas, que são a base das economias de subsistência, proporcionando nutrição, combustível e remédio, e fortalecendo relações comunitárias. As florestas são "a expressão mais elevada da fertilidade e da produtividade da terra", escreve Vandana Shiva, ecoando os depoimentos provenientes de todas as partes

---

310 Essa tentativa recebeu um impulso em 1998, quando o óleo de mostarda produzido e distribuído localmente foi misteriosamente considerado adulterado, a tal ponto que 41 pessoas morreram após consumi-lo. O governo proibiu, então, sua produção para venda. A National Alliance for Women's Food Rights respondeu levando o caso ao tribunal e pedindo aos consumidores e produtores que não cooperassem com o governo (Vandana Shiva, *Stolen Harvest: The Hijacking of the Global Food Supply* [Colheita roubada: o sequestro do suprimento global de alimentos]. Boston: South End Press, 2000, p. 54).

311 *Ibidem*, pp. 32-3.

do planeta.[312] Assim, quando as florestas são agredidas, trata-se de uma sentença de morte para as pessoas das aldeias que dependem da mata, especialmente as mulheres. Logo, as mulheres fazem qualquer coisa para deter os madeireiros. Shiva frequentemente cita, nesse contexto, o Chikpo — um movimento de mulheres em Garhwal, no sopé dos Himalaias, que, no início da década de 1970, começou a abraçar árvores destinadas a cair, e a colocar o corpo entre elas e as motosserras dos madeireiros.[313] Enquanto as mulheres em Garhwal se mobilizaram para evitar que as florestas fossem derrubadas, em aldeias do norte da Tailândia elas protestavam contra as plantações de eucalipto que foram cultivadas à força em suas fazendas após terem sido expropriadas por uma empresa japonesa fabricante de papel com o apoio do governo militar tailandês.[314] Na África, uma iniciativa importante foi o Green Belt Movement [Movimento cinturão verde], surgido no Quênia, que sob a liderança de Wangari Maathai tem se comprometido a cultivar um cinturão verde em torno das principais cidades do país e, desde 1977, plantou dezenas de milhões de árvores para evitar desmatamento, perda de solo, desertificação e escassez de madeira combustível.[315]

Mas a luta mais notável para a sobrevivência das florestas ocorreu no delta do rio Níger, onde os pântanos de manguezais estão sendo ameaçados pela produção de

---

312 Vandana Shiva. *Staying Alive: Women, Ecology and Development* [Permanecendo vivas: mulheres, ecologia e desenvolvimento]. Londres: Zed Books, 1989, p. 56.
313 *Ibidem*.
314 Yayori Matsui, *op. cit.*, pp. 88-90.
315 Wangari Maathai, "Kenya's Green Belt Movement" [Movimento do cinturão verde do Quênia], em F. Jeffress Ramsay (org.), *Africa*, v. 5. Guilford: The Dushkin Publishing Group, 1993.

petróleo. A oposição a esse processo se organizou durante vinte anos, começando em Ogharefe, na Nigéria, em 1984, quando milhares de mulheres da área sitiaram uma estação de produção da companhia petrolífera da Pan Ocean, exigindo compensações pela destruição da água, das árvores e das terras. Para demonstrar sua determinação, as mulheres também ameaçaram ficar nuas se suas demandas fossem ignoradas – uma ameaça que colocaram em ação quando o diretor da empresa chegou, de forma que ele se encontrou cercado por milhares de mulheres peladas, uma séria maldição aos olhos das comunidades do delta do Níger, e que o convenceu, naquele momento, a aceitar a reivindicação de reparação.[316]

A luta pela terra também cresceu desde a década de 1970 no lugar mais improvável, a cidade de Nova York, sob a forma de um movimento de hortas urbanas. Começou com a iniciativa de um grupo dirigido por mulheres chamado Green Guerrillas [Guerrilhas verdes], que passou a limpar terrenos baldios no bairro de Lower East Side. Na década de 1990, 8.050 hortas urbanas se desenvolveram na cidade e dezenas de alianças comunitárias se formaram, como a Greening of Harlem Coalition [Coalizão verde do Harlem], que foi iniciada por um grupo de mulheres que queriam "se reconectar com a terra e dar às crianças uma alternativa às ruas". Atualmente, ela conta com mais de 21 organizações e trinta projetos de jardins.[317]

---

316 Terisa E. Turner & M.O. Oshare, "Women's Uprisings Against the Nigerian Oil Industry" [Levantes de mulheres contra a indústria do petróleo nigeriana], em Terisa Turner, *Arise Ye Mighty People!: Gender, Class and Race in Popular Struggles* [Levante povo poderoso!: gênero, classe e raça nas lutas populares]. Trenton: Africa World Press, 1994, pp. 140-1.

317 Peter Lamborn Wilson & Bill Weinberg (orgs.), *op. cit.*, p. 36.

É importante notar aqui que os jardins não foram apenas uma fonte de vegetais e flores, mas serviram para promover a formação de comunidades e foram um passo para outras lutas – de ocupação e apropriação, por exemplo. Devido a esse trabalho, os jardins nova-iorquinos foram atacados durante o regime do prefeito Rudolph Giuliani e, já por alguns anos, um dos principais desafios do movimento é deter as escavadeiras. Cem jardins foram perdidos para o "desenvolvimento" na última década, mais de quarenta foram destruídos pelas máquinas, e as perspectivas para o futuro parecem desanimadoras.[318] Desde a sua nomeação, de fato, o sucessor de Giuliani na Prefeitura de Nova York, Michael Bloomberg, também declarou guerra a esses jardins.

A IMPORTÂNCIA DA LUTA

Como já vimos, em cidades por todo o mundo, pelo menos um quarto de seus habitantes dependem dos alimentos produzidos pelo trabalho de subsistência das mulheres. Na África, por exemplo, um quarto das pessoas que vivem em cidades diz que não poderia sobreviver sem produção de alimentos de subsistência. Isso é confirmado pelo Fundo de População das Nações Unidas, que afirma que "cerca de duzentos milhões de habitantes da cidade estão cultivando alimentos, fornecendo a cerca de um bilhão de pessoas pelo menos parte de seu suprimento alimentar".[319] Quando consideramos que a

---

318 Peter Lamborn Wilson & Bill Weinberg (orgs.), *op. cit.*, p. 61.
319 United Nations Population Fund, *State of the World Population 2001* [O estado da população mundial 2001]. Nova York: United Nations, 2001.

maioria dos produtores de alimentos de subsistência são mulheres, podemos ver por que os homens de Kedjom, em Camarões, diriam: "sim, a agricultura de subsistência das mulheres faz bem para a humanidade". Graças a elas, bilhões de pessoas, da área rural e urbana, que ganham um ou dois dólares por dia, não passam fome, mesmo em tempos de crise econômica.

A produção de subsistência das mulheres contesta a tendência do agronegócio de reduzir as terras cultiváveis — uma das principais causas do alto preço dos alimentos e da fome — ao mesmo tempo que assegura algum controle sobre a qualidade dos alimentos produzidos e protege os consumidores contra a manipulação genética das culturas e a intoxicação por pesticidas. Além disso, a produção de subsistência das mulheres representa uma forma segura de agricultura, uma consideração crucial quando os pesticidas utilizados nas culturas agrícolas estão causando altas taxas de mortalidade e doenças entre os camponeses de todo o mundo, começando pelas mulheres.[320] Assim, a agricultura de subsistência dá às mulheres um meio essencial de controle sobre a própria saúde e sobre a saúde e a vida de suas famílias.[321]

Também podemos ver que a produção de subsistência contribui para um modo de vida não competitivo, centrado na solidariedade que é fundamental para a construção de uma nova sociedade. É a semente do que Veronika Bennholdt-Thomsen e Maria Mies chamam de "outra"

---

320 Ver, por exemplo, Laura Settimi et al., "Cancer Risk Among Female Agricultural Workers: A Multi-Center Case-Control Study" [Risco de câncer entre trabalhadoras agrícolas: um estudo de caso-controle multicêntrico], em *American Journal of Industrial Medicine*, v. 36, pp. 135-41, 1999.
321 Maria Mies & Veronika Bennholdt-Thomsen, *The Subsistence Perspective: Beyond the Globalised Economy* [A perspectiva da subsistência: além da economia globalizada]. Londres: Zed Books, 1999.

economia, que "coloca a vida e tudo o que é necessário para produzir e manter a vida neste planeta no centro da atividade econômica e social", contra "a interminável acumulação de dinheiro morto".[322]

---

322 Mies & Bennholdt-Thomsen, *op. cit.*, p. 5.

FEMINISMO E A POLÍTICA DO COMUM EM UMA ERA DE ACUMULAÇÃO PRIMITIVA (2010)

Nossa perspectiva é a dos comuns do planeta: seres humanos com corpo, necessidades, desejos, cuja tradição mais essencial é a da cooperação para construir e manter a vida, e que, contudo, tiveram que fazer isso sob condições de sofrimento e separação uns dos outros, da natureza e da riqueza comum que criamos por gerações.
— Emergence Exit Collective [Coletivo saída de emergência], "The Great Eight Masters and the Six Billion Commoners" [Os oito grandes mestres e os seis bilhões de comuneiros] (Bristol, Primeiro de Maio de 2008)

As maneiras como o trabalho de subsistência das mulheres e a contribuição dos comuns para a sobrevivência concreta da população local são invisibilizados por meio de sua idealização não são apenas similares, mas têm raízes comuns [...]. De certa forma, as mulheres são tratadas como os comuns, e os comuns são tratados como mulheres.
— Maria Mies & Veronica Bennholdt-Thomsen, "Defending, Reclaiming, Reinventing the Commons" [Defendendo, reivindicando, reinventando os comuns] (1999)

A reprodução precede a produção social. Se você toca as mulheres, toca a base.
— Peter Linebaugh, *The Magna Carta Manifesto* [O manifesto da Magna Carta] (2008)

INTRODUÇÃO: POR QUE COMUNS?

Ao menos desde que os zapatistas, em 31 de dezembro de 1993, tomaram o *zócalo* [praça central] de San Cristóbal de las Casas, em Chiapas, para protestar contra a legislação que dissolvia as terras *ejidales* do México,[323] o conceito de "comuns" ganhou popularidade entre a esquerda radical, tanto internacionalmente quanto nos Estados Unidos, e apareceu como ponto de convergência entre anarquistas, marxistas/socialistas, ecologistas e ecofeministas.[324]

Há razões importantes para que essa ideia aparentemente arcaica tenha vindo para o centro da discussão dos movimentos sociais contemporâneos. Duas se destacam em particular. De um lado, houve uma derrocada do modelo estatista de revolução, que por décadas solapou os esforços dos movimentos radicais para construir uma alternativa ao capitalismo. De outro, a tentativa neoliberal de subordinar toda forma de vida e conhecimento à lógica do mercado aumentou nossa consciência do perigo de viver em um mundo onde já não temos acesso a mares, árvores, animais e seres como nós, a não ser pela lógica do dinheiro. Os "novos cercamentos" também deram visibilidade a um mundo de propriedades comunais e relações que muitos acreditavam estar extintas — ou não haviam valorizado até elas serem ameaçadas pela

---

323 Terras *ejidales* ou *ejido* são propriedades rurais coletivas indivisíveis que não podem ser vendidas nem herdadas. Foram estabelecidas pela legislação mexicana após revolução de 1910, passando por diversas alterações ao longo do século xx. [N.E.]

324 A revista *The Commoner*, com base do Reino Unido, tem sido uma fonte--chave para a política dos comuns e suas bases teóricas por mais de dez anos. Disponível em <www.commoner.org.uk>.

privatização.[325] Ironicamente, os novos cercamentos demonstraram que não só os comuns não desapareceram, mas que novas formas de cooperação social estão sendo produzidas constantemente, inclusive em áreas da vida que antes não existiam, como a internet, por exemplo.

Nesse contexto, o conceito dos comuns ofecereu uma alternativa lógica e histórica ao Estado e à propriedade privada, bem como ao Estado e ao mercado, permitindo rejeitar a ficção de que eles são mutuamente excludentes e esgotam nossas possibilidades políticas. Essa ideia também serviu a uma função ideológica, como um conceito unificador que prefigura a sociedade cooperativa que a esquerda radical está lutando para criar. Apesar disso, existem ambiguidades e diferenças significativas nas interpretações desse conceito que precisamos esclarecer se quisermos que o princípio dos comuns se traduza em um projeto político coerente.[326]

Por exemplo, o que constitui um comum? Há inúmeros exemplos. Temos terra, água, os comuns do ar, comuns digitais, comuns de serviço; nossos direitos conquistados (por exemplo, pensões de seguridade social) muitas vezes são descritos como comuns, assim como as línguas, as bibliotecas e as produções coletivas das culturas do passado. Mas estariam todos esses comuns no mesmo patamar, do ponto de vista da formulação de uma

---

325 Um dos casos é a luta que está acontecendo em várias comunidades no estado do Maine, nos Estados Unidos, contra a apropriação das águas da região por parte da Nestlé. O roubo praticado pela gigante alimentícia conscientizou as pessoas da importância vital das águas e seus aquíferos, e realmente as constituiu como um comum. Ver *Food and Water Watch* [Observatório de alimentos e água], jun. 2006.
326 Um excelente *site* para os debates atuais sobre os comuns é a edição de 5 de dezembro de 2009 da revista do movimento Turbulence [Turbulência]. Disponível em <www.turbulence.org>.

estratégia anticapitalista? Seriam todos compatíveis? E o que poderíamos fazer para garantir que eles não projetem uma unidade que ainda precisa ser construída?

Com essas questões em mente, lanço neste ensaio um olhar para a política dos comuns com base em uma perspectiva feminista, na qual "feminista" se refere a um ponto de vista constituído pela luta contra a discriminação sexual e sobre o trabalho reprodutivo – que, citando Linebaugh, é a base sobre a qual a sociedade é construída e pela qual todos os modelos de organização social devem ser testados. Essa intervenção é necessária, a meu ver, para definir melhor essa política, expandir um debate que até agora permaneceu dominado por homens e esclarecer sob que condições o princípio dos comuns pode se tornar a fundação de um programa anticapitalista. Duas preocupações tornam essas tarefas especialmente importantes.

OS COMUNS GLOBAIS, OS COMUNS DO BANCO MUNDIAL

Primeiramente, desde ao menos o começo dos anos 1990, a linguagem dos comuns foi apropriada pelo Banco Mundial e pela ONU e colocada a serviço da privatização. Sob o disfarce de proteger a biodiversidade e conservar os "comuns globais", o Banco Mundial transformou florestas tropicais em reservas ecológicas e expulsou as populações que há séculos tiravam sustento delas, enquanto as tornava disponíveis para pessoas que não precisavam delas para sobreviver, mas podiam, por exemplo, pagar pelo ecoturismo.[327] A seu lado, a ONU, novamente em nome de preservar a herança comum da humanidade, revisou a lei internacional que legisla sobre o acesso aos oceanos de modo a permitir aos governos a consolidação do uso das águas marinhas por menos mãos.[328]

O Banco Mundial e a ONU não estão sozinhos na tarefa de adaptar a ideia do comum aos interesses de mercado. Respondendo a diferentes motivações, a revalorização dos comuns tornou-se moda entre os economistas *mainstream* e os planejadores capitalistas. Testemunha disso é a crescente literatura acadêmica sobre o assunto e seus sinônimos: "capital social", "economias de doação", "altruísmo". Outro exemplo é o reconhecimento oficial dessa tendência pela atribuição do Prêmio Nobel de Economia em 2009 à principal voz desse campo, a cientista política Elinor Ostrom.[329]

Os planejadores de desenvolvimento e os criadores de políticas públicas descobriram que, sob as condições

---

327 Sobre este assunto, ver o importante artigo de Ana Isla, "Who Pays for the Kyoto Protocol? Selling Oxygen and Selling Sex in Costa Rica" [Quem paga pelo Protocolo de Kyoto? Vendendo oxigênio e vendendo sexo na Costa Rica], em Ariel Salleh (org.), *Eco-Sufficiency and Global Justice: Women Write Political Ecology* [Ecossuficiência e justiça global: mulheres escrevem ecologia política], Nova York & Londres: Pluto Press, 2009, pp. 199-217, no qual a autora descreve como a conservação da biodiversidade forneceu ao Banco Mundial e a outras agências internacionais o pretexto para o cercamento de florestas tropicais, com o argumento de que elas representam "sumidouros de carbono" e "geradores de oxigênio".

328 A Convenção das Nações Unidas sobre o Direito do Mar, aprovada em novembro de 1994, estabelece um limite marítimo de duzentos quilômetros, definindo uma Zona Econômica Exclusiva, dentro da qual as nações podem explorar, administrar e proteger recursos, de peixes a gás natural. Também estabelece uma regulação para mineração em águas profundas e o usufruto do lucro resultante.

329 O trabalho de Ostrom se concentra nos recursos de reserva comum e enfatiza como seres humanos interagem com ecossistemas para manter a produção de recursos sustentável a longo prazo.

corretas, um gerenciamento coletivo dos recursos naturais pode ser mais eficiente e menos conflituoso do que a privatização, e pode-se muito bem fazer os comuns produzirem para o mercado.[330] Eles também reconheceram que, levada ao extremo, a comoditização das relações sociais tem consequências autodestrutivas. A extensão da forma-mercadoria a todas as esferas do tecido social promovida pelo neoliberalismo é um limite ideal para os ideólogos do capitalismo, mas é um projeto não apenas irrealizável como também indesejável do ponto de vista da reprodução a longo prazo do sistema. A acumulação capitalista é estruturalmente dependente da livre apropriação de imensas áreas de trabalho e recursos que precisam aparecer para o mercado como externalidades, como o trabalho doméstico não remunerado realizado pelas mulheres, com o qual os empregadores contam para a reprodução da força de trabalho.

Assim, não é acidental que, muito antes do "colapso" de Wall Street, vários economistas e teóricos sociais tenham avisado que a mercantilização de todas as esferas da vida era prejudicial para o bom funcionamento do mercado, pois este — diz o argumento — depende da existência de relações não monetárias, como confiança, credibilidade e doação.[331] Em suma, o capital está aprendendo a respeito das virtudes do "bem comum". Até a revista inglesa *The*

---

330 Neste tópico, ver Calestous Juma & J. B. Ojwang (orgs.), *In Land We Trust: Environment, Private Property and Constitutional Change* [Na terra confiamos: meio ambiente, propriedade privada e mudança constitucional], Londres: Zed Books, 1997, um dos primeiros tratados sobre a efetividade das relações da propriedade comunal no contexto do desenvolvimento e dos esforços capitalistas.
331 David Bollier, *Silent Theft: The Private Plunder of Our Common Wealth* [Ladrão silencioso: a pilhagem privada de nossa riqueza comum]. Londres: Routledge, 2002.

Economist, órgão da economia capitalista de livre mercado há mais de 150 anos, uniu-se cautelosamente ao coro. "A economia dos novos comuns ainda está na sua infância", escreveu a revista em 31 de julho de 2008. "É cedo demais para ter confiança em suas hipóteses. Mas pode ser uma maneira útil de pensar sobre problemas – como o gerenciamento da internet, a propriedade intelectual ou a poluição internacional A para os quais os criadores de políticas públicas precisam de toda a ajuda possível." Assim, precisamos ter muito cuidado para não esculpir o discurso dos comuns de maneira que permita que uma classe capitalista em crise volte à vida, posando, por exemplo, de guardiã do planeta.

QUAIS COMUNS?

Uma segunda preocupação é que, como as instituições internacionais aprenderam a fazer com que os comuns sejam funcionais ao mercado, ainda é uma questão sem resposta como os comuns podem se tornar a base de uma economia não capitalista. Do trabalho de Peter Linebaugh, especialmente *The Magna Carta Manifesto* (2008), aprendemos que os comuns têm sido o fio que conectou a história da luta de classes até o nosso tempo, e de fato a luta pelos comuns está ao nosso redor. Os habitantes do estado do Maine, nos Estados Unidos, estão lutando para preservar seus peixes e suas águas; os residentes das regiões dos montes Apalaches, cordilheira localizada ao leste dos Estados Unidos, estão se unindo para salvar as montanhas ameaçadas pela mineração a céu aberto; os movimentos de código aberto e *software* livre estão se opondo à comoditização do conhecimento e abrindo novos espaços para a comunicação e a cooperação. Também temos muitas comunidades e atividades comuns invisíveis sendo criadas por pessoas na América do Norte, o que Chris Carlsson descreveu no livro *Nowtopia* (2008).[332] Como mostra Carlsson, muita criatividade está sendo investida na produção dos "comuns virtuais" e de formas de sociabilidade que prosperam fora do radar da economia do dinheiro ou de mercado.

O mais importante foi a criação de jardins urbanos, que, nos anos 1980 e 1990, se espalharam pelos Estados Unidos, principalmente graças às iniciativas das comunidades de imigrantes da África, do Caribe ou do sul do país. Seu significado não pode ser subestimado. Os jardins urbanos abriram o caminho para um processo de "rurbanização" que é indispensável se quisermos retomar o controle da nossa produção de alimentos, regenerar nosso meio ambiente e tomar conta de nossa subsistência. Os jardins são muito mais do que fonte de segurança alimentar. São centros de sociabilidade, produção de conhecimento, troca cultural e intergeracional. Como escreve Margarita Fernández sobre os jardins de Nova York, as hortas urbanas "fortalecem a coesão da comunidade" por serem lugares onde as pessoas se juntam não só para trabalhar a terra, mas para jogar cartas, fazer cerimônias de casamento, chás de bebê e festas de aniversário.[333] Alguns desses jar-

---

332 Chris Carlsson, *Nowtopia: How Pirate Programmers, Outlaw Bicyclists, and Vacant-Lot Gardeners Are Inventing the Future Today!* [Agoratopia: como programadores piratas, ciclistas fora da lei e jardineiros de terrenos baldios estão inventando o futuro hoje!]. Oakland: AK Press, 2008.

333 Margarita Fernández, "Cultivating Community, Food and Empowerment: Urban Gardens in New York City" [Cultivando comunidade, alimento e empoderamento: jardins urbanos na cidade de Nova York], Paper, 2003, pp. 23-6. Um dos primeiros trabalhos importantes sobre jardins urbanos é o de Peter Lamborn Wilson & Bill Weinberg (orgs.), *op. cit.*

dins criam uma relação de parceria com as escolas locais, por meio das quais, depois do horário letivo, são ministradas aulas de educação ambiental para as crianças. Graças à participação de imigrantes, os jardins também são "um meio para o transporte e o encontro de diversas práticas culturais", de forma que legumes e práticas de plantio africanas, por exemplo, misturam-se às caribenhas.[334]

Além disso, a característica mais importante dos jardins urbanos é que eles produzem para o consumo da vizinhança, e não para comercialização. Isso os distingue de outros comuns reprodutivos que, ou produzem para o mercado, como a indústria de pesca da Costa da Lagosta, no Maine, ou são comprados no mercado, como os fundos fiduciários que preservam espaços abertos.[335] O problema, no entanto, é que os jardins urbanos continuam sendo uma iniciativa espontânea de base, e houve poucas tentativas por parte dos movimentos nos Estados Unidos de expandir sua presença e de fazer do acesso à terra um terreno-chave da luta. De forma mais geral, uma questão que a esquerda ainda não se colocou é como aliar os vários comuns que se proliferam – ao serem defendidos, desenvolvidos, batalhados – para formar um todo coeso que ofereça a base para um novo modo de produção.

---

334 Lamborn Wilson & Weinberg (orgs.), *op. cit.*

335 No entanto, os "comuns" relativos à pesca no Maine estão ameaçados atualmente por uma nova política de privatização, justificada em nome da preservação, ironicamente chamada de "cotas de pesca". Trata-se de um sistema já aplicado no Canadá e no Alasca, onde os governos locais estabeleceram um limite para a quantidade de peixes que pode ser pescada e cotas individuais com base nas quantidades pescadas no passado. Esse sistema se mostrou desastroso para pequenos pescadores autônomos, que logo seriam forçados a vender sua cota para quem oferecesse mais. Os protestos contra a implementação crescem nas comunidades de pescadores do Maine. Ver "Catch Shares or Share-Croppers?" [Cotas de pesca ou cortes de cotas?], em *Fishermen's Voice*, v. 14, n. 12, dez. 2009.

Uma exceção é a teoria proposta por Michael Hardt e Antonio Negri nos livros *Empire* (2000) [*Império* (2001)], *Multitude* (2004) [*Multidão* (2005)] e *Commonwealth* (2009) [*Bem-estar comum* (2016)], defendendo que uma sociedade construída no princípio do "comum" já está evoluindo com base na informatização da produção. De acordo com essa teoria, quando a produção se torna predominantemente uma produção de conhecimento organizada pela internet, forma-se um espaço comum que escapa ao problema de definir regras de inclusão ou exclusão, porque o acesso e o uso multiplicam os recursos disponíveis na rede, em vez de subtraí-los, significando assim a possibilidade de uma sociedade construída na abundância. (A única barreira remanescente a confrontar a "multidão" é como evitar a "captura" capitalista da riqueza produzida.)

O atrativo dessa teoria é que ela não separa a formação do "comum" da organização do trabalho e da produção como já está constituída, mas a vê como imanente a ela. Seu limite é que não questiona a base material da tecnologia digital e negligencia o fato de que os computadores dependem de atividades econômicas — mineração, *microchip* e produção de terra-rara — que, da maneira como estão organizadas, são extremamente destrutivas, social e ecologicamente.[336] Além disso, ao enfatizar a ciência, a produção de conhecimento e informação, essa teoria evita a questão da reprodução da vida cotidiana. Isso, entretanto, aplica-se ao discurso dos comuns como um

---

336 Foi calculado, por exemplo, que só para produzir um computador pessoal são necessários 33 mil litros de água e entre quinze e dezenove toneladas de materiais. Ver Saral Sarkar, *Eco-Socialism or Eco-Capitalism? A Critical Analysis of Humanity's Fundamental Choices* [Ecossocialismo ou ecocapitalismo? Uma análise crítica das escolhas fundamentais da humanidade]. Londres: Zed Books, 1999, p. 126.

todo, que geralmente se concentra nas precondições formais de sua existência, e muito menos nas possibilidades oferecidas pelos comuns existentes e seu potencial para criar formas de reprodução que nos permitam resistir à dependência do trabalho assalariado e à subordinação às relações capitalistas.

AS MULHERES E OS COMUNS

É nesse contexto que uma perspectiva feminista sobre os comuns é importante. Começa com a constatação de que, como sujeitos primários do trabalho reprodutivo, historicamente – e também em nosso tempo –, as mulheres sempre dependeram mais que os homens do acesso aos recursos comuns e foram as mais comprometidas em sua defesa. Como escrevi em *Caliban and the Witch* (2004) [*Calibã e a bruxa* (2017)], na primeira fase do desenvolvimento capitalista as mulheres estavam na dianteira da luta contra os cercamentos, tanto na Inglaterra quanto no "Novo Mundo" e eram as defensoras mais ferrenhas das culturas comunais que a colonização europeia tentava destruir. No Peru, quando os conquistadores espanhóis tomaram o controle das vilas, as mulheres fugiram para as montanhas mais altas, onde recriaram formas de vida coletiva que sobrevivem até os dias de hoje. Não é de surpreender que os séculos XVI e XVII tenham testemunhado o mais violento ataque às mulheres na história do mundo: a perseguição de mulheres como bruxas. Hoje, diante de um novo processo de acumulação primitiva, as mulheres são a principal força social que impede o caminho de uma completa comercialização da natureza. As mulheres são as agricultoras de subsistência do mundo. Na África, elas produzem 80% da comida que as pessoas consomem, apesar das tentativas do Banco Mundial e de outras agências em convencê-las a transferir suas atividades para o plantio comercial. A recusa em não ter acesso à terra é tão forte que, nas cidades africanas, muitas mulheres tomaram terrenos públicos, plantaram milho e mandioca em lotes vazios e, nesse processo, mudaram a paisagem urbana das cidades africanas, desfazendo a separação entre cidade e campo.[337] Também na Índia as mulheres recuperaram as florestas desmatadas, protegeram árvores, uniram-se para expulsar os desmatadores e fizeram bloqueios contra as operações de mineração e a construção de represas.[338]

O outro lado da luta das mulheres por acesso direto aos meios de reprodução é a formação, no "Terceiro Mundo" — do Camboja ao Senegal —, de associações de crédito que funcionam como comuns monetários.[339] Com vários nomes, os *tontines*, existentes em partes da África, são sistemas bancários autônomos, autogerenciados e criados por mulheres que fornecem dinheiro a indivíduos ou grupos que não têm acesso aos bancos, trabalhando apenas com base na confiança. Nesse ponto, são completamente diferentes dos sistemas de microcrédito promovidos pelo Banco Mundial, que funcionam com base na vergonha, chegando ao extremo (como ocorreu na Nigéria, por exemplo) de publicar em espaços públicos

337 Silvia Federici, "Women, Land Struggles, and the Reconstruction of the Commons" [Mulheres, luta pela terra e reconstrução dos comuns], em *Working USA: The Journal of Labor and Society*, v. 14, n. 1, p. 52, mar. 2011.
338 Vandana Shiva. *Staying Alive*; Vandana Shiva, *Ecology and the Politics of Survival: Conflicts Over Natural Resources in India* [Ecologia e políticas da sobrevivência: conflitos por recursos naturais na Índia]. Nova Delhi & Londres: Sage Publications, 1991, p. 102-17, 274.
339 Leo Podlashuc, "Saving Women: Saving Commons", em Ariel Salleh, *Eco-Sufficiency and Global Justice*.

fotos de mulheres que não conseguem pagar os empréstimos, algo que levou algumas delas ao suicídio.[340]

As mulheres também comandam o esforço de coletivizar o trabalho reprodutivo como uma maneira de economizar no custo da reprodução e de proteger umas às outras da pobreza, da violência de Estado e da violência dos homens. Um exemplo extraordinário são as *ollas comunes* que as mulheres no Chile e no Peru organizavam nos anos 1980 quando, por causa da alta inflação, já não conseguiam mais comprar comida individualmente.[341] Como o reflorestamento coletivo e a retomada da terra, essas práticas são a expressão de um mundo onde os laços comunais ainda são fortes. Seria um erro, no entanto, considerá-las algo pré-político, "natural", um resultado da "tradição". Na verdade, como nota Leo Podlashuc em "Saving Women: Saving Commons" [Salvar as mulheres, salvar os comuns], essas lutas moldam uma identidade coletiva, constituem um contrapoder em casa e na comunidade e abrem um processo de autovalorização e autodeterminação com o qual temos muito o que aprender.

A primeira lição a ser aprendida dessas lutas é que "tornar comum" os meios materiais de reprodução é o mecanismo primário pelo qual um interesse coletivo e laços mútuos são criados. Também é a primeira linha de resistência contra uma vida de escravidão, seja em exércitos, bordéis ou *sweatshops*. Para nós, na América do Norte, uma lição a mais é que, unindo nossos recursos, reivindicando a terra e as águas e transformando-as em um comum, podemos começar a desfazer a ligação entre nossa reprodução e os fluxos de mercadoria que, no comércio

---

340 Entrevista com Ousseina Alidou.
341 Jo Fisher, *op. cit.*; Carol Andreas, *op. cit.*

internacional, são responsáveis pela desapropriação de tantas pessoas em outras partes do mundo. Podemos separar nossa subsistência não apenas do mercado mundial, mas também da máquina de guerra e do sistema prisional de que depende a hegemonia do mercado mundial. Não por último, podemos ir além da solidariedade abstrata que muitas vezes caracteriza as relações dentro do movimento, que limita nosso comprometimento, nossa capacidade de suportar as dificuldades e os riscos que queremos assumir.

Sem dúvida, essa é uma tarefa formidável que só pode ser cumprida por um processo a longo prazo de conscientização, intercâmbio cultural e construção de coalizões com todas as comunidades nos Estados Unidos que estão vitalmente interessadas na retomada da terra, a começar pelas nações indígenas americanas. Ainda que essa tarefa agora possa parecer mais difícil do que passar pelo buraco de uma agulha, é também a única capaz de ampliar o espaço de nossa autonomia, parar de alimentar o processo de acumulação de capital e recusar a aceitar que nossa reprodução aconteça à custa dos outros comuns do mundo — e de seus usuários.

RECONSTRUÇÕES FEMINISTAS

As implicações dessa tarefa são poderosamente expressas por Maria Mies quando ela aponta que a produção de comuns demanda, primeiro, uma transformação profunda em nossa vida cotidiana, a fim de recombinar o que foi separado pela divisão social do trabalho no capitalismo — pois o distanciamento entre a produção e a reprodução e o consumo nos leva a ignorar as condições sob as quais o que comemos ou vestimos, ou aquilo com que trabalhamos, foi produzido, seu custo ambiental e social e o destino da população sobre a qual o lixo que produzimos é despejado.[342]

Em outras palavras, precisamos superar o estado constante de negação e irresponsabilidade no que se refere às consequências de nossas ações, resultantes das formas destrutivas nas quais a divisão social do trabalho é organizada no capitalismo; além disso, a produção de nossa vida torna-se inevitavelmente a produção da morte de outras pessoas. Como aponta Mies, a globalização piorou a crise, aumentando a distância entre o que é produzido e o que é consumido, intensificando, assim, apesar de um aparente aumento na interconexão global, nossa cegueira quanto ao sangue na comida que comemos, no petróleo que usamos, nas roupas que vestimos, nos computadores com os quais nos comunicamos.[343]

A superação dessa ignorância é o ponto de partida, em uma perspectiva feminista, para começar nossa reconstrução dos comuns. Nenhum comum é possível a menos que nos recusemos a basear nossa vida e nossa reprodução no sofrimento dos outros, a menos que nos recusemos a nos enxergar como separados deles. De fato, se a ideia de "tornar comum" tem algum sentido, deve ser a produção de nós mesmos como um sujeito comum. É assim que devemos entender o *slogan* "não há comuns sem comunidade"; mas não uma "comunidade" entendida como uma realidade cercada, um grupo de pessoas que se junta por interesses exclusivos que as separam de outros, como uma comunidade formada com base em uma religião ou etnia; estamos falando de uma comunidade como uma

---

342 Maria Mies & Veronika Bennholdt-Thomsen, *op. cit.*, p. 141.
343 *Ibidem.*

qualidade de relações, um princípio de cooperação e responsabilidade: uns com os outros, com a terra, as florestas, os mares, os animais.

Certamente, a conquista de uma comunidade como essa, assim como a coletivização de nosso trabalho cotidiano de reprodução, só pode ser um começo. Não substitui campanhas antiprivatização mais amplas nem a reconstituição de nossa riqueza comum; mas é uma parte essencial do nosso processo de educação para a governança coletiva e o reconhecimento da história como um projeto coletivo — a maior vítima da era neoliberal do capitalismo.

Por conta disso, precisamos incluir em nossa agenda política a comunalização/coletivização do trabalho doméstico, revivendo a rica tradição feminista que temos nos Estados Unidos, que vai desde experimentos socialistas utópicos de meados do século XIX a tentativas feitas pelas "feministas materialistas", do fim do século XIX até o começo do século XX, de reorganizar e socializar o trabalho doméstico, e consequentemente a casa e o bairro, pelo trabalho doméstico coletivo — esforços que continuaram até os anos 1920, quando o "perigo vermelho" pôs fim a eles.[344] Essas práticas e a capacidade que as feministas do passado tinham de olhar para o trabalho reprodutivo como uma esfera importante da atividade humana, não para ser negada, e sim revolucionada, devem ser revisitadas e revalorizadas.

Uma razão crucial para criar formas coletivas de viver é que a reprodução de seres humanos é o trabalho mais

---

344 Dolores Hayden, *The Grand Domestic Revolution*; Dolores Hayden, *Redesigning the American Dream: The Future of Housing, Work and Family Life* [Redesenhando o sonho americano: o futuro do trabalho doméstico e da vida familiar]. Nova York: Norton, 1986.

intensivo do mundo e, em grande medida, é um trabalho impossível de ser reduzido à mecanização. Não podemos mecanizar o cuidado das crianças ou dos doentes, nem o trabalho psicológico necessário para recuperar nosso equilíbrio físico e emocional. Apesar dos esforços que têm feito os industrialistas futuristas, não podemos robotizar o "cuidado" sem um custo terrível para as pessoas envolvidas. Ninguém aceitará "robôs enfermeiros" como cuidadores, especialmente para crianças e doentes. Responsabilidade compartilhada e trabalho cooperativo, não fornecidos à custa da saúde dos cuidadores, são a única garantia de um cuidado adequado. Por séculos, a reprodução de seres humanos foi um processo coletivo. Era o trabalho das famílias estendidas e das comunidades nas quais as pessoas podiam confiar, especialmente em bairros proletários, mesmo quando moravam sozinhas, de forma que a velhice não era acompanhada por uma solidão desolada e pela dependência que tantos de nossos idosos experimentam. Foi apenas com o advento do capitalismo que a reprodução foi completamente privatizada, processo que agora foi levado a um grau que destrói nossa vida. Precisamos mudar isso se quisermos pôr um fim à constante desvalorização e fragmentação de nossa existência.

Os tempos são propícios para um começo como esse. Enquanto a crise capitalista destrói o elemento básico da reprodução de milhões de pessoas por todo o mundo, inclusive nos Estados Unidos, a reconstrução da nossa vida cotidiana é uma possibilidade e uma necessidade. Como greves, as crises sociais e econômicas quebram a disciplina do trabalho assalariado e nos forçam a novas formas de sociabilidade. Foi isso que aconteceu durante a Grande Depressão, que produziu um movimento de homens *hobos*, [345] os quais transformaram os trens de carga em seus comuns, procurando liberdade na mobilidade e no nomadismo.[346] Nas intersecções das linhas de trem, eles organizavam "florestas *hobo*" — prefigurações, com suas regras de autogoverno e solidariedade, do mundo comunista no qual muitos de seus residentes acreditavam.[347] Contudo, exceto por algumas "Boxcar Berthas",[348] esse era um mundo predominantemente masculino, uma fraternidade de homens, e não podia ser sustentado a longo prazo. Depois que a crise econômica e a guerra terminaram, os *hobos* foram domesticados pelos dois grandes motores da fixação da força de trabalho: a família e a casa. Conscientes da ameaça da recomposição da classe trabalhadora na Depressão, o capital estadunidense obteve excelentes resultados na aplicação do princípio que caracterizou a organização da vida econômica: cooperação no ponto de produção; separação e atomização no ponto de reprodução. A casa de família

345 *Hobo* é um termo usado nos Estados Unidos para se referir a trabalhadores desempregados, sem-teto e nômades desde a segunda metade do século XIX, após o fim da guerra civil, e sobretudo depois da crise de 1929, quando o número de homens nessa situação cresceu vertiginosamente. [N.E.]

346 George Caffentzis, "Three Temporal Dimensions of Class Struggle" [Três dimensões temporais da luta de classes]. Comunicação apresentada no encontro anual da International Studies Association (ISA) em San Diego, mar. 2006.

347 Nels Anderson, *Men on the Move* [Homens em movimento]. Chicago: Chicago University Press, 1998 [1940]; Todd DePastino, *Citizen Hobo: How a Century of Homelessness Shaped America* [Cidadão hobo: como um século de sem-tetos deu forma aos Estados Unidos]. Chicago: University of Chicago Press, 2003; Caffentzis, "Three Temporal Dimensions".

348 Referência à protagonista do livro *Sister of the Road: The Autobiography of Boxcar Bertha* [Irmã de estrada: a autobiografia de Boxcar Bertha], de Ben Reitman, "Boxcar" Bertha Thompson, que vive como uma *hobo* no início do século XX. Trata-se, na verdade, uma autobiografia fictícia. O livro também inspirou o filme *Sexy e marginal* (1972), de Martin Scorsese. [N.E.]

atomizada e serializada oferecida por Levittown,[349] composta por seu apêndice umbilical, o carro, não apenas sedentarizou o trabalhador como também pôs fim ao tipo de comuns trabalhadores autônomos que as florestas de *hobos* haviam representado.[350] Hoje, com milhões de casas e carros estadunidenses sendo retomados pelos bancos, com execuções de hipotecas e despejos, as perdas massivas de emprego novamente quebram os pilares da disciplina capitalista de trabalho, e novas bases comuns voltam a se formar, como os acampamentos que se espalham de costa a costa. Dessa vez, no entanto, são as mulheres que precisam construir os novos comuns, de forma que esses espaços não sejam apenas transitórios ou zonas autônomas, mas se tornem a fundação de novas formas de reprodução social.

Se a casa é o *oikos*[351] sobre o qual a economia é construída, então são as mulheres, historicamente trabalhadoras e prisioneiras da casa, que precisam assumir a iniciativa de retomar a casa como um centro de vida coletiva, atravessado por múltiplas pessoas e formas de cooperação, oferecendo segurança sem isolamento ou fixação, permitindo o compartilhamento e a circulação de posses comunitárias e, acima de tudo, oferecendo

---

349 Nome das aglomerações de conjuntos habitacionais de subúrbio criadas por Willian Levitt e sua companhia, Levitt & Sons. As casas, padronizadas, eram produzidas em linhas de montagem. [N.E.]

350 Hayden, *Redesigning the American Dream*.

351 *Oikos* é um termo em grego que pode fazer referência a casa, família e propriedade familiar. Na Grécia Antiga, tratava-se de uma unidade básica da sociedade, organizada de forma hierarquizada em torno da figura do pai, a principal autoridade dentro da casa, associando-se à descendência de pai para flho. O conceito de família dentro do *oikos*, segundo Aristóteles, em *Política*, não se restringia aos laços sanguíneos, uma vez que todos que contribuíam para o bem-estar e desenvolvimento do *oikos* eram considerados família, incluindo-se aí todos os familiares diretos e os escravos. [N.E.]

uma base para formas coletivas de reprodução. Como já foi sugerido, podemos tirar inspiração para esse projeto dos programas das "feministas materialistas" do século XIX que, convencidas de que a casa era um importante "componente espacial da opressão das mulheres", organizavam cozinhas comunitárias, domicílios cooperativos e exigiam que os trabalhadores controlassem a reprodução.[352] Esses objetivos são cruciais no presente: romper com o isolamento da vida na casa particular não é apenas uma precondição para satisfazer nossas necessidades mais básicas e aumentar nosso poder no que se refere aos empregadores e ao Estado; como nos recordou Massimo De Angelis, também é uma proteção contra desastres ecológicos — pois não pode haver dúvida quanto às consequências destrutivas da multiplicação "não econômica" dos bens reprodutivos e das residências delimitadas — que no inverno dissipam calor para a atmosfera e no verão nos expõem ao calor sem proteção — que agora chamamos de casa. Mais importante, não podemos construir uma sociedade alternativa e um forte movimento autor-reprodutivo a não ser que redefinamos de forma mais cooperativa nossa reprodução e coloquemos um fim à separação entre o pessoal e o político, o ativismo político e a reprodução da vida cotidiana.

Resta esclarecer que encarregar as mulheres dessa tarefa de tornar comum/coletivizar a reprodução não é abrir concessão para uma concepção naturalista de "feminilidade". Compreensivelmente, muitas feministas poderiam ver essa possibilidade como um "destino pior que a morte". Está profundamente esculpido na nossa consciência coletiva que as mulheres foram destina-

---

352 Hayden, *The Grand Domestic Revolution*.

das a ser os comuns dos homens, uma fonte natural de riqueza e serviços a ser livremente apropriada por eles tal como os capitalistas se apropriaram da riqueza da natureza. Mas, para citar Dolores Hayden, a reorganização do trabalho reprodutivo e, portanto, a reorganização da estrutura de habitação e espaço público não são uma questão de identidade; são uma questão de trabalho e, podemos acrescentar, de poder e segurança.[353] Aqui, recordo-me da experiência das mulheres integrantes do Movimento dos Trabalhadores Rurais Sem Terra (MST) do Brasil, que, quando suas comunidades conquistaram o direito de manter a terra que ocupavam, insistiram que as novas casas deveriam ser construídas de modo a formar um só complexo, para que elas pudessem continuar compartilhando o trabalho doméstico, lavando e cozinhando juntas, revezando com os homens, como haviam feito durante a luta, e estar prontas para correr e dar apoio umas às outras se sofressem violência por parte dos maridos. Defender que as mulheres devem assumir a liderança na coletivização do trabalho reprodutivo e da moradia não é naturalizar o trabalho doméstico como uma vocação feminina; é recusar-se a apagar as experiências coletivas, o conhecimento e as lutas que as mulheres acumularam no que se refere ao trabalho reprodutivo, cuja história tem sido uma parte essencial da nossa resistência ao capitalismo. Reconectar-se com essa história é hoje um passo crucial, para homens e mulheres, tanto para desfazer a arquitetura de gênero de nossas vidas quanto para reconstruir nossas casas e nossas vidas como comuns.

---

353 Hayden, *Redesigning the American Dream*, p. 230.

SOBRE O TRABALHO AFETIVO (2011)[354]

Cunhado em meados da década de 1990 por marxistas autonomistas que refletiam sobre as novas formas de trabalho produzidas pela reestruturação da economia mundial, o termo "trabalho afetivo" tornou-se uma noção comum em círculos radicais, provando ser um conceito versátil. Ao longo da sua breve existência, seu alcance se expandiu, fazendo com que as tentativas de lhe fornecer uma definição precisa se tornassem uma tarefa difícil. "Trabalho afetivo" é usado atualmente para descrever novas atividades de trabalho no setor de serviços, ou para conceitualizar a natureza do trabalho na era "pós-fordista", e pode também ser entendido como sinônimo de trabalho reprodutivo ou um ponto de partida para repensar os fundamentos do discurso feminista.

Claramente, é um conceito que capturou o imaginário radical. A seguir, discuto as razões dessa atração, perguntando como ele reformula nossa visão das mudanças que ocorreram na organização social da produção, e quais projetos políticos sustenta — em particular, a maneira como o trabalho afetivo contrasta com o quadro categórico pelo qual as feministas marxistas entenderam o trabalho de reprodução no capitalismo e a relação mulher-capital. Meu argumento é que o trabalho afetivo destaca aspectos significativos da comercialização da reprodução,

---

354 Publicado originalmente como "On Affective Labor", em Michael A. Peters & Ergin Bulut (orgs.), *Cognitive Capitalism, Education and Digital Labor* [Capitalismo cognitivo, educação e trabalho digital]. Nova York: Peter Lang, 2011.

mas se torna problemático se tomado como o principal significante para as atividades e relações que sustentam a reprodução da força de trabalho em nosso tempo. Nesse caso, marca um recuo no que diz respeito à compreensão das relações sociais proporcionada pelo movimento feminista dos anos 1970, pois seu uso esconde a contínua exploração do trabalho doméstico não remunerado das mulheres e torna novamente invisíveis as lutas que as mulheres estão travando no âmbito da reprodução.

Para apoiar essas afirmações, examino a teoria do trabalho afetivo na obra de Michael Hardt e Antonio Negri, seus principais proponentes, assim como considero seu uso na teoria social contemporânea e sua recepção por pensadoras feministas. Meu interesse é predominantemente político. O objetivo é ver quais recursos e ferramentas são proporcionados pelo conceito de trabalho afetivo e pela teoria sobre a qual esse termo repousa para uma compreensão das lutas anticapitalistas contemporâneas, quais possibilidades de pensamento nos oferece e como expande o imaginário coletivo.

Minha abordagem nesse contexto é partidária, pois algumas das respostas dadas a essas questões por teóricos do autonomismo marxista desafiam a análise da reprodução social que tem estado no centro do meu trabalho ao longo de pelo menos três décadas.[355] Essa análise se baseia na hipótese de diferenças qualitativas no capitalismo entre a produção de mercadorias e a produção da força de trabalho, e entre o trabalho assalariado e o não assalariado, uma tese rejeitada pela teoria do trabalho afetivo, pelo menos como defendida por marxistas autonomistas.

---

[355] Silvia Federici, "Salários contra o trabalho doméstico (1975)" (p. 42) e "Reprodução e luta feminista na nova divisão internacional do trabalho (1999)" (p. 138), neste volume; Silvia Federici, *Calibã e a bruxa*.

TRABALHO AFETIVO E A TEORIA DO TRABALHO IMATERIAL, DE *IMPÉRIO* ATÉ *MULTIDÃO* E *BEM-ESTAR COMUM*

Uma análise do trabalho afetivo deve começar com os textos de Hardt e Negri, porque foram eles que desenvolveram o conceito de trabalho afetivo pela primeira vez, e o tratamento que deram ao termo estabeleceu um quadro que moldou discussões posteriores. Trabalho afetivo, no entanto, na escrita de Hardt e Negri, não é um conceito isolado, mas sim um aspecto da teoria do trabalho imaterial que é o cerne do trabalho destes autores. Assim, volto-me primeiro para esse quadro mais amplo no qual o trabalho afetivo está inserido e para o projeto político/teórico com o qual Hardt e Negri estiveram comprometidos na trilogia *Empire* (2000) [*Império* (2001)], *Multitude* (2004) [*Multidão* (2005)] e *Commonwealth* (2009) [*Bem-estar comum* (2016)].

Esse compromisso pode ser descrito como uma tentativa de relançar a teoria marxista para uma geração de ativistas e intelectuais para quem o comunismo, nas palavras de Maurizio Lazzarato,[356] tornou-se uma "hipótese morta", além de dissipar o pessimismo gerado pela concepção pós-moderna de história. Para atingir esses objetivos, Hardt e Negri elaboraram uma teoria que argumenta que as lutas dos anos 1960 forçaram o capitalismo a instituir uma nova ordem econômica que por si só já representa uma tran-

---

356 Maurizio Lazzarato, "From Knowledge to Belief, from Critique to the Production of Subjectivity" [Do conhecimento à crença, da crítica à produção de subjetividade], em European Institute for Progressive Cultural Policies, abr. 2008. Disponível em <eipcp.net/transversal/0808/lazzarato/en>.

sição para uma sociedade pós-capitalista, na medida em que essa reconfiguração torna o trabalho mais autônomo em relação ao capital, aumenta a produção de cooperação social e dissolve as bases materiais sobre as quais se estabeleceram as relações desiguais de poder, fomentando uma recomposição política da força de trabalho global.

Em linhas gerais (pois seus principais argumentos têm sido objeto de amplo debate), essa teoria sustenta que a reestruturação da economia mundial e, em particular, as revoluções da informática e da informação deram-se em uma fase de desenvolvimento capitalista parcialmente antecipada por Marx nos *Grundrisse*,[357] em que a ciência se torna a principal força produtiva, e o componente cognitivo/cultural das mercadorias é o combustível do processo de valorização, de modo que o trabalho imaterial se torna a forma dominante de trabalho.

Definido como trabalho que produz objetos não físicos — códigos, dados, símbolos, imagens, ideias, conhecimentos, subjetividades, relações sociais[358] —, o trabalho imaterial parece definir uma esfera específica de atividades e trabalhadores (por exemplo: operadores de computador,

---

357 Marx acreditava que a plena integração da ciência no processo produtivo levaria à mecanização completa da produção, deixando os trabalhadores na posição de assistentes da máquina. Hardt e Negri, ao contrário, subestimam o papel da tecnologia no capitalismo tardio, embora as transformações na organização do trabalho que consideram mais relevantes estejam diretamente relacionadas à informatização do trabalho. A preocupação desses autores é destacar a criatividade e a autonomia do "trabalho vivo". Assim, a tecnologia, para eles, não libera nem domina os trabalhadores (*Commonwealth*, p. 267 [Ed. bras.: *Bem-estar comum*, p. 295-6]). Eles concordam com Marx, no entanto, no que se refere à ciência se tornar o principal meio de produção, quando uma situação qualitativamente nova é criada, na qual o tempo de trabalho deixa de ser a medida do valor.

358 Hardt & Negri, *Multitude*, pp. 65-6 [Ed. bras.: *Multidão*, pp. 100]; Hardt & Negri, *Commonwealth*, p. 132, 287 [Ed. bras.: *Bem-estar comum*, p. 154, 317].

artistas, *designers*) e talvez alargar as hierarquias impostas pela divisão social do trabalho. Estamos certos, no entanto, de que esse não é o caso. O trabalho imaterial não seleciona nem cria hierarquias ou outras distinções significativas, pois argumenta que, com o tempo, todas as formas de trabalho se tornarão imateriais,[359] de acordo com o princípio articulado por Marx no capítulo "Maquinaria e grande indústria" de *O capital*,[360] estipulando que, em cada fase do desenvolvimento capitalista, a forma dominante de trabalho assimilará hegemonicamente todas as outras, transformando-as à sua própria imagem.[361] Por isso, o trabalho imaterial, na atual economia global, não mais institui uma linha divisória entre o trabalho intelectual e o trabalho manual, a cabeça e a mão, nem mesmo pressupõe um produto da separação entre o trabalhador e as faculdades intelectuais de produção, como era o trabalho intelectual em fases anteriores do capitalismo discutidas, por exemplo, por Alfred Sohn-Rethel.[362]

---

359 Hardt & Negri, *Multitude*, p. 107, 328, 349 [Ed. bras.: *Multidão*, p. 149, 412, 436].
360 Marx, *Capital*, v. 1. [Ed. bras.: *O capital*, livro i, p. 548.]
361 Hardt & Negri, *Multitude*, p. 107 [Ed. bras.: *Multidão*, p. 149]; Hardt & Negri, *Empire*, p. 292 [Ed. bras.: *Império*, p. 313]. A passagem-chave em que Marx apresenta esse "princípio" é a seguinte: "Com o desenvolvimento do sistema fabril e o conseguinte revolucionamento da agricultura, não só se amplia *a escala da produção nos demais ramos da indústria* como também *se modifica seu caráter.* Por toda parte torna-se determinante o princípio da produção mecanizada, a saber, analisar o processo de produção em suas fases constitutivas e resolver os problemas assim dados por meio da aplicação da mecânica, da química etc., em suma, das ciências naturais" (Marx, *Capital*, v. 1, p. 590 [Ed. bras.: *O capital*, livro i, p. 649]).
362 Sohn-Rethel enfatiza que o advento do taylorismo determina uma nova divisão do trabalho intelectual e manual, colocando uma *intelligentsia* técnica e organizacional aliada ao capital contra a força de trabalho manual que produz bens materiais (*Intellectual and Manual Labor: A Critique of Epistemology* [Trabalho intelectual e manual: uma crítica epistemológica]. Londres: Macmillan, 1978, p. 157).

Pelo contrário, o trabalho imaterial institui uma relação positiva qualitativamente nova entre trabalho e capital, por meio da qual o trabalho se torna autônomo, auto-organizado e produtor de cooperação social, uma realidade à qual Hardt e Negri se referem como "o comum". Essa transformação pode ser explicada por duas razões. De um lado, as lutas dos trabalhadores forçaram o capital a fugir do terreno da produção para o terreno mais seguro da financeirização, deixando os trabalhadores como os senhores do âmbito da produção.[363] De outro, diferentemente do trabalho físico, o trabalho baseado em conhecimento/informação não pode ser controlado ou supervisionado, pois não pode ser confinado a nenhuma localidade e tempo específicos.[364] Assim, presumivelmente, temos um fenômeno qualitativamente novo: o surgimento de zonas liberadas no coração do capitalismo de alta tecnologia, coexistindo com a atual exploração ainda em curso, não através da organização direta da produção, mas de ações de desapropriação realizadas pelos capitalistas no final do processo de trabalho, "capturando" seu produto, por exemplo, através da imposição das leis de propriedade intelectual.[365]

Terceiro, e mais importante, Hardt e Negri sustentam que, com a imaterialização da produção, todos os contrastes que caracterizaram o trabalho na era industrial – produtivo/improdutivo, produção/reprodução, trabalho/lazer, tempo de vida/tempo de trabalho, trabalho assalariado/ trabalho não assalariado – desaparecem, de modo que o trabalho deixa de ser uma fonte de diferenciação e de rela-

---

363 Hardt & Negri, *Commonwealth*, p. 289 [Ed. bras.: *Bem-estar comum*, p. 319].
364 Hardt & Negri, *Commonwealth*, p. 266 [Ed. bras.: *Bem-estar comum*, pp. 292-3].
365 Hardt & Negri, *Multitude*, pp. 184-8 [Ed. bras.: *Multidão*, pp. 241-5]; Hardt & Negri, *Commonwealth*, p. 141 [Ed. bras.: *Bem-estar comum*, pp. 163-4].

ções desiguais de poder.[366] No lugar das primeiras divisões, Hardt e Negri vislumbram um gigantesco processo de reprodução social, de tal forma que todas as articulações da vida social se tornam um espaço de produção, e a própria sociedade se torna uma imensa máquina de trabalho que produz valor para o capital, mas também saberes, culturas, subjetividades. Ecoando Michel Foucault, Hardt e Negri nomeiam esse novo regime de *produção biopolítica*,[367] argumentando que, dentro dele, o trabalho se torna um ato político à medida que adquire os traços típicos do intercâmbio político — torna-se comunicativo, interativo, afetivo — e um campo de treinamento para o autogoverno dos trabalhadores. Mais importante ainda é que esse regime não depende de uma base material, já que, dessa forma, não se consegue mais manter a produção de hierarquias diferenciadoras, pelo fato de que todos os sujeitos sociais são igualmente criadores da riqueza produzida. Daí a imagem da "multidão" como o sujeito político do trabalho imaterial que presumivelmente incorpora diferenças sem estabelecer qualquer tipo de classificação ou divisão. Como escrevem Hardt e Negri,

> não existe uma diferença qualitativa separando os pobres das classes de trabalhadores empregados. Pelo contrário, verifica-se uma condição de existência e atividade criativa cada vez mais comum definindo toda a multidão. [...] as velhas distinções marxistas entre trabalho produtivo e improdutivo, assim como entre trabalho produtivo e

---

366 Hardt & Negri, *Multitude*, pp. 134-5 [Ed. bras.: *Multidão*, pp. 181-3].
367 Hardt & Negri, *Commonwealth*, pp. 132-7 [Ed. bras.: *Bem-estar comum*, pp. 154-9].

reprodutivo, que sempre foram ambíguas, devem já agora ser completamente descartadas.[368]

Em suma, segundo Hardt e Negri, a possibilidade de uma grande transformação social já se encontra de fato na agenda, uma vez que o advento do trabalho imaterial e da biopolítica significa que já podemos construir uma alternativa, começando pelo nosso dia a dia, e o que resta a ser feito é expandir nossa capacidade de produção coletiva e de troca de conhecimento, além de nos educarmos para o autogoverno.[369]

Essa é uma perspectiva extremamente fortalecedora, e é fácil ver por que essa teoria tem sido tão bem-sucedida. Sua mensagem positiva e seu foco no trabalho e no antagonismo de classe criaram uma bem-vinda reviravolta após anos de "desconstrução" pós-moderna. O mais atraente, no entanto, talvez seja o relançamento da ideia de que a revolução é *agora*, em vez de uma possibilidade confinada a um futuro indefinido, constantemente adiado, e o fato de colocar no centro da análise política a problemática da "transição". Ao mesmo tempo, seus pressupostos principais têm fundamentos empíricos frágeis, cuja validação é excessivamente dependente da suposição de "tendências" e "modas". Além disso, sua mensagem política é muitas vezes carregada de contradições.

A evidência de que o capitalismo hoje se alimenta principalmente de formas imateriais de produção é questionável tanto em termos factuais quanto políticos, mesmo se aceitarmos que Hardt e Negri estão descre-

---

368 Hardt & Negri, *Multitude*, pp. 134-5 [Ed. bras.: *Multidão*, p. 182].
369 Hardt & Negri, *Commonwealth*, pp. 314-21 [Ed. bras.: *Bem-estar comum*, pp. 343-52].

vendo o que atualmente é apenas uma tendência.[370] Com mais peso, pode-se demonstrar que a força motriz da economia mundial tem sido a capacidade do capital internacional de se apropriar das massas trabalhadoras globais formadas por camponeses expropriados e donas de casa, isto é, uma quantidade imensa de trabalho não contratual, aumentando exponencialmente as porcentagens de extração excedente. A postulada autonomia dos "trabalhadores imateriais" também é discutível. Duas décadas após a "revolução ponto-com", não existe mais a ilusão de que o trabalho digital pode fornecer um oásis de criatividade e liberdade, como indicado pelo termo "escravos da internet".[371] Mesmo para os trabalhadores mais criativos, a autonomia revelou-se uma experiência transitória e insustentável, ou o efeito de uma identificação completa com os interesses dos empregadores. Também devemos ser céticos quanto a celebrações de cooperação social na organização do trabalho que não especifica os propósitos a serem realizados. Qual, por exemplo, é o potencial político da cooperação exigida e criada pelo trabalho imaterial se, no reino da biopolítica, a produção de ferramentas de guerra é uma atividade tão "comunitária" quanto a criação dos filhos, e se todas as diferenças entre trabalho remunerado e não remunerado são fundidas?

Há também problemas com o conceito de "multidão",

---

370 Silvia Federici & George Caffentzis, "Notes on the Edu-Factory and Cognitive Capitalism" [Notas sobre a edufábrica e o capitalismo cognitivo], em Edu-Factory Collective (org.). *Towards a Global University: Cognitive Labor, the Production of Knowledge and Exodus from the Education Factory* [Rumo a uma universidade global: trabalho cognitivo, a produção de conhecimento e o êxodo da fábrica de educação]. Brooklyn: Autonomedia, 2009.
371 Tiziana Terranova, "Free Labor: Producing Culture for the Digital Economy" [Trabalho livre: produzindo cultura para a economia digital], em *Social Text*, n. 63 (v. 18, n. 2), pp. 33-58, 2000.

a figura mítica descrita como um e muitos, singularidade e multiplicidade, indefinida quanto a gênero, raça, origem étnica, ocupação, e que Hardt e Negri apontaram como o principal significante da força de trabalho global. Seu caráter sem corpo o torna suspeito, especialmente quando imaginamos que é composto por trabalhadores imateriais especialistas, imersos em um fluxo mundial de comunicações em rede. Parafraseando Antonella Corsani, poderia essa criatura amorfa ser o último refúgio de uma força de trabalho metropolitana masculina que não precisa mais de identidade porque seu domínio não se encontra em disputa?[372]

Há outras evidências indicando que a multidão é composta principalmente por trabalhadores metropolitanos do sexo masculino. Hardt e Negri, por exemplo, descrevem a reestruturação "pós-fordista" da produção como um trabalho que transborda da fábrica para o território. Mas, na realidade, a maior parte da mão de obra industrial "transborda" para o "Terceiro Mundo", enquanto o crescimento do setor de serviços tem sido principalmente um produto da comercialização do trabalho reprodutivo e, portanto, um "transbordamento" não no território da fábrica, mas da casa.

Por último, a hipótese de uma homogeneização inevitável do trabalho sob a hegemonia do trabalho imaterial não pode ser validada. Marx estava equivocado com relação a isso. O capitalismo tem historicamente necessitado de formas de trabalho drasticamente diferentes, com as quais também tem lucrado. Isso fica evidente se olharmos para o desenvolvimento capitalista do ponto de

---

372 Antonella Corsani, "Beyond the Myth of Woman: The Becoming Transfeminist of (Post-)Marxism" [Além do mito da mulher: tornar-se transfeminista do (pós-)marxismo], em *SubStance*, 112, v. 36, n. 1, pp. 107-38, 2007.

vista do trabalho doméstico e da reprodução, bem como do ponto de vista daqueles que o desenvolvimento capitalista tem sistematicamente "subdesenvolvido". Como historiadoras feministas já demonstraram, o capitalismo nunca industrializou o trabalho doméstico, embora a família nuclear não possa ser considerada um legado de relações pré-capitalistas.[373] O trabalho doméstico foi uma criação do capitalismo do final do século XIX construído no auge da industrialização, tanto para pacificar os trabalhadores do sexo masculino quanto para apoiar a mudança da indústria têxtil para a pesada (em termos marxianos, do excedente absoluto para o relativo), que exigiu uma exploração mais intensiva de trabalho. Como consequência, houve um salto no investimento feito em sua reprodução.[374] Sua criação fazia parte da mesma estratégia capitalista que levou à instituição do *family--wage* [salário familiar][375] e culminou no fordismo. Uma industrialização completa do trabalho doméstico, como foi tentado nos primeiros anos da Revolução Bolchevique, foi sem dúvida uma opção, recomendada, inclusive, por alguns socialistas e até mesmo por algumas feministas.[376]

---

373 Para um panorama dos debates que ocorreram no século XIX e início do século XX sobre a industrialização do trabalho doméstico, ver Dolores Hayden, *The Grand Domestic Revolution*.

374 Silvia Federici, *The Development of Domestic Work in the Transition From Absolute to Relative Surplus Value* [O desenvolvimento do trabalho doméstico na transição da mais-valia absoluta para a relativa]. Manuscrito inédito.

375 *Family wage* seria um salário de valor mínimo suficiente para manter uma família, em contraste com o salário mínimo, calculado com base no mínimo que um trabalhador precisa para satisfazer suas necessidades básicas. [N.T.]

376 Para uma coletânea do debate soviético sobre a industrialização do trabalho doméstico na década de 1920, ver Anatole Kopp, *Ville et révolution: architecture et urbanisme soviétiques des années vingt* [Cidade e revolução: arquitetura e urbanismo soviéticos dos anos 1920]. Paris: Anthropos, 1967. Uma feminista estadunidense que apoiou alguma forma de industrialização do trabalho doméstico foi Charlotte Perkins Gilman, em *The Home,*

No entanto, nem no século XIX nem nas décadas subsequentes do século XX essa possibilidade foi realmente testada. Apesar das mudanças históricas sofridas pelo capitalismo, o trabalho doméstico nunca foi industrializado.

Isso demonstra que a afirmação marxiana de que a forma dominante de trabalho torna todas as outras formas de trabalho iguais a si própria deve ser revista quando colocada diante da experiência do trabalho doméstico não assalariado. Também deve ser inclinada para acomodar fatores não diretamente econômicos, como a necessidade de desagregar/dispersar os trabalhadores uma vez fora da fábrica e/ou a incapacidade de romper a resistência dos trabalhadores à completa arregimentação de sua vida. *Isso significa que um regime de "subsunção real"*[377] *pode ser obtido sem um processo completo de homogeneização nas formas e condições de trabalho, e que as descontinuidades são fundamentais para a reprodução das relações capitalistas.*

O que resta a ser visto é o papel que o trabalho afetivo desempenha na teoria do trabalho imaterial. O trabalho imaterial tem, de fato, um componente cognitivo e afetivo, uma divisão que sugere dois aspectos principais da reestruturação da economia global nas áreas metropolitanas: o crescimento do setor de serviços e a informatização do trabalho. Nesse sentido, o trabalho imaterial pode ser fragmentado e, de fato, o trabalho afetivo é frequen-

---

Its Work and Influence [O lar, seu trabalho e influência]. Nova York: McClure, Phillips, & Co, 1903.

377 Marx marca a diferença entre subsunção real e subsunção formal. A primeira é a fase inicial em que o capitalismo incorpora formas de produção previamente existentes, sem modificá-las. A última surge durante o período da indústria de grande escala, quando o capital toma a iniciativa de remodelar todos os aspectos do processo da produção de acordo com suas próprias necessidades (Marx, *Capital*, v. 1, pp. 1019-25 [Ed. bras.: *O capital*, livro I, p. 708 ss.]).

temente usado para descrever a mercantilização do trabalho reprodutivo. Mas seria um erro concluir que o trabalho afetivo é expressão de uma divisão de trabalho por gênero. Este é um equívoco que Hardt e Negri promovem ativamente ao se referirem ao componente cognitivo do trabalho imaterial como o desenvolvimento inteligente do trabalho,[378] e ao componente afetivo (citando Dorothy Smith) como "trabalho do tipo físico".[379] Por meio desse mapeamento com base no gênero e na hierarquia de atividades, Hardt e Negri acenam para o movimento feminista, sinalizando que o lado feminino da equação social não foi esquecido e que sua visão das novas forças produtivas abrange a totalidade da vida social.[380] Eu defendo, no entanto, que, em vez de apenas iluminar a divisão de trabalho por gênero, o trabalho afetivo nos leva além. Trabalho afetivo não se refere a formas de trabalho específicas de gênero, embora às vezes definidas como "trabalho de mulher". Trabalho afetivo se refere ao caráter interativo do trabalho, à sua capacidade de promover fluxos de comunicação, sendo polivalente com relação às atividades associadas a ele. Isso fica evidente quando consideramos como o conceito de trabalho afetivo é construído e implantado no mapa de trabalho atual.

---

378 Hardt & Negri, *Multitude*, p. 109. [Ed. bras.: *Multidão*, p. 150].
379 Hardt & Negri, *Empire*, p. 293. [Ed. bras.: *Império*, p. 314].
380 Susanne Schultz, "Dissolved Boundaries and 'Affective Labor': On the Disappearance of Reproductive Labor and Feminist Critique in *Empire*" [Fronteiras dissolvidas e "trabalho afetivo": sobre a desaparição do trabalho reprodutivo e crítica feminista em *Império*], em *Capitalism, Nature and Socialism*, v. 17, n. 1, mar. 2006, pp. 77-82.

A ORIGEM DOS AFETOS E DO TRABALHO AFETIVO

O conceito de trabalho afetivo origina-se na filosofia de B. de Spinoza, filósofo holandês do século XVII que, nos anos 1970 e 1980, se tornou a bandeira da revolta anti-hegeliana no pensamento radical francês e italiano e um ponto de referência na investigação da natureza do poder, inspirado pelo trabalho de Michel Foucault. Spinoza é um autor que tanto Negri quanto Hardt[381] estudaram e sobre o qual escreveram, achando-o profundamente inspirador, como indica a crescente presença da estrutura ontológica do filósofo nas obras desses autores, especialmente em *Bem-estar comum*.[382] Spinoza fornece o espírito, a filosofia e a sabedoria para a reconstrução da teoria marxista proposta por Hardt e Negri. Para Gilles Deleuze e Félix Guattari — e também para Hardt e Negri —, o naturalismo renascentista de Spinoza e a ontologia materialista imanentista são a resposta à visão hegeliana da história como o desdobramento das forças transcendentes, que relega aos supostos revolucionários o papel de executores do devir histórico. Spinoza também fornece uma conexão crucial entre a

---

381 Antonio Negri, *The Savage Anomaly: The Power of Spinoza's Metaphysics and Politics* [Anomalia selvagem: o poder da metafísica e da política de Spinoza]. Minneapolis: University of Minnesota Press, 1991; Michael Hardt, *Gilles Deleuze: An Apprenticeship in Philosophy*. Minneapolis: University of Minnesota Press, 1993. [Ed. bras.: *Deleuze: um aprendizado em filosofia*. São Paulo: Editora 34, 1997.]

382 Uma boa indicação da importância do pensamento de Spinoza para Hardt e Negri é sua teoria da ação revolucionária, que se baseia de maneira consciente na solução de Spinoza para o problema mente-corpo (Hardt & Negri, *Commonwealth* [Ed. bras.: *Bem-estar comum*]).

"natureza humana" e a economia política, precisamente através da noção de "afeto", a semente ontológica da qual o trabalho afetivo cresceu.

O texto crucial para uma genealogia do afeto e do trabalho afetivo é a parte III da *Ética* (1677), na qual Spinoza desenvolve uma visão materialista não cartesiana da relação mente-corpo enraizada na ideia de "ser" como afetividade, ou seja, como um processo constante de interação e autoprodução.[383]

Os "afetos" em Spinoza são modificações do corpo que aumentam ou diminuem sua capacidade de agir. Spinoza especifica que elas podem ser forças ativas e positivas se vierem de dentro de nós, ou forças passivas e negativas ("paixões") se o que as provoca estiver fora de nós. Assim, a sua ética é uma exortação para cultivar afetos ativos e fortalecedores, como a alegria, e para nos libertar dos passivos e negativos, que podem impedir-nos de agir e nos deixar escravos das paixões. É essa noção de "afetividade", como a capacidade de agir e ser alvo da ação dos outros sobre nós, que é incorporada na visão política de Hardt e Negri. "Afeto" não significa um sentimento de ternura ou amor. Significa, antes, nossa capacidade de interação, nossa capacidade de movimento e de sermos movidos em um fluxo interminável de trocas e encontros, que supostamente expandem nossos poderes e demonstram não apenas a infinita produtividade de nosso ser, mas também o caráter transformador – e, portanto, já político – da vida cotidiana.[384]

---

[383] B. de Spinoza, *On the Improvement of the Understanding, The Ethics, The Correspondence*. Nova York: Dover Publication, 1955. [Ed. bras.: *Ética*. São Paulo: Autêntica, 2009.]

[384] Hardt & Negri, *Commonwealth*, p. 379. [Ed. bras.: *Bem-estar comum*, p. 414.]

Uma das funções da teoria do trabalho afetivo é transpor o conceito filosófico de "afeto" para um plano econômico e político e, nesse processo, demonstrar que na sociedade capitalista de hoje o trabalho realiza e amplifica *esta disposição ontológica do nosso ser* estimulando a capacidade de auto-organização e autotransformação evocada pelo conceito de "afeto". É assim que eu leio a tese de que *no capitalismo contemporâneo a afetividade se tornou um componente de toda forma de trabalho*, pois o trabalho imaterial é altamente interativo e mobiliza não apenas as energias físicas, mas também toda a subjetividade dos trabalhadores.[385] Com essa afirmação, Hardt e Negri sugerem um alinhamento singular entre as possibilidades ontológicas do nosso ser e as atividades que compõem nossa vida econômica, sinalizando o advento de uma nova fase histórica, o "início da história", por assim dizer.[386] Trabalho afetivo também serve para estender o alcance do trabalho imaterial, para incluir dentro dele uma ampla gama de atividades características da mercantilização do trabalho reprodutivo e, de forma mais ambígua, da reprodução fora do mercado. Contudo, como veremos mais adiante, a função principal do trabalho afetivo é a de *degenerificar o trabalho*, sugerindo que os traços outrora associados ao trabalho "reprodutivo das mulheres" estão sendo generalizados, de modo que os homens, no que concerne ao trabalho, estão cada vez mais semelhantes às mulheres. É por isso que, como dito anteriormente, em vez de evocar uma divisão sexual do trabalho, trabalho afetivo *significa o fim dessa divisão*, pelo menos como um fator significativo da vida social e uma base para um ponto de vista feminista.

---

385 Hardt & Negri, *Multitude*, p. 108. [Ed. bras.: *Multidão*, p. 149.]
386 Hardt & Negri, *Commonwealth*, p. 377. [Ed. bras.: *Bem-estar comum*, p. 412.]

TRABALHO AFETIVO E A DEGENERIFICAÇÃO DO TRABALHO

A "degenerificação" do trabalho pode ser observada se seguirmos as mutações do trabalho afetivo em sua transição do plano ontológico para o econômico. Como já sugerido, o trabalho afetivo tem uma dimensão sociológica e ontológica. Da mesma forma que a parte cognitiva do trabalho imaterial é concretizada nas atividades geradas pela informatização do trabalho e pela internet, o trabalho afetivo é frequentemente citado como descrevendo atividades no setor de serviços, especialmente referentes à comercialização da reprodução. A esse respeito, uma clara influência no desenvolvimento da teoria do trabalho afetivo tem sido o trabalho da socióloga feminista Arlie Hochschild sobre a "mercantilização das emoções" e do "trabalho emocional".[387]

Em *The Managed Heart* [O coração gerenciado] (1983), Hochschild analisa as mudanças ocorridas nos anos 1980 nos locais de trabalho estadunidenses – um trabalho precursor dos esforços de Hardt e Negri. Já neste livro, citando *The Coming Post-Industrial Society* [A vindoura sociedade pós-industrial] (1973), de Daniel Bell, Hochschild argumentou que, com o declínio da produção industrial (reduzido em 1983 para 6% de todo o emprego) e a ascensão do setor de serviços, "hoje em dia a maioria dos empregos demanda uma capacidade de lidar com as pessoas e não com as coisas, [e] mais habilidades interpessoais em vez de habilidades mecânicas".[388] Ela então colocou sob os holofotes o "traba-

---

387 Hardt & Negri, *Multitude*, p. 375 [Ed. bras.: *Multidão*, p. 468]; Hardt & Negri, *Commonwealth*, p. 407 [Ed. bras.: *Bem-estar comum*, p. 441].
388 Arlie Hochschild, *The Managed Heart: Commercialization of Human Feeling* [O coração gerenciado: comercialização do sentimento humano].

lho emocional" que comissárias de bordo da indústria aérea devem realizar para dissipar a ansiedade dos passageiros, projetar uma sensação de confiança e alívio, reprimir a raiva ou a irritação diante do abuso e fazer com que aqueles a quem estão servindo sintam-se valorizados. Em trabalhos posteriores,[389] Hochschild voltou ao assunto para investigar as consequências psicológicas e sociais da comercialização de serviços que a família costumava fornecer, mas que foram retirados de casa após a entrada massiva das mulheres na força de trabalho assalariada.

Do ponto de vista de como o trabalho afetivo é descrito por Hardt e Negri, das indústrias e do tipo de trabalhador ao qual eles ocasionalmente o associam, tudo indica que seja um parente próximo do "trabalho emocional" de Hochschild. Trabalho afetivo é, assim, o trabalho que produz ou manipula afetos, trazendo um sentimento de alívio, bem-estar, satisfação, excitação ou paixão.[390] Dizem que é o tipo de trabalho que encontramos na indústria do entretenimento e da publicidade; que podemos deduzir sua importância crescente diante da exigência cada vez maior dos empregadores para que os trabalhadores apresentem boas maneiras, habilidades sociais e sejam educados; e que, entre os trabalhadores afetivos, estão assistentes jurídicos, comissários de bordo, funcionários de redes de *fast-food* que devem "atender sempre com um sorriso no rosto".[391]

Berkeley: University of California Press, 1983, p. 9.

389 Os mais importantes incluem *Time Bind: When Work Becomes Home and Home Becomes Work* [Tempo contínuo: quando o trabalho se torna o lar e o lar se torna o trabalho]. Nova York: Metropolitan Book, 1997; e *The Commercialization of Intimate Life* [A comercialização da vida privada]. Berkeley: University of California Press, 2003.

390 Hardt & Negri, *Multitude*, p. 108. [Ed. bras.: *Multidão*, p. 149.]

391 Hardt & Negri, *Multitude*.

Existem, no entanto, diferenças significativas entre a teoria de Hochschild e a de Hardt e Negri. A análise de Hochschild não deixa dúvidas de que as *mulheres são os sujeitos centrais do trabalho emocional* e que, embora isso seja um trabalho remunerado para atender o público, trata-se, em essência, de um trabalho que as mulheres sempre fizeram. Como ela aponta, na falta de outros recursos e dependendo financeiramente dos homens, as mulheres sempre transformaram suas emoções em valores (ativos), dando-os aos homens em troca dos recursos materiais que elas não possuíam. Nas palavras de Hochschild, a ascensão do setor de serviços incrementou a sistematização do trabalho emocional, além de sua padronização e produção em massa, mas sua existência ainda capitaliza no fato de que as mulheres, desde a infância, são treinadas para ter uma relação instrumental com suas emoções.[392]

Hochschild estabelece ainda uma conexão direta entre a comercialização de emoções e a recusa das mulheres ao trabalho doméstico não remunerado. De fato, sua análise do trabalho emocional é parte de uma investigação mais ampla acerca dos efeitos da "revolução feminista" sobre a posição social das mulheres e dentro das relações familiares. Uma de suas principais preocupações é a crise do cuidado desencadeado pelo trabalho assalariado das mulheres,[393] devido à ausência de mudanças nos locais de trabalho (remunerado) e à falta de um aumento no apoio institucional para o trabalho reprodutivo, assim como a indisponibilidade dos homens para compartilhar o trabalho doméstico.[394] O panorama

---

392 Arlie Hochschild, *The Managed Heart*, p. 171.
393 Arlie Hochschild, *The Commercialization of Intimate Life*, pp. 1-3, 37-8.
394 Arlie Hochschild, *The Managed Heart*, p. 171.

apresentado por ela é perturbador: crianças que cuidam de si mesmas e se tornam tão ressentidas diante da ausência cotidiana de seus pais que, às vezes, estes estendem sua jornada de trabalho para evitar confrontá-las; idosos destinados a asilos e a uma vida de isolamento; e um mundo no geral mais severo, onde relacionamentos que não trazem recompensas monetárias são cada vez mais desvalorizados.[395]

Em todos esses aspectos, a teoria de Hardt e Negri sobre o trabalho afetivo parte do trabalho de Hochschild. Embora os exemplos de trabalho afetivo sejam tirados de empregos no setor de serviços geralmente executados por mulheres e sejam rotulados como "trabalho feminino",[396] o trabalho afetivo não descreve uma forma de trabalho generificada. Pelo contrário, como vimos, trata-se de um componente da maioria das formas de trabalho imaterial, que supostamente são cada vez mais comunicativas, interativas e produtoras de relações sociais.[397] É nesse sentido que Hardt e Negri falam da "feminização do trabalho".[398] Sua referência aqui não é a entrada massiva de mulheres na força de trabalho (assalariada), mas

---

395 Arlie Hochschild, *The Commercialization of Intimate Life*, p. 131, 145; Arlie Hochschild, *Time Bind*, pp. 212-5.

396 Hardt & Negri, *Empire*, p. 293. [Ed. bras.: *Império*, p. 314.]

397 Hardt & Negri, *Multitude*, p. 108. [Ed. bras.: *Multidão*, p. 149.]

398 Conforme descrito em *Commonwealth* (p. 133) [Ed. bras.: *Bem-estar comum*, pp. 155-6], a "feminização do trabalho" indica como as qualidades tradicionalmente associadas às atividades femininas estão se tornando cada vez mais centrais em todos os setores do trabalho. Hardt e Negri se referem aqui à generalização do emprego informal de meio expediente, ao borrar as distinções entre tempo de vida e tempo de trabalho, e ao fato de que a produção supostamente se torna produção de "relações sociais" e "formas de vida" — presumivelmente, traços característicos de trabalhos considerados tradicionalmente femininos. Eles não explicam, no entanto, por que o "trabalho doméstico" deveria produzir mais "formas de vida" do que o trabalho da linha de montagem, nem o que "formas de vida" exatamente significa.

a "feminização" do trabalho realizado pelos homens, o que explica por que não há em seus textos nada mais do que referências passageiras a formas de trabalho específicas de gênero, como a procriação e o cuidado infantil.[399] Hardt e Negri não estão interessados no "trabalho feminino" enquanto tal, remunerado ou não, dentro ou fora de casa, embora possamos descrevê-lo como o maior espaço comum de "trabalho afetivo" do planeta. Da mesma forma, parecem desconhecer as lutas massivas – visíveis e invisíveis – que as mulheres fizeram contra a chantagem da "afetividade", culminando na luta das mães beneficiárias da assistência social e do movimento de libertação das mulheres.[400] Ao descrever as revoltas operárias das décadas de 1960 e 1970, que, segundo eles, impulsionaram a reestruturação da economia global, Hardt e Negri voltam-se exclusivamente para o proletariado industrial. É a massa de trabalhadores da Fiat e da River Rouge que eles reconhecem como a força motriz da mudança do capital para uma forma diferente de produção.[401] Por outro lado, nada transparece em seus textos sobre a "recusa" das mulheres em realizar o trabalho doméstico, embora seja geralmente reconhecido que essa foi a revolução sociocultural mais importante e mais transformadora do nosso tempo. Uma consequência dessa omissão é que a teoria do trabalho afetivo não pode explicar *a dinâmica que conduz à socialização da reprodução* e a nova divisão internacional do trabalho reprodutivo. Como vimos, Hardt e Negri falam do trabalho que transborda da fábrica para a sociedade, alheios à revolução que, nos anos 1960 e 1970, ocorreu

---

399 Hardt & Negri, *Commonwealth*, pp. 133-34. [Ed. bras.: *Bem-estar comum*, pp. 155-6.]

400 Ver Milwaukee County Welfare Rights Organization, *op. cit.*

401 Hardt & Negri, *Empire*, pp. 261-79. [Ed. bras.: *Império*, pp. 282-300.]

dentro de casa, lançando muitas atividades domésticas para o mercado de trabalho. Eles também deixam escapar o fato de que, em vez de se fundir com a produção, o trabalho reprodutivo, reconfigurado na era pós-fordista, tem sido largamente descarregado sobre os ombros de mulheres imigrantes.[402]

De fato, trabalho afetivo e produção biopolítica não podem responder às principais questões da vida das mulheres na atualidade: a crise que as mulheres enfrentam tentando conciliar o trabalho pago com a reprodução, o fato de que a reprodução social ainda depende do trabalho não remunerado das mulheres,[403] e o fato de que o trabalho reprodutivo que tinha saído de casa retornou a ela como consequência dos cortes nas assistências à saúde, ao cuidado hospitalar e ao pequeno comércio, além da expansão (mundial) do trabalho doméstico e, acima de tudo, da continuidade da função da casa como um ímã para o trabalho não (ou mal) remunerado.[404]

---

[402] Silvia Federici, "Reprodução e luta feminista na nova divisão internacional do trabalho (1999)", neste volume, p. 138; Sara Ongaro, "De la reproduction productive à la production reproductive" [Da reprodução produtiva à produção reprodutiva], em *Multitudes*, v. 2, n. 12, pp. 145-53, 2003; Rhacel Salazar Parreñas, *Servants of Globalization: Women, Migration and Domestic Work* [Servos da globalização: mulheres, migração e trabalho doméstico]. Stanford: Stanford University Press, 2001.

[403] Há apenas uma passagem em que Hardt e Negri enfrentam essa crise (*Commonwealth*, p. 134 [Ed. bras.: *Bem-estar comum*, p. 156]), em que afirmam que o trabalho afetivo é exigido das mulheres desproporcionalmente dentro e fora do trabalho, e que, apesar de sua entrada maciça na força de trabalho assalariada, as mulheres ainda são as principais responsáveis em todo o mundo pelo trabalho doméstico e reprodutivo não remunerado. Contudo, mesmo essa afirmação é questionável, dada a alegação continuamente repetida ao longo da trilogia de que a produção biopolítica dissolve todas as distinções entre produção e reprodução. O que significa nesse contexto falar de trabalho reprodutivo? Como se pode imaginar uma solução para a crise mencionada, se a própria distinção que a define é rejeitada?

[404] Glazer, *op. cit.*; Staples, *op. cit.*

Em vista do cenário descrito anteriormente, podemos tirar algumas conclusões preliminares. A generalização do trabalho afetivo, ou seja, sua disseminação sobre toda forma de trabalho, remete-nos a uma situação pré-feminista, na qual não apenas a especificidade, mas a própria existência do trabalho reprodutivo das mulheres e a luta que as mulheres estão fazendo neste terreno tornam-se novamente invisíveis.

TRABALHO AFETIVO NA ESCRITA FEMINISTA

Enquanto no pensamento de Hardt e Negri o trabalho afetivo representa uma característica geral do trabalho na era pós-fordista, entre acadêmicas feministas o conceito forneceu uma ferramenta analítica para investigar novas formas de exploração do trabalho – principalmente feminino –, assim como novos modos de subjetividade e projetualidade, estimulando pesquisas empíricas sobre as mudanças que o trabalho reprodutivo e seus sujeitos sofreram ao entrar na esfera pública/comercial. Contudo, essas análises, na forma de estudos de caso de atividades reprodutivas no setor de serviços, não sustentaram a "hipótese de autonomia" de Hardt e Negri. Comparado com o trabalho na linha de montagem, o "trabalho afetivo" pode parecer mais criativo, pois os trabalhadores devem se engajar em uma constante rearticulação/reinvenção de sua subjetividade, escolhendo o quanto dos seus "eus" será oferecido ao emprego e mediando interesses conflitantes. No entanto, devem fazê-lo sob a pressão de condições precárias de trabalho, de um ritmo intenso e uma racionalização e arregimentação neotaylorista do trabalho só imaginável no regime fordista anterior.

As contradições que os trabalhadores afetivos enfrentam quando as relações de trabalho se tornam "afetivas" e subjetivadas estão bem documentadas nas pesquisas conduzidas por Emma Dowling, Kristin Carls, Elizabeth Wissinger e Allison Hearn, entre outras, sobre trabalho afetivo com, respectivamente, garçonetes, balconistas de grandes lojas, modelos e na promoção de uma "marca pessoal" (*self-branding*) em *reality shows* de TV. Cada uma delas fornece uma fascinante descrição do que implica colocar em ação a subjetividade, a personalidade e o afeto de uma pessoa na esfera do trabalho assalariado, sob condições de crescente competitividade e maior capacidade de supervisão tecnológica dos empregadores. Dowling ressalta, por exemplo, que, trabalhando como garçonete em um restaurante caro em Londres, ela não foi apenas instruída a colocar elementos "afetivos" (conversação, entretenimento, valorização do cliente) no centro do seu serviço para produzir uma "experiência gastronômica", mas tinha que fazê-lo de acordo com diretrizes altamente estruturadas e codificadas, "meticulosamente estabelecidas em uma 'sequência de serviço' de 25 pontos", que especificava a que distância fazer contato visual, apertar as mãos e assim por diante.[405]

Carls também argumenta, desta vez com referência ao setor de comércio, que, em vez de abrir novas possibilidades para a cooperação dos trabalhadores e para a "apropriação coletiva das condições de trabalho", o foco crescente no afeto é um mecanismo central e uma estratégia para

---

405 Emma Dowling, "Producing the Dining Experience: Measure Subjectivity and the Affective Worker" [Produzindo uma experiência gastronômica: mensurando a subjetividade e o trabalho afetivo], em *Ephemera*, v. 7, n. 1, pp. 120-1, 2007.

o controle do trabalho.[406] Em um contexto de trabalho caracterizado por cortes de custos, competição e uma arregimentação rigorosa do trabalho, de tal forma que tudo — desde códigos de vestimenta até pausas para o banheiro — é regulado e aplicado através de múltiplas formas de vigilância, o foco no afeto e na interatividade da relação trabalhador-gerência e trabalhador-cliente são mais propícios à internalização dos códigos de conduta, à internalização da responsabilidade pelo sucesso dos objetivos da empresa e à individualização das práticas trabalhistas, e não à solidariedade com outros trabalhadores — todas dinâmicas intensificadas pela precarização do trabalho e pela insegurança permanente quanto ao futuro no emprego.[407]

A precariedade também surge como um componente essencial da disciplina do trabalho dentro da obra de Elizabeth Wissinger sobre a análise do trabalho afetivo na indústria da moda, em particular entre modelos. Essa é uma atividade em que a vida realmente se confunde com o trabalho, diante do trabalho contínuo sobre o próprio corpo, a percepção de si e a imagem projetada, que são elementos centrais para a vida de modelo. Mas a autovalorização aparente esconde altos níveis de trabalho não remunerado, e torna os trabalhadores receptivos a recompensas constantemente adiadas em um regime que trata essas pessoas como descartáveis, pois podem ser imediatamente demitidas se deixarem de ser "divertidas", "às vezes mesmo antes do término do trabalho".[408]

---

406 Kristin Carls, "Affective Labor in Milanese Large Scale Retailing: Labor Control and Employees Coping Strategies" [Trabalho afetivo no varejo de larga escala milanês: estratégias de controle do trabalho e gestão de empregados], em *Ephemera*, v. 7, n. 1, p. 46, 2007.
407 *Idem*, pp. 49-51.
408 Elizabeth Wissinger, "Modelling a Way of Life: Immaterial and Affective Labour in the Fashion Modelling Industry" [Modelando uma forma de vida:

Por fim, a discussão de Allison Hearn sobre a promoção de uma "marca pessoal" em *reality shows* televisivos desafia diretamente a suposição de que o trabalho afetivo seja uma atividade criativa ou um veículo para a autoexpressão. Ela mostra que, embora se baseie nas emoções e na personalidade dos trabalhadores, a individualidade desempenhada é moldada por ditames específicos e estruturas disciplinares, e a venda de "subjetividade" e experiências de vida é um truque gerencial para cortar custos de produção, fingindo que não há trabalho realmente envolvido.[409]

Exemplos poderiam ser multiplicados, e continuaríamos obtendo resultados semelhantes. Em suma, em vez de ser uma forma de trabalho autônoma e auto--organizada, produzindo espontaneamente formas de "comunismo elementar", o trabalho afetivo é, para os trabalhadores, uma experiência mecânica alienante realizada sob um comando direto, sendo tão vigiada, medida e quantificada em sua capacidade de produção de valor quanto qualquer forma de trabalho físico.[410] É também uma forma de trabalho que gera um senso mais intenso

---

trabalho afetivo e imaterial na indústria da moda], em *Ephemera*, v. 7, n. 1, pp. 252-7, 2007.

409 Allison Hearn, "Reality Television, *The Hills*, and the Limits of the Immaterial Labor Thesis" [*Reality shows*, *The Hills* e os limites da tese do trabalho imaterial], em *Triple C: Cognition, Communication, Cooperation*, v. 8, n. 1, 2010.

410 Emma Dowling, *op. cit.*, p. 121, 128. É uma ilusão acreditar que o trabalho afetivo escapa à mensuração de valor. Considere-se, por exemplo, os comentários perspicazes sobre a taylorização dos cuidados domiciliares e de enfermagem nos Estados Unidos nos anos 1990 feitos por Eileen Boris e Jennifer Klein (*op. cit.*, p. 189). Elas escrevem que, embora o cuidado seja um ato que "transborda limites predefinidos", hospitais e agências privadas o definiram de acordo com os cronogramas taylorizados, reduzindo o atendimento domiciliar à manutenção corporal, extinguindo conversas e serviços de companhia, reconhecidos como essenciais pelos cuidadores, por exemplo.

de responsabilidade e, ocasionalmente, orgulho dos trabalhadores, minando assim qualquer rebelião em potencial contra sentimentos de injustiça.

As descrições de trabalho afetivo acima podem ser generalizadas. Poucas atividades de trabalho qualificadas como trabalho afetivo criam o comum "interno ao trabalho" e "externo ao capital" que Hardt e Negri imaginam que seja produzido por este trabalho. Como Carls aponta, "o desenvolvimento da cooperação e da agência coletiva não é um processo espontâneo, inerente à lógica da reorganização pós-fordista do trabalho".[411] Relações entre garçonetes ou balconistas de lojas e clientes, babás e as crianças das quais elas cuidam, enfermeiros ou auxiliares e pacientes do hospital não são espontaneamente produtores do "comum". No local de trabalho neoliberal, onde a falta de pessoal acelera a ordem do dia e a precariedade gera altos níveis de insegurança e ansiedade, o trabalho afetivo é mais propício a tensões e conflitos do que à descoberta do que é comum.[412] De fato, é uma ilusão acreditar que, em um regime de trabalho no qual as relações de trabalho são estruturadas em prol da acumulação, o trabalho possa ter um caráter autônomo, ser auto-organizado e escapar de medidas e quantificações.

Que o capitalismo não possa "capturar" toda a energia/produtividade do trabalho vivo não diminui o fato de que o trabalho subsumido em uma lógica capitalista atinge a psique operária, manipulando, distorcendo e estruturando a alma dos trabalhadores. Isso é reconhecido por Maurizio Lazzarato quando afirma que, sob a hegemonia do trabalho imaterial, "a personalidade e a subjetividade dos trabalhadores precisaram se tornar suscetíveis à organização e a

---

411 Kristin Carls, *op. cit.*, p. 58.
412 Maurizio Lazzarato, citado por Emma Dowling, *op. cit.*, p. 121.

receber ordens".[413] Hochschild concordaria. Ela descobriu que existem estratégias diferentes às quais os trabalhadores recorrem para responder às técnicas empregadas pelos gerentes empresariais para se apropriarem de sua energia emocional. Alguns dão a alma e todo o seu ser ao trabalho, tornando suas as preocupações dos clientes; outros se dissociam completamente do trabalho, mecanicamente "encenando" o conteúdo afetivo do trabalho que é esperado deles; outras pessoas, por sua vez, tentam navegar entre esses dois extremos.[414] Em nenhum caso, contudo, o "comum" é produzido em um desenvolvimento automático, imanente do próprio trabalho. Colocados em termos diferentes, o "comum" não pode ser produzido quando devemos oferecer bebidas aos clientes sem nos importarmos com os possíveis problemas renais que podem desenvolver, ou se devemos convencê-los a comprar o vestido, o carro ou os móveis que eles talvez não sejam capazes de pagar, ou quando devemos enchê-los de elogios, estimulando seu ego, dando conselhos e fazendo comentários de acordo com uma cartilha pré-combinada. De fato, como já mencionado, o que aparece como "autonomia" é, na maioria das vezes, a interiorização das necessidades dos empregadores.

No entanto, conforme exemplificou o comissário de bordo Steven Slater, que resolveu parar de "dizer sim" a seus clientes e "pular fora",[415] lutas contra o trabalho afetivo existem, e o fato de Hardt e Negri terem ignorado essa reali-

---

413 Kristin Carls, *op. cit.*, p. 58.
414 Hochschild, *The Managed Heart.*
415 Referência ao caso do comissário de bordo Steven Slater, da JetBlue Airlines, que, em agosto de 2010, ao pousar em Nova York e se considerar desrespeitado por uma passageira, anunciou no sistema de comunicação do avião que estava se demitindo, pegou duas cervejas, abriu o escorregador de evacuação inflável e deslizou para fora da aeronave. [N.T.]

dade talvez seja um dos principais limites de sua obra.[416]

Isso não é acidental. A insistência de Hardt e Negri em definir a afetividade principalmente como interatividade, auto-organização e cooperação impede o reconhecimento das relações antagônicas que são constitutivas deste trabalho. Também impede a elaboração de estratégias que permitam aos trabalhadores afetivos superar o sentimento de culpa que advém da recusa de um trabalho do qual depende a reprodução de outras pessoas. Somente quando pensamos no trabalho afetivo como trabalho reprodutivo em sua função dupla e contraditória, como reprodução de seres humanos e reprodução da força de trabalho, é que podemos imaginar formas de luta e recusa que fortaleçam as pessoas que cuidamos, em vez de destruí-las. A lição do movimento feminista tem sido crucial nesse sentido, já que reconhece que a recusa das mulheres em relação à exploração e à chantagem emocional, que está no cerne do trabalho doméstico não remunerado, bem como do trabalho de cuidado remunerado, liberta também quem depende desse trabalho.

Esse reconhecimento e abordagem estratégica do trabalho afetivo não é possível, no entanto, se essa atividade for apresentada não como trabalho organizado por e para o capital, mas como um exemplo do trabalho em uma sociedade pós-capitalista.

---

416 Larry King, entrevista com Steven Slater, *CNN Larry King Live*, 2010.

CONCLUSÕES

É significativo que as análises conduzidas sob o rótulo de "trabalho afetivo" tenham se concentrado em novas formas de trabalho de mercado e, especialmente, no trabalho reprodutivo comercializado – principalmente feminino. Isso, por um lado, não é surpreendente, pois a mercantilização de muitas tarefas reprodutivas tem sido uma das principais novidades da nova economia mundial, que surgiu também em resposta à luta das mulheres contra o trabalho não remunerado nas décadas de 1980 e 1990. Por outro lado, essa mudança é problemática, pois o foco no trabalho reprodutivo comercializado corre o risco de esconder novamente as constelações de atividades não remuneradas que ainda são realizadas em casa e os efeitos disso sobre a posição das mulheres também como trabalhadoras assalariadas. Mais importante, a ênfase dominante no mercado de trabalho e, na opinião de Hardt e Negri, o colapso das distinções entre produção/reprodução, assalariado/não assalariado, correm o risco de encobrir um fato fundamental sobre a natureza do capitalismo, que a luta dos sem-salário nos anos 1960 trouxe com força para o primeiro plano: a acumulação de capital se alimenta de uma imensa quantidade de trabalho não remunerado; acima de tudo, alimenta-se da desvalorização sistemática do trabalho reprodutivo que se traduz na desvalorização de grandes setores do proletariado mundial. É esse reconhecimento que arrisca perder-se quando o "trabalho afetivo" se converte no prisma exclusivo através do qual lemos a reestruturação da reprodução – ou quando se torna o marcador de uma concepção de mundo em que distinções entre produção/reprodução e trabalho assalariado/não assalariado são completamente obliteradas.

AGRADECIMENTOS

Ideias políticas vêm de movimentos, mas a jornada para um livro requer o trabalho de muitos indivíduos. Entre as pessoas que fizeram a primeira edição deste livro possível, eu gostaria de agradecer a duas em particular, pela contribuição para este projeto e pela criatividade e generosidade no campo do ativismo político: Malav Kanuga, editor da série Common Notions,[417] que me incentivou a publicar este trabalho e me ajudou ao longo deste processo com entusiasmo e excelentes conselhos; e Josh MacPhee, cujo *design* para a capa [da edição estadunidense] do livro é mais um exemplo do poder de sua arte e de sua concepção de imagens como sementes de mudança.

Eu também quero agradecer a Nawal El Saadawi, feminista, escritora, revolucionária, cujo trabalho *Woman at Point Zero* [O ponto zero da mulher] inspirou o título deste livro e muito mais. *O ponto zero da revolução* trata da transformação do nosso cotidiano e da criação de novas formas de solidariedade. Com esse espírito, dedico este livro à Dara Greenwald, que por sua arte, seu ativismo político e sua luta contra o câncer trouxe à existência uma comunidade de cuidados, encarnando concretamente esta "ilha de cura" construída por ela durante sua doença.

"Salários contra o trabalho doméstico" foi publicado pela primeira vez como *Wages Against Housework* (Bristol: Falling Wall Press, 1975). Também foi publicado em *The Politics of Housework* [As políticas do trabalho doméstico],

---

417 A Common Notions começou como um selo de publicações da editora californiana PM Press, tornando-se depois uma editora sediada em Nova York. [N.E.]

editado por Ellen Malos (Cheltenham: New Clarion Press, 1980), e em *Dear Sisters: Dispatches from the Women's Liberation Movement* [Queridas irmãs: notas do movimento de libertação das mulheres], editado por Rosalyn Baxandall e Linda Gordon (Nova York: Basic Books, 2000).

"Por que sexualidade é trabalho" foi originalmente escrito como parte de uma apresentação para a segunda conferência internacional da Wages for Housework Campaign, realizada em Toronto em janeiro de 1975.

"Contraplanejamentos da cozinha" foi publicado pela primeira vez como *Counterplanning from the Kitchen* (Bristol: Falling Wall Press, 1975). Também foi publicado em *From Feminism to Liberation* [Do feminismo à libertação], editado por Edith Hoshino Altbach (Cambridge: Schenkman Publishing Company, 2007).

"A reestruturação da reprodução social nos Estados Unidos na década de 1970", que neste livro aparece sob o título "A reestruturação do trabalho doméstico e da reprodução nos Estados Unidos nos anos 1970", foi uma comunicação realizada em uma conferência convocada pelo Centro Studi Americani, em Roma, sobre "Políticas econômicas do trabalho feminino na Itália e nos Estados Unidos", realizada de 9 a 11 de dezembro de 1980, patrocinada pelo German Marshall Fund dos Estados Unidos. Também foi publicado em *The Commoner*, v. 11, primavera/verão de 2006.

"Colocando o feminismo de volta nos trilhos" apareceu pela primeira vez em *The Sixties Without Apologies* [Os anos sessenta sem desculpas], editado por Sohnya Sayres et al. (Minneapolis: University of Minnesota Press, 1984).

"Reprodução e luta feminista na Nova Divisão Internacional do Trabalho" inicialmente saiu em *Women, Development and Labor Reproduction: Struggles and Movements* [Mulheres, desenvolvimento e reprodução do trabalho: lutas e movimentos], editado por Mariarosa

Dalla Costa e Giovanna Franca Dalla Costa (Trenton: Africa World Press, 1999).

"Guerra, globalização e reprodução" apareceu pela primeira vez em *Peace and Change*, v. 25, n. 2, abril de 2000. Também foi publicado em *There is an Alternative: Subsistence and Worldwide Resistance to Corporate Globalization* [Existe uma alternativa: subsistência e resistência mundial à globalização corporativa], editado por Veronika Bennholdt-Thomsen, Nicholas Faraclas e Claudia von Werlhof (Londres: Zed Books, 2001); e em *Seeds of Hope: Pan-African Peace Studies for the Twenty-First Century* [Sementes da esperança: estudos pan--africanos sobre a paz para o século XXI], editado por Matt Meyer e Elavie Ndura-Ouedraogo (Trenton: Africa World Press, 2008).

"Mulheres, globalização e o Movimento Internacional das Mulheres" foi primeiramente publicado em uma edição especial do *Canadian Journal of Development Studies*, n. 22, 2001.

"A reprodução da força de trabalho na economia global e a revolução feminista inacabada" foi uma comunicação apresentada no seminário "A crise da reprodução social e a luta feminista", na Universidade da Califórnia em Santa Cruz, em 27 de janeiro de 2009.

"Sobre o cuidado dos idosos e os limites do marxismo" foi publicado pela primeira vez em alemão como "Anmerkungen über Altenpflegearbeit und die Grenzen des Marxismus", em *Uber Marx Hinaus* [Além de Marx], editado por Marcel van der Linden e Karl Heinz Roth (Hamburgo: Assoziation A, 2009).

"Mulheres, lutas por terra e globalização: uma perspectiva internacional" apareceu pela primeira vez no *Journal of Asian and African Studies*, na edição especial "Africa and Globalization: Critical Perspectives" [África e globalização:

perspectivas críticas], v. 39, n. 1-2, janeiro-março de 2004.

"Feminismo e a política do comum em uma era de acumulação primitiva" teve sua primeira publicação em *Uses of a Whirlwind: Movement, Movements, and Contemporary Radical Currents in the United States* [Usos de um redemoinho: movimento, movimentos e correntes radicais contemporâneas nos Estados Unidos], editado pelo coletivo Team Colors (Baltimore: AK Press, 2010), e também em *The Commoner*, v. 14, 2011.

FOTO: LUIS NIETO DICKENS/PM PRESS

SILVIA FEDERICI é uma intelectual militante de tradição feminista marxista autônoma. Nascida na cidade italiana de Parma em 1942, mudou-se para os Estados Unidos em 1967, onde foi cofundadora do International Feminist Collective [Coletivo internacional feminista], participou da International Wages for Housework Campaign e contribuiu com o Midnight Notes Collective.

Durante os anos 1980 foi professora na Universidade de Port Harcourt, na Nigéria, onde acompanhou a organização feminista Women in Nigeria [Mulheres na Nigéria] e contribuiu para a criação do Committee for Academic Freedom in Africa [Comitê para a liberdade acadêmica na África].

Na Nigéria pôde ainda presenciar a implementação de uma série de ajustes estruturais patrocinados pelo Fundo Monetário Internacional e pelo Banco Mundial.

Atualmente, Silvia Federici é professora emérita da Universidade de Hofstra, em Nova York.

É autora de *Calibã e a bruxa: mulheres, corpo e acumulação primitiva* (Elefante, 2017), e possui inúmeros artigos sobre feminismo, colonialismo, globalização, trabalho precário e comuns.

IMAGENS

Capa, pp. 35-6 • Pictorial Press Ltd / Alamy Stock Photo.
Segunda capa • Digital Vision Vectors / Getty Images
Terceira capa • Digital Vision Vectors / Getty Images
Quarta capa, p. 13 • De Agostini / Getty Images
p. 6 • Digital Vision Vectors / Getty Images
pp. 131-2 • Digital Vision Vectors / Getty Images
pp. 233-4 • De Agostini / Getty Images

BIBLIOGRAFIA

ABRAMOVITZ, Mimi. *Regulating the Lives of Women: Social Welfare Policy from Colonial Times to the Present*. Boston: South End Press, 1996.

AFRICA WATCH REPORT. *Somalia: A Government at War with its Own People. Testimonies About the Killings and the Conflict in the North*. Nova York: Human Rights Watch, 1990.

ALEXANDER, Mary. "ERP (Economic Recovery Program) Hits Women Hardest", *NSAMANKOW: Voice of Patriotic and Democratic Forces in Ghana*, n. 2, p. 8-9, ago. 1990.

ALGER, Chadwick F. "Perceiving, Analyzing and Coping with the Local-Global Nexus", *International Social Science Journal*, n. 117, p. 321-40, 1988.

ALLEN, Chris. "The Machinery of External Control", *Review of African Political Economy*, v. 25, n. 75, p. 5-7, mar. 1998.

ALLY, Shireen. "Caring about Care Workers: Organizing in the Female Shadow of Globalisation". In: *International Conference on Women and Globalization*, Center for Global Justice, 2005, San Miguel de Allende.

ALTVATER, Elmar et al. (Orgs.). *The Poverty of Nations: A Guide to the Debt Crisis from Argentina to Zaire*. Londres: Zed Books, 1987.

AMIN, Samir. *Accumulation on a World Scale: A Critique of the Theory of Underdevelopment*. Nova York: Monthly Review Press, 1970.

_____. *Unequal Development. An Essay on the Social Formations of Peripheral Capitalism*. Nova York: Monthly Review Press, 1976.

AMOORE, Louise (Org.). *The Global Resistance Reader*. Nova York: Routledge, 2005.

ANDERSON, Nels. *Men on the Move*. Chicago: Chicago: University of Chicago Press, 1998 [1940].

_____. *On Hobos and Homelessness*. Chicago: University of Chicago Press, 1998.

ANDREAS, Carol. *Why Women Rebel: The Rise of Popular Feminism in Peru*. Westport: Lawrence Hill Company., 1985.

ANTON, Anatole; FISK, Milton; HOLMSTROM, Nancy. *Not for Sale: In Defense of Public Goods*. Boulder: Westview Press, 2000.

ANTROBUS, Peggy. *The Global Women's Movements: Origins, Issues and Strategies*. Londres: Zed Books, 2004.

ASIA WATCH. *A Modern Form of Slavery: Trafficking of Burmese Women and Girls into Brothels in Thailand*. Nova York: Human Rights Watch, 1993.

ASIAN WOMEN UNITED OF CALIFORNIA (Org.). *Making Waves: An Anthology of Writings by and about Asian American Women*. Boston: Beacon Press, 1989.

ASSOCIATION OF CONCERNED AFRICA SCHOLARS (ACAS). "The Aid Debate", *ACAS Bulletin*, n. 47, outono de 1996.

BADEN, Sally; GOETZ, Anne Marie. "Who Needs [Sex] When You Can Have Gender? Conflicting Discourses on Gender at Beijing", *Feminist Review*, n. 56, p. 3-25, verão de 1997.

BAKER, Russell. "Love and Potatoes", *New York Times*, 26 nov. 1974.

BAKKER, Isabella. "Engendering Macro-economic Policy Reform in the Era of Global Restructuring and Adjustment". In: _____ (Org.). *The Strategic Silence: Gender and Economic Policy*. Londres: Zed Books, 1994, p. 1-29.

BALES, Kevin. *Disposable People: New Slavery in the Global Economy*. Berkeley: University of California Press, 1999.

BARNET, Richard J.; CAVANAGH, John. *Global Dreams: Imperial Corporations and the New World Order*. Nova York: Simon & Schuster, 1994.

BARRY, Kathleen. *Female Sexual Slavery*. Nova York: Avon Books, 1981.

_____. *The Coalition against Trafficking in Women: History and Statement of Purpose 1991-1992*. State College: CATW, 1992.

_____. *The Prostitution of Sexuality: The Global Exploitation of Women*. Nova York: New York University Press, 1995.

BAXANDALL, Rosalyn; GORDON, Linda (Orgs.). *Dear Sisters: Dispatches from the Women's Liberation Movement*. Nova York: Basic Books, 2000.

BAYART, Jean-François; ELLIS, Stephen; HIBOU, Béatrice. *The Criminalization of the State in Africa*. Oxford: The International African Institute/James Currey Publishers, 1999.

BECKER, Gary. "A Theory of the Allocation of Time", *Economic Journal*, v. 75, n. 299, p. 493-517, set. 1965.

_____. *The Economic Approach to Human Behavior*. Chicago: University of Chicago Press, 1976.

BECKFORD, Martin. "'Sandwich Generation' Families Torn between Demands of Children and Parents", *The Telegraph*, 1º abr. 2009.

BELLO, Walden. *Dark Victory: The United States, Structural Adjustment and Global Poverty*. Londres: Pluto Press, 1994.

BELLO, Walden; CUNNINGHAM, Shea; KHENG PO, Li. *A Siamese Tragedy: Development and Disintegration in Modern Thailand*. Londres: Zed Books 1998.

BELLUCK, Pam. "In Turnabout, Children Take Caregiver Role", *The New York Times*, 22 fev. 2009.

BENERÍA, Lourdes. "The Crisis of Care, International Migration and Public Policy", *Feminist Economics*, v. 14, n. 3, p. 1-21, jul. 2008.

BENERÍA, Lourdes; FELDMAN, Shelley (Orgs.). *Unequal Burden: Economic Crisis, Persistent Poverty and Women's Work*. Boulder: Westview Press, 1992.

BENJAMIN, Medea (Org.). *Don't Be Afraid, Gringo: A Honduran Woman Speaks from the Heart: The Story of Elvia Alvarado*. Nova York: Harper & Row, 1987.

BENNHOLDT-THOMSEN, Veronika; FARACLAS, Nicholas; WERLHOF, Claudia von (Orgs.). *There Is an Alternative: Subsistence and Worldwide Resistance to Corporate Globalization*. Londres: Zed Books, 2001.

BENNHOLDT-THOMSEN, Veronika; MIES, Maria. *The Subsistence Perspective: Beyond the Globalised Economy*. Londres: Zed Books, 1999.

BENNIS, Phyllis; MUSHABECK, Michel. *Altered States: A Reader in the New World Order*. Brooklyn: Olive Branch Press, 1993.

BERNINGHAUSEN, Jutta; KERSTAN, Birgit. *Forging New Paths: Feminist Social Methodology and Rural Women in Java*. Londres: Zed Books, 1992.

BLACKBURN, Robin. *Banking on Death or Investing in Life: The History and Future of the Pensions*. Londres: Verso, 2002.

BLOT, Daniel. "The Demographics of Migration", *OECD Observer*, v. 163, n. 2, p. 21-5, abril/maio. 1990.

BOLI, John; THOMAS, George (Orgs.). *Constructing World Culture. International Nongovernmental Organization Since 1875*. Stanford: Stanford University Press, 1999.

BOLLES, A. Lynn. "Kitchens Hit by Priorities: Employed Working-Class Jamaican Women Confront the IMF". In: NASH, June; FERNANDEZ-KELLEY, Maria P. (Orgs.). *Women, Men and the International Division of Labor*. Albany: State University of New York Press, 1983, p. 138-60.

BOLLIER, David. *Silent Theft: The Private Plunder of Our Common Wealth*. Londres: Routledge, 2002.

BONEFELD, Werner et al. (Orgs.). *Emancipating Marx (Open Marxism 3)*. Londres: Pluto Press, 1995.

BONEFELD, Werner (Org). *Subverting the Present, Imagining the Future: Class, Struggle, Commons*. Brooklyn: Autonomedia, 2008.

BORIS, Eileen; KLEIN, Jennifer. "We Were the Invisible Workforce. Unionizing Home Care". In: COBBLE, Dorothy Sue (Org.). *The Sex of Class: Women Transforming American Labor*. Ithaca: Cornell University Press, 2007. p. 177-93.

BOSERUP, Ester. *Women's Role in Economic Development*. Londres: George Allen & Unwin, 1970.

BRECHER, Jeremy; COSTELLO, Tim. *Global Village or Global Pillage: Economic Reconstruction from the Bottom Up*. Boston: South End Press, 1994.

BRODY, Jane E. "When Families Take Care of Their Own", *The New York Times*, 10 nov. 2008.

BROZN, Michelle Burton. "Women Garment Workers of Bangladesh Seek U.S. Support in Anti-Sweatshop Campaign", *Industrial Workers of the World*, nov. 2004. Disponível em: <http://www.iww.org/unions/iu410/mlb/11-23-2004.shtml>.

BRYCESON, Deborah Fahy. *Liberalizing Tanzania's Food Trade: Private and Public Faces of Urban Marketing Policy, 1939-1988*. Londres: James Currey, 1993.

BUCKLEY, Cara; CORREAL, Annie. "Domestic Workers Organize to End an 'Atmosphere of Violence' on the Job", *The New York Times*, 9 jun. 2008.

BURKETT, Paul. *Marxism and Ecological Economics: Toward a Red and Green Political Economy*. Boston: Brill, 2006.

BUSH, Barbara. *Slave Women in Caribbean Society, 1650-1838*. Bloomington: Indiana University Press, 1990.

BUVINIĆ, Mayra. "Women in Poverty: A New Global Underclass", *Foreign Policy*, n. 108, p. 38-53, outono de 1997.

CAFFENTZIS, George. "The Work/Energy Crisis and the Apocalypse". In: MIDNIGHT NOTES COLLECTIVE (Org.). *Midnight Oil: Work, Energy, War, 1973-1992*. Brooklyn: Autonomedia, 1992, p. 215-72

_____. "The Fundamental Implications of the Debt Crisis for Social Reproduction in Africa". In: DALLA COSTA, Mariarosa; DALLA COSTA, Giovanna Franca (Orgs.). *Paying the Price: Women and the Politics of International Economic Strategy*. Londres: Zed Books, 1995, p. 15-41.

_____. "On the Notion of the Crisis of Social Reproduction: A Theoretical Review". In: DALLA COSTA, Mariarosa; DALLA COSTA, Giovanna Franca (Orgs.). *Women, Development and Labor of Reproduction: Struggles and Movements*. Trenton: Africa World Press, 1999, p. 153-88.

_____. "Three Temporal Dimensions of Class Struggle". In: *International Studies Association (ISA) Annual Meeting*, 2006, San Diego.

_____. "The Future of 'The Commons': Neoliberalism's 'Plan B' or The Original Disaccumulation of Capital?", *New Formations: Imperial Ecologies*, v. 69, p. 23-41, inverno de 2010.

CALASANTI, Toni M.; SLEVIN, Kathleen F. (Orgs.). *Age Matters: Realigning Feminist Thinking*. Nova York: Routledge, 2006.

CAMPBELL, Horace; STEIN, Howard (Orgs.). *Tanzania and the IMF: The Dinamics of Liberalization*. Harare: Natprint, 1991.

CARLS, Kristin. "Affective Labor in Milanese Large Scale Retailing: Labor Control and Employees Coping Strategies", *Ephemera*, v. 7, n. 1, p. 46-59, 2007.

CARLSSON, Chris. *Nowtopia: How Pirate Programmers, Outlaw Bicyclists and Vacant-Lot Gardeners Are Inventing the Future Today!* Oakland: AK Press, 2008.

CARMICHAEL, Fiona et al. "Work- Life Imbalance: Informal Care and Paid Employment in the UK", *Feminist Economics*, v. 14, n. 2, p. 3-35, abr. 2008.

CARNEY, Judith; WATTS, Michael. "Disciplining Women? Rice, Mechanization and the Evolution of Mandinka Gender Relations in Senegambia", *Signs: Journal of Women in Culture and Society*, v. 16, n. 4, p. 651-81, verão de 1991.

CARNOY, Martin et al. (Orgs.). *The New Global Economy in the Information Age: Reflections on our Changing World*. University Park: Pennsylvania State University Press, 1993.

CASARINO, Cesare; NEGRI, Antonio. *In Praise of the Common: A Conversation on Philosophy and Politics*. Minneapolis: University of Minnesota Press, 2008.

CASTEGNARO, Alessandro. "La Rivoluzione occulta dell'assistenza agli anziani: le aiutanti domiciliari", *Studi Zancan*, n. 2, p. 11-34, 2002.

CASTELLS, Manuel. "The Informational Economy and the New International Division of Labor". In: CARNOY, Martin et al. (Orgs.). *The New Global Economy in the Information Age: Reflections on our Changing World*.

University Park: Pennsylvania State University Press, 1993, p. 15-45.

_____. *End of Millennium, The Information Age: Economy, Society and Culture*. Malden/Oxford: Blackwell Publishing Ltda., 1998.

CHANDLER, Michael Alison. "When a Kid Becomes the Caregiver", *The Washington Post*, 25 ago. 2007.

CHEGE, Michael. "The State and Labour in Kenya". In: NYONG'O, Peter Anyang'. *Popular Struggles for Democracy in Africa*. Londres: Zed Books, 1987, p. 248-64.

CHINNERY-HESSE, Mary et al. *Engendering Adjustment for the 1990s: Report of a Commonwealth Expert Group on Women and Structural Adjustment*. Londres: Commonwealth Secretariat, 1990.

CHIRA, Susan. "Babies for Export: And Now the Painful Question", *The New York Times*, 21 abr. 1988.

CHOSSUDOVSKY, Michel. *The Globalisation of Poverty: Impacts of the IMF and World Bank Reforms*. Londres: Zed Books, 1998. [Ed. bras.: *A globalização da pobreza: impactos das reformas do FMI e do Banco Mundial*. São Paulo: Moderna, 1999.]

CLEAVER, Harry. *Reading Capital Politically*. Edimburgo: AK Press, 2000.

CLOUGH, Michael. *Free at Last? U.S. Policy Toward Africa and the End of the Cold War*. Nova York: Council of Foreign Relations, 1992.

COALITION OF SOUTH AFRICAN TRADE UNIONS (COSATU). Disponível em: <http://www.cosatu.org.za/index.php>.

COBBLE, Dorothy Sue (Org.). *The Sex of Class: Women Transforming American Labor*. Ithaca: Cornell University Press, 2007.

COCK, Jacklyn. "Trapped Workers: The Case of Domestic Servants in South Africa". In: STICHTER, Sharon B.; PARPART, Jane L. (Orgs.). *Patriarchy and Class: African Women in the Home and in the Workforce*. Boulder: Westview Press, 1988, p. 205-19.

COHEN, Roberta; DENG, Francis M. *Masses in Flight: The Global Crisis of Internal Displacement*. Washington: Brookings Institution Press, 1998.

COHEN, Robin. *The New Helots: Migrants in the International Division of Labor*. Aldershot: Gower Publishing, 1987.

COLATRELLA, Steven. *Workers of the World: African and Asian Migrants in Italy in the 1990s*. Trenton: Africa World Press, 2001.

COMMITTEE FOR ACADEMIC FREEDOM IN AFRICA (CAFA). *Newsletter 2*, outono de 1991.

_____. *Newsletter 4*, primavera de 1993.

_____. *Newsletter 5*, outono de 1993.

CORSANI, Antonella. "Beyond the Myth of Woman: The Becoming Transfeminist of (Post-)Marxism", *SubStance: Italian Post-Workerist Thought*, 112, v. 36, n. 1, p. 106-38, 2007.

COSTA, Dora L. *The Evolution of Retirement: An American Economic History, 1880-1990*. Chicago: University of Chicago Press, 1998.

COWAN, Ruth S. *More Work for Mother: The Ironies of Household Technology from the Open Hearth to the Microwave*. Nova York: Basic Books, 1983.

COWELL, Alan. "Affluent Europe's Plight: Graying", *The New York Times*, 8 set. 1994.

COZART, Bernadette. "The Greening of Harlem". In: WILSON, Peter Lamborn; WEINBERG, Bill (Orgs.). *Avant Gardening: Ecological Struggle in the City and the World*. Brooklyn: Autonomedia, 1999.

DALLA COSTA, Giovanna Franca. "Development and Economic Crisis: Women's Labour and Social Policies in Venezuela in the Context of International Indebtedness". In: DALLA COSTA, Mariarosa; DALLA COSTA, Giovanna Franca (Orgs.). *Paying the Price: Women and the Politics of International Economic Strategy*. Londres: Zed Books, 1995, p. 91-120.

DALLA COSTA, Mariarosa. "Community, Factory and School from the Woman's Viewpoint". In: *L'Offensiva: Quaderni di lotta feminista n. 1*. Turim: Musolini Editore, 1972.

_____. "Women and the Subversion of the Community". In: DALLA COSTA, Mariarosa; JAMES, Selma (Orgs.). *The Power of Women and the Subversion of the Community*. Bristol: Falling Wall Press, 1973, p. 21-54.

_____. "Riproduzione e emigrazione". In: SERAFINI, Alessandro (Org.). *L'Operaio Multinazionale in Europa*. Milão: Feltrinelli, 1974 [traduzido para o inglês por Silvia Federici e Harry Cleaver e publicado com o título "Reproduction and Emigration" em *The Commoner*, v. 15, p. 95-157, inverno de 2012].

_____. "Mariarosa Dalla Costa". In: BORIO, Guido; POZZI, Francesca; ROGGERO, Gigi (Orgs.), *Gli Operaisti: autobiografie di cattivi maestri*. Roma: Derive/Approdi, 2005, p. 121-40.

_____. "Capitalism and Reproduction". In: BONEFELD, Werner (Org). *Subverting the Present, Imagining the Future: Class, Struggle, Commons*. Brooklyn: Autonomedia, 2008, p. 87-98.

_____. "Women's Autonomy and Remuneration for Care Work in the New Emergencies", *The Commoner*, v. 15, p. 198-234, inverno de 2012.

DALLA COSTA, Mariarosa; DALLA COSTA Giovanna Franca (Orgs.). *Paying the Price: Women and the Politics of International Economic Strategy*. Londres: Zed Books, 1995.

_____. *Women, Development and Labor of Reproduction: Struggles and Movements*. Trenton: Africa World Press, 1999.

DALLA COSTA, Mariarosa; FORTUNATI, Leopoldina. *Brutto Ciao. Direzioni di marcia delle donne negli ultimi trent'anni*. Rome: Edizioni delle donne, 1976.

DALLA COSTA, Mariarosa; JAMES, Selma (Orgs.). *The Power of Women and the Subversion of the Community*. Bristol: Falling Wall Press, 1973.

DAVIDSON, Basil. *The People's Cause: A History of Guerrillas in Africa*. Londres: Longman, 1981.

DAVIES, Miranda (Org.). *Third World – Second Sex*, v. 2. Londres: Zed Books, 1987.

DAVIS, Mike. *Planet of Slums: Urban Involution and the Informal Working Class*. Londres/Nova York: Verso, 2006.

DE ANGELIS, Massimo. *The Beginning of History: Value Struggles and Global Capital*. Londres: Pluto Press, 2007.

DEPARTMENT OF HEALTH, EDUCATION AND WELFARE. *Work in America: Report of a Special Task Force to the Secretary of HEW (Health, Education and Welfare)*. Cambridge: MIT Press, 1975.

DEPASTINO, Todd. *Citizen Hobo: How a Century of Homelessness Shaped America*. Chicago: University of Chicago Press, 2003.

DIDUK, Susan. "Women's Agricultural Production and Political Action in the Cameroon Grassfields", *Africa: Journal of the International African Institute*, v. 59, n. 3, p. 338-55, 1989.

DI VICO, Dario. "Le badanti, il nuovo welfare privato", *Corriere della Sera*, p. 15, 13 jun. 2004.

DOWLING, Emma. "Producing the Dining Experience: Measure Subjectivity and the Affective Worker", *Ephemera*, v. 7, n. 1, p. 117-32, 2007.

DUFFIELD, Mark. "The Political Economy of Internal War: Asset Transfer, Complex Emergencies and International Aid". In: MACRAE, Joanna; ZWI, Anthony B. (Orgs.). *War and Hunger: Rethinking International Responses to Complex Emergencies*. Londres: Zed Books, 1994, p. 50-69.

EATON, Susan E. "Eldercare in the United States: Inadequate, Inequitable, but Not a Lost Cause". In: FOLBRE, Nancy; SHAW, Lois B.; STARK, Agneta (Orgs.). *Warm Hands in Cold Age: Gender and Aging*. Nova York: Routledge, 2007, p. 37-52.

EDELMAN, Marc; HAUGERUD, Angelique (Orgs.). *The Anthropology of Development and Globalization: From Classical Political Economy to Contemporary Neoliberalism*. Malden: Blackwell Publishing, 2005.

EFFE. *La Rivista delle Librerie Feltrinelli*, n. 13, 1999.

EL SAADAWI, Nawal. *Woman at Point Zero*. Londres: Zed Books, 1999.

ELSON, Diane (Org.). *Male Bias in the Development Process*. Manchester: Manchester University Press, 1990.

_____. "From Survival Strategies to Transformation Strategies: Women's Needs and Structural Adjustment". In: BENERÍA, Lourdes; FELDMAN, Shelley (Orgs.). *Unequal Burden: Economic Crisis, Persistent Poverty and Women's Work*. Boulder: Westview Press, 1992, p. 26-49.

EMEAGWALI, Gloria T. (Org.). *Women Pay the Price: Structural Adjustment in Africa and the Caribbean*. Trenton: Africa World Press, 1995.

EMERGENCY EXIT COLLECTIVE. *The Great Eight Masters and the Six Billion Commoners*. Bristol: May Day, 2008.

ENGELS, Friederich. *The Condition of the Working Class in England*. Moscou: Progress Publishers, 1980. [Ed. bras.: *A situação da classe trabalhadora na Inglaterra*. São Paulo: Boitempo, 2008.]

ENLOE, Cynthia. *Bananas, Beaches and Bases: Making Feminist Sense of International Politics*. Berkeley: University of California Press, 1990.

FARACLAS, Nicholas. "Melanesia, the Banks, and the BINGOs: Real Alternatives Are Everywhere (Except in the Consultants' Briefcases)". In: BENNHOLDT-THOMSEN, Veronika; FARACLAS, Nicholas; WERLHOF, Claudia von (Orgs.).

There Is an Alternative: Subsistence and Worldwide Resistance to Corporate Globalization. Londres: Zed Books, 2001, p. 67-76.

FEDERICI, Silvia. "Wages Against Housework". In: MALOS, Ellen (Org.). *The Politics of Housework.* Cheltenham: New Clarion Press, 1980, p. 187-94.

_____. "The Debt Crisis, Africa and the New Enclosures." In: MIDNIGHT NOTES COLLECTIVE (Org.). *Midnight Oil: Work, Energy, War, 1973-1992.* Brooklyn: Autonomedia, 1992, p. 303-17.

_____. "Economic Crisis and Demographic Policy in Sub-Saharan Africa: The Case of Nigeria". In: DALLA COSTA, Mariarosa; DALLA COSTA, Giovanna Franca (Orgs.). *Paying the Price: Women and the Politics of International Economic Strategy.* Londres: Zed Books, 1995, p. 42-57.

_____. "Going to Beijin: The United Nations and the Taming of the International Women's Movement". Manuscrito não publicado, 1997.

_____. "Reproduction and Feminist Struggle in the New International Division of Labor". In: DALLA COSTA, Mariarosa; DALLA COSTA, Giovanna Franca (Orgs.). *Women, Development and Labor of Reproduction: Struggles and Movements.* Trenton: Africa World Press, 1999, p. 47-82.

_____. "The New African Student Movement". In: FEDERICI, Silvia; CAFFENTZIS, George; ALIDOU, Ousseina (Orgs.). *A Thousand Flowers: Social Struggles against Structural Adjustment in African Universities.* Trenton: Africa World Press, 2000, p. 86-112.

_____. *Caliban and the Witch: Women, the Body and Primitive Accumulation.* Brooklyn: Autonomedia, 2004. [Ed. bras.: *Calibã e a bruxa: mulheres, corpo e acumulação primitiva.* São Paulo: Elefante, 2017.]

_____. "Precarious Labour: 'A Feminist Viewpoint'", *In the Middle of a Whirlwind. Convention Protests, Movement and Movements,* 2008. Disponível em: <https://inthemiddleofthewhirlwind.wordpress.com/precarious-labor-a-feminist-viewpoint/>.

_____. "War, Globalization and Reproduction", *Peace and Change,* v. 25, n. 2, p. 153-65, abr. 2000. [Republicado em MEYER, Matt; NDURA-OUÉDRAOGO, Elavie (Orgs.). *Seeds of New Hope: Pan-African Peace Studies for the Twenty-First Century.* Trenton: Africa World Press, 2008, p. 141-64].

_____. "Witch-Hunting, Globalization and Feminist Solidarity in Africa Today", *Journal of International Women's Studies,* edição especial: Women's Gender Activism in Africa, v. 10, n. 1, p. 21-35, out. 2008.

_____. "On Affective Labor". In: PETERS, Michael A.; BULUT, Ergin (Orgs.). *Cognitive Capitalism, Education and Digital Labor.* Nova York: Peter Lang, 2011, p. 57-74.

_____. "Women, Land Struggles and the Reconstruction of the Commons", *Working USA: The Journal of Labor and Society,* v. 14, n. 1, p. 41-56, mar. 2011.

_____. *The Development of Domestic Work in the Transition From Absolute to Relative Surplus Value.* No prelo. [s.d].

FEDERICI, Silvia; CAFFENTZIS, George. "Notes on the Edu-Factory and Cognitive Capitalism". In: EDU-FACTORY COLLECTIVE (Org.). *Toward a Global Autonomous University: Cognitive Labor, The Production of Knowledge and Exodus from the Education Factory*. Brooklyn: Autonomedia, 2009, p. 125-31.

FEDERICI, Silvia; CAFFENTZIS, George; ALIDOU, Ousseina (Orgs.). *A Thousand Flowers: Social Struggles against Structural Adjustment in African Universities*. Trenton: Africa World Press, 2000.

FERGUSON, Ann; FOLBRE, Nancy. "Women, Care and the Public Good: A Dialogue". In: ANTON, Anatole; FISK, Milton; HOLMSTROM, Nancy. *Not for Sale: In Defense of Public Goods*. Boulder: Westview Press, 2000, p. 95-108.

FERGUSON, Sarah. "A Brief History of Grassroots Greening on the Lower East Side". In: WILSON, Peter Lamborn; WEINBERG, Bill. *Avant Gardening: Ecological Struggle in the City and the World*. Brooklyn: Autonomedia, 1999, p. 80-90.

FERNANDEZ, Margarita. "Cultivating Community, Food and Empowerment: Urban Gardens in New York City". Artigo de projeto de curso, manuscrito não publicado, 2003.

FIRESTONE, David. "Gloom and Despair Among Advocates of the Poor", *The New York Times*, 21 set. 1995.

FISHER, Jo. *Out of the Shadows: Women, Resistance and Politics in South America*. Londres: Latin America Bureau, 1993.

FLOWERS, Amy. *The Fantasy Factory: An Insider's View of the Phone Sex Industry*. Filadélfia: University of Pennsylvania Press, 1998.

FOLBRE, Nancy. "Nursebots to the Rescue? Immigration, Automation and Care", *Globalizations*, v. 3, n. 3, p. 349-60, 2006.

FOLBRE, Nancy; SHAW, Lois B.; STARK, Agneta (Orgs.). *Warm Hands in Cold Age: Gender and Aging*. Nova York: Routledge, 2007

FOOD AND AGRICULTURE ORGANIZATION OF THE UNITED NATIONS (FAO). *Gender and Agriculture*. Disponível em: <http://www.fao.org/Gender/agrib4-e.htm>.

FORTUNATI, Leopoldina. *The Arcane of Reproduction: Housework, Prostitution, Labor and Capital*. Brooklyn: Autonomedia, 1995 [publicado originalmente em italiano com o título *L'Arcano della Reproduzione: Casalinghe, Prostitute, Operai e Capitale*. Veneza: Marsilio, 1981].

FOSTER, John. *Class Struggle and the Industrial Revolution: Early Industrial Capitalism in Three English Towns*. Londres: Routledge, 1977.

GALL, Carlotta. "Poverty and a Decade of Balkan Conflicts Feed a Network of Sex Slavery", *The Herald Tribune*, 31 jul. 2001.

GALLI, Rosemary; FRANK, Ursula. "Structural Adjustment and Gender in Guinea Bissau". In: EMEAGWALI, Gloria T. (Org.). *Women Pay the Price: Structural Adjustment in Africa and the Caribbean*. Trenton: Africa World Press, 1995, p. 13-30.

GHAI, Dharam (Org.). *The IMF and the South: The Social Impact of Crisis and Adjustment*. Londres: Zed Books, 1991.

GILMAN, Charlotte Perkins. *The Home, Its Work and Influence*. Nova York: McClure, Phillips & Co, 1903.

GLAZER, Nona Y. *Women's Paid and Unpaid Labor: Work Transfer in Health*

Care and Retailing. Filadélfia: Temple University Press, 1993.

GOLDBERG, Carey. "Sex Slavery, Thailand to New York: Thousands of Indentured Asian Prostitutes May Be in U.S.", *The New York Times*, 11 set. 1995.

GOLDSCHMIDT-CLERMONT, Luisella. *Economic Evaluations of Unpaid Household Work: Africa, Asia, Latin America and Oceania*. Genebra: ILO Publications, 1987.

GRAY, Anne. *Unsocial Europe: Social Protection or Flexpoitation?* Londres: Pluto Press, 2004.

GREEN, Carole A. "Race, Ethnicity and Social Security Retirement Age in the U.S.". FOLBRE, Nancy; SHAW, Lois B.; STARK, Agneta (Orgs.). *Warm Hands in Cold Age: Gender and Aging*. Nova York: Routledge, 2007, p. 117-44.

GREENSPAN, Alan. *The Age of Turbulence: Adventures in a New World*. Nova York: Penguin Press, 2007. [Ed. bras.: *A era da turbulência: aventuras em um novo mundo*. Rio de Janeiro: Alta Books, 2007.]

GRUNWALD, Joseph; FLAMM, Kenneth. *The Global Factory: Foreign Assembly in International Trade*. Washington: The Brookings Institution, 1985.

GUELFI, Carlo. "Il Dialogo Nord-Sud e i Suoi Problemi." In: RAINERO, Romain H. (Org.). *Nuove Questioni di Storia Contemporanea*, v. II. Milão: Marzorati, 1985, p. 137-81.

GUNDER FRANK, Andre. "The Development of Underdevelopment", *Monthly Review Press*, v. 18, n. 4, p. 17-31, set. 1966.

_____. *Capitalism and Underdevelopment in Latin America: Historical Studies of Chile and Brazil*. Nova York: Monthly Review Press, 1967.

_____. *World Accumulation, 1492-1789*. Londres: Palgrave Macmillan, 1978. [Ed. bras.: *Acumulação mundial, 1492-1789*. Rio de Janeiro: Zahar, 1977.]

HANLON, Joseph. *Mozambique: Who Calls the Shots?* Londres: James Currey, 1991.

_____. *Peace Without Profit: How the IMF Blocks Rebuilding in Mozambique*. Oxford: James Currey, 1996.

HARAWAY, Donna J. *Simians, Cyborgs and Women: The Reinvention of Nature*. Nova York: Routledge, 1991.

HARDT, Michael. *Gilles Deleuze: An Apprenticeship in Philosophy*. Minneapolis: University of Minnesota Press, 1993. [Ed. bras.: *Deleuze: um aprendizado em filosofia*. São Paulo: Editora 34, 1997.]

_____. "Affective Labor", *boundary 2*, v. 26, n. 2, p. 89-100, verão de 1999.

HARDT, Michael; NEGRI, Antonio. *Empire*. Cambridge: Harvard University Press, 2000. [Ed. bras.: *Império*. Rio de Janeiro: Record, 2001.]

_____. *Multitude: War and Democracy in the Age of Empire*. Nova York: Penguin Press, 2004 [Ed. bras.: *Multidão: guerra e democracia na Era do Império*. Rio de Janeiro: Record, 2005.]

_____. *Commonwealth*. Cambridge: Harvard University Press, 2009. [Ed. bras.: *Bem-estar comum*. Rio de Janeiro: Record, 2016.]

HARRINGTON MEYER, Madonna; WOLF, Douglas A.; HIMES, Christine L. "Linking Benefits to Marital Status: Race and Social Security in the U.S.". In: FOLBRE, Nancy; SHAW, Lois B.; STARK, Agneta (Orgs.). *Warm Hands in Cold Age: Gender and Aging*. Nova York: Routledge, 2007, p. 163-98.

HAYDEN, Dolores. *The Grand Domestic Revolution: A History of Feminist Designs for American Homes, Neighborhoods and Cities*. Cambridge: MIT Press, 1985.

_____. *Redesigning the American Dream: The Future of Housing, Work and Family Life*. Nova York/Londres: W.W. Norton & Co., 1986.

HEARN, Allison. "Reality Television, *The Hills,* and the Limits of the Immaterial Labor Thesis", *Triple C: Cognition, Communication, Co-operation*, v. 8, n. 1, p. 60-76, 2010.

HELL TO PAY. Documentário. Direção: Alexandra Anderson; Anne Cottringer. Nova York: Women Make Movies, 1988. 1 DVD (52 min): son., color.

HEYZER, Noleen; NIJEHOLT, Geertje L.A.; WEERAKOON, Nedra (Orgs). *The Trade in Domestic Workers: Causes, Mechanisms and Consequences of International Migration*. Londres/Kuala Lumpur: Zed Books/Asian and Pacific Development Centre, 1994.

HINFELAAR, Hugo F. "Witch-Hunting in Zambia and International Illegal Trade". In: TER HAAR, Gerrie (Org.). *Imagining Evil: Witchcraft Beliefs and Accusations in Contemporary Africa*. Trenton: Africa World Press, 2007, p. 229-46.

HOCHSCHILD, Adam. *King Leopold's Ghost: A Story of Greed, Terror and Heroism in Colonial Africa*. Boston: Houghton Mifflin, 1998.

HOCHSCHILD, Arlie R. *The Managed Heart. Commercialization of Human Feeling*. Berkeley: University of California Press, 1983.

_____. *Time Bind. When Work Becomes Home and Home Becomes Work*. Nova York: Metropolitan Book, 1997.

_____. "Global Care Chains and Emotional Surplus Value". In: HUTTON, Will; GIDDENS, Anthony (Orgs.). *Global Capitalism*. Nova Iorque: The New Press, 2000.

_____. *The Commercialization of Intimate Life: Notes from Home and Work*. Berkeley: University of California Press, 2003.

HOCHSCHILD, Arlie R.; EHRENREICH, Barbara. *Global Woman: Nannies, Maids and Sex Workers in the New Economy*. Nova York: Henry Holt & Co., 2002.

HOLLOWAY, John. *Change the World Without Taking Power*. Londres: Pluto Press, 2002.

_____. *Crack Capitalism*. Londres: Pluto Press, 2010.

HOLMSTROM, Nancy (Org.). *The Socialist Feminist Project: A Contemporary Reader in Theory and Politics*. Nova York: Monthly Review Press, 2002.

HOOKS, bell. *Yearning: Race, Gender and Cultural Politics*. Boston: South End Press, 1990.

HUMAN RIGHTS WATCH. *The Human Rights Watch Global Report on Women's Human Rights*. Nova York/Washington/Los Angeles/Londres/Bruxelas: Human Rights Watch, 1995.

HUMAN RIGHTS WATCH AFRICA. *Child Soldiers in Liberia*. Nova York: Human Rights Watch, 1994.

_____. *Slaves, Street Children and Child Soldiers*. Nova York: Human Rights Watch, 1995.

INGLEHART, Ronald; NORRIS, Pippa. *Rising Tide: Gender Equality and Cultural Change Around the World*. Cambridge: Cambridge University Press, 2003.

INTERNATIONAL LABOUR ORGANIZATION (ILO). "Migrants from Constraint to Free Choice", *World of Work* v. 3, abr. 1993.

ISLA, Ana. "Enclosure and Micro-enterprise as Sustainable Development: The Case of the Canada-Costa Rica Debt-for-Nature Investment", *Canadian Journal of Development Studies*, v. 22, p. 935-55, 2001.

_____. "Who Pays for the Kyoto Protocol? Selling Oxygen and Selling Sex in Costa Rica". In: SALLEH, Ariel (Org.). *Eco-Sufficiency and Global Justice. Women Write Political Ecology*. Nova Iorque/Londres: Pluto Press, 2009, p. 199-217.

IYUN, Folasode. "The Impact of Structural Adjustment on Maternal and Child Health in Nigeria" In: EMEAGWALI, Gloria T. (Org.). *Women Pay the Price: Structural Adjustment in Africa and the Caribbean*. Trenton: Africa World Press, 1995, p. 31-7.

JACKSON, Robert M. (Org.). *Global Issues: 93/94*. Guilford: The Dushkin Publishing Group, 1993.

JAMES, Selma. *Sex, Race and Class*. Bristol: Falling Wall Press & Race Today Publications, 1975.

_____. *Sex, Race and Class: The Perspective of Winning: A Selection of Writings, 1952-2011*. Oakland: PM Press, 2012.

JELIN, Elizabeth. *Women and Social Change in Latin America*. Londres: Zed Books, 1990.

JOEKES, Susan. *Trade Related Employment for Women in Industry and Services in Developing Countries*. Genebra: UNRISD, 1995.

JOHNSON-ODIM, Cheryl. "Common Themes, Different Contexts, Third World Women and Feminism". In: MOHANTY, Chandra Talpade; RUSSO, Ann; TORRES, Lourdes (Orgs). *Third World Women and the Politics of Feminism*. Bloomington/Indianápolis: Indiana University Press, 1991, p. 314-27.

JOYCE, Kelly; MAMO, Laura. "Graying the Cyborg: New Directions in Feminist Analyses of Aging, Science and Technology". In: CALASANTI, Toni M.; SLEVIN, Kathleen F. (Orgs.). *Age Matters: Realigning Feminist Thinking*. Nova York: Routledge, 2006, p. 99-122.

JUMA, Calestous; OJWANG, J.B. (Orgs.). *In Land We Trust: Environment, Private Property and Constitutional Change*. Londres: Zed Books, 1997. (Série Acts Environmental Policy, 7).

KEENE, David. "The Functions of Famine in Southwestern Sudan: Implications for Relief". In: MACRAE, Joanna; ZWI, Anthony B. (Orgs.). *War and Hunger: Rethinking International Responses to Complex Emergencies*. Londres: Zed Books, 1994, p. 111-24.

KEENE, David; WILSON, Ken. "Engaging with Violence: A Reassessment of Relief in Wartime". In: MACRAE, Joanna; ZWI, Anthony B. (Orgs.). *War and Hunger: Rethinking International Responses to Complex Emergencies*. Londres: Zed Books, 1994, p. 209-21.

KELLY, Deirdre M. *Hard Work, Hard Choices: A Survey of Women in St. Lucia's Export-Oriented Electronic Factories*. Cave Hill: University of the West Indies/Institute of Social and Economic Research, 1987.

KEMPADOO, Kamala; DOEZEMA, Jo (Orgs.). *Global Sex Workers: Rights, Resistance and Redefinition*. Londres: Routledge, 1998.

KERR, Joanna (Org.). *Ours by Right: Women's Rights as Human Rights*. Londres: Zed Books, 1993.

KING, Larry. Entrevista com Steven Slater, *CNN Larry King Live*, 26 out. 2010. Disponível em: <transcripts.cnn.com/TRANSCRIPTS/1010/26/lkl.01.html>.

KOPP, Anatole. *Ville et révolution: architecture et urbanisme soviétiques des années vingt*. Paris: Editions Anthropos, 1967.

KOTLIKOFF, Laurence J.; BURNS, Scott. *The Coming Generational Storm: What You Need to Know About America's Economic Future*. Cambridge: MIT Press, 2004.

KREPS, Juanita Morris (Org). *Sex in the Marketplace: American Women at Work*. Baltimore: Johns Hopkins University Press, 1971.

_____ (Org.). *Women and the American Economy: A Look to the 1980s*. Englewood Cliffs: Prentice Hall, 1976.

KROPOTKIN, Piotr. *Mutual Aid: A Factor of Evolution*. Londres: Freedom Press, 1902. [Ed. bras.: *Ajuda mútua: Um fator de evolução*. São Sebastião: A Senhora Editora, 2009.]

KRUGMAN, Paul. "Fantasy Economics", *The New York Times*, 26 set. 1994.

KUMAR, Radha. *The History of Doing: An Illustrated Account of Movements for Women's Rights and Feminism in India 1800-1990*. Londres: Verso, 1997.

KÜPPERS, Gaby. *Compañeras: Voices from the Latin American Women's Movement*. Londres: Latin American Bureau, 1992.

LAZZARATO, Maurizio. "From Knowledge to Belief, from Critique to the Production of Subjectivity", *European Institute for Progressive Cultural Policies* (EIPCP), abr. 2008. Disponível em: <http://eipcp.net/transversal/0808/lazzarato/en>.

LIM, Linda. "Capitalism, Imperialism and Patriarchy". In: NASH, June; FERNANDEZ-KELLEY, Maria P. (Orgs.). *Women, Men and the International Division of Labor*. Albany: Suny University Press, 1983, p. 70-91.

LINDSAY, James M. (Org.). *Perspectives: Global Issues*. Boulder: Coursewise Publishing, 1998.

LINEBAUGH, Peter. *The Magna Carta Manifesto: Liberties and Commons for All*. Berkeley: University of California Press, 2008.

LOVINS, Amory. *Soft Energy Paths: Towards a Durable Peace*. Nova York: Harper Collins, 1977.

LYON, Dawn. "The Organization of Carework in Italy: Gender and Migrant Labor in the New Economy", *Indiana Journal of Global Legal Studies*, v. 13, n. 1, p. 207-24, inverno de 2006.

MAATHAI, Wangari. "Kenya's Green Belt Movement". In: RAMSAY, F. Jeffress (Org.). *Africa*. v. 5. ed. Guilford: The Dushkin Publishing Group, 1993.

MACRAE, Joanna; ZWI, Anthony (Orgs.). *War and Hunger: Rethinking*

International Responses to Complex Emergencies. Londres: Zed Books, 1994.

MAIDS AND MADAMS. Direção: Mira Hamermesh. Documentário. Londres: Channel 4 Television Co., Associated Film Production, 1985. 54 min., son., color.

MAKHIJANI, Arjun. "Economic Apartheid in the New World Order". In: BENNIS, Phyllis; MUSHABECK, Michel (Orgs.). *Altered States: A Reader in the New World Order*. Brooklyn: Olive Branch Press, 1993.

MALOS, Ellen (Org.). *The Politics of Housework*. Cheltenham: New Clarion Press, 1980.

MANDER, Jerry; GOLDSMITH, Edward. *The Case Against the Global Economy and for a Turn Toward the Local*. São Francisco: Sierra Club Books, 1996.

MARSHALL, Alfred. *Principles of Economics*. Londres: Macmillan and Co., 1890, 1938. [Ed. bras.: *Princípios de economia*, V. II. São Paulo: Editora Nova Cultural, 1996. (Coleção Os Economistas).]

MARX, Karl. *Grundrisse*. Londres: The Penguin Press, 1973. [Ed. bras.: *Grundrisse: manuscritos econômicos de 1857-1858: esboços da crítica da economia política*. São Paulo: Boitempo, 2011.]

_____. "Wages of Labour". In: *Economic and Philosophic Manuscripts of 1844*. Moscou: Progress Publishers, 1974. [Ed. bras.: *Trabalho assalariado e capital*. São Paulo: Global, 1980.]

_____. *Capital*, V. 1. Londres: Penguin Classics, 1990. [Ed. bras.: "Caderno I – |I| Salário", em *Manuscritos econômico-filosóficos*. São Paulo: Boitempo, 2004.]

MATHIEU, Lilian. "The Debate on Prostitution in France: A Conflict between Abolition, Regulation and Prohibition", *Journal of Contemporary European Studies*, v. 12, n. 2, p. 153-63, ago. 2004.

MATSUI, Yayori. *Women in the New Asia: From Pain to Power*. Londres: Zed Books, 1999.

MCAFEE, Kathy. *Storm Signals: Structural Adjustment and Development Alternatives in the Caribbean*. Boston: South End Press/Oxfam America, 1991.

MCLELLAN, David. *Karl Marx: Selected Writings*. Oxford: Oxford University Press, 1977.

MEILLASSOUX, Claude. *Maidens, Meal and Money: Capitalism and the Domestic Community*. Cambridge: Cambridge University Press, 1975.

MEISENHEIMER II, Joseph R. "How do Immigrants Fare in the U.S. Labor Market?", *Monthly Labor Review*, v. 115, n. 12, p. 3-19, dez. 1992.

MELOTTI, Umberto. *L'immigrazione, una sfida per l'Europa*. Capodarco di Fermo: Edizioni Associate, 1992.

MÉNDEZ, Jennifer Bickham. *From Revolution to the Maquiladoras: Gender, Labor and Globalization*. Durham: Duke University Press, 2005.

MEYER, Mary K.; PRÜGL, Elizabeth (Orgs.). *Gender Politics in Global Governance*. Lanham: Rowman & Littlefield Publishers, 1999.

MICHALET, Charles Albert. *The Multinational Companies and the New*

International Division of Labour. Genebra: ILO/World Employment Programme Research Working Papers, 1976.

MIDNIGHT NOTES COLLECTIVE (Org.). *Midnight Oil: Work, Energy, War, 1973-1992*. Brooklyn: Autonomedia, 1992.

_____. "The New Enclosures." In: _____. *Midnight Oil: Work, Energy, War, 1973-1992*. Brooklyn: Autonomedia, 1992, p. 317-33.

MIES, Maria. *Patriarchy and Accumulation on a World Scale: Women in the International Division of Labour*. Londres: Zed Books, 1986.

_____. "From the Individual to the Dividual: In the Supermarket of 'Reproductive Alternatives'", *Reproductive and Genetic Engineering.*, v.1, n. 3, p. 225-37, 1988.

MIES, Maria; BENNHOLDT-THOMSEN, Veronika. "Defending, Reclaiming and Reinventing the Commons". In: BENNHOLDT-THOMSEN, Veronika; MIES, Maria (Orgs.). *The Subsistence Perspective: Beyond the Globalised Economy*. Londres: Zed Books, 1999, p. 141-64.

MIES, Maria; BENNHOLDT-THOMSEN, Veronika; WERLHOF, Claudia von. *Women: The Last Colony*. Londres: Zed Books, 1988.

MIES, Maria; SHIVA, Vandana. *Ecofeminism*. Londres: Zed Books, 1993.

MILWAUKEE COUNTY WELFARE RIGHTS ORGANIZATION. *Welfare Mothers Speak Out: We Ain't Gonna Shuffle Anymore*. Nova York: W.W. Norton, 1972.

MISRA, Joya; WOODRING, Jonathan; MERZ, Sabine N. "The Globalization of Care Work: Neoliberal Economic Restructuring and Migration Policy", *Globalizations*, v. 3, n. 3, p. 317-32, 2006.

MOHANTY, Chandra Talpade; RUSSO, Ann; TORRES, Lourdes (Orgs). *Third World Women and the Politics of Feminism*. Bloomington/Indianápolis: Indiana University Press, 1991

MORGAN, Robin (Org.). *Sisterhood Is Global: The International Women's Movement Anthology*. Nova York: Vintage Books, 1970.

MOROKVASIC, Mirjana. "Birds of Passage Are Also Women", *International Migration Review (IMR)*, v. 18, n. 4, p. 886-907, inverno de 1984.

MORRISSEY, Marietta. *Slave Women in the New World: Gender Stratification in the Caribbean*. Lawrence: University Press of Kansas, 1989.

MOSER, Caroline O.N. *Gender Planning and Development: Theory, Practice and Training*. Londres: Routledge, 1993.

MOULIER BOUTANG, Yann. *De l'esclavage au salariat. Économie historique du salariat bridé*. Paris: Presse Universitaire de France, 1998.

MOYNIHAN, Daniel P. *The Politics of a Guaranteed Income: The Nixon Administration and the Family Assistance Plan*. Nova York: Random House, 1973.

MOYO, Sam; YEROS, Paris (Orgs.). *Reclaiming the Land: The Resurgence of Rural Movement in Africa, Asia and Latin America*. Londres: Zed Books, 2005.

_____. "The Resurgence of Rural Movements under Neoliberalism". In: MOYO, Sam; YEROS, Paris (Orgs.). *Reclaiming the Land: The Resurgence of Rural Movement in Africa, Asia and Latin America*. Londres: Zed Books, 2005, p. 8-66.

MURPHY, Josette L. *Gender Issues in World Bank Lending*. Washington: The World Bank, 1995.

MURRAY, Alison. "Debt-Bondage and Trafficking: Don't Believe the Hype". In: KEMPADOO, Kamala; DOEZEMA, Jo (Orgs.). *Global Sex Workers: Rights, Resistance and Redefinition*. Londres: Routledge, 1998, p. 51-64.

NARAYAN, Uma. "'Mail-Order' Brides", *Hypatia: Journal of Feminist Philosophy*, v. 10, n. 1, p. 104-19, inverno de 1995.

NASH, June. "The Impact of the Changing International Division of Labor on Different Sectors of the Labor Force". In: NASH, June; FERNANDEZ--KELLEY, Maria P. (Orgs.). *Women, Men and the International Division of Labor*. Albany: Suny University Press, 1983, pp. 3-39.

NASH, June; FERNANDEZ-KELLEY, Maria P. (Orgs.). *Women, Men and the International Division of Labor*. Albany: Suny University Press, 1983.

NEFT, Naomi; LEVINE, Ann D. *Where Women Stand: An International Report on the Status of Women in 140 Countries, 1997-1998*. Nova York: Random House, 1997.

NEGRI, Antonio. *The Savage Anomaly. The Power of Spinoza's Metaphysics and Politics* [traduzido do italiano para o inglês por Michael Hardt]. Minneapolis: University of Minnesota Press, 1991.

NORDHOFF, Charles. *The Communistic Societies of the United States: From Personal Visit and Observation*. Nova York: Dover Publications, 1875, 1966.

NZONGOLA-NTALAJA, Georges (Org.). *The Crisis in Zaire: Myths and Realities*. Trenton: Africa World Press, 1986.

ODE, J. "Women Under SAP", *Newswatch*, v. 12, n. 2, p. 38-40, 9 jul. 1990.

OGUNDIPE-LESLIE, Molara. *Re-Creating Ourselves: African Women and Critical Transformations*. Trenton: Africa World Press, 1994.

OLIVERA, Oscar; LEWIS, Tom. *Cochabamba! Water War in Bolivia*. Cambridge: South End Press, 2004.

ONGARO, Sara. "De la reproduction productive à la production reproducti-ve", *Multitudes*, 2003, v. 2, n. 12, p. 145-53, 2003.

OPPENHEIMER, Valerie Kincade. *The Female Labor Force in the United States: Demographic and Economic Factors Governing Its Growth and Changing Composition*. Westport: Praeger, 1976.

ORGANISATION FOR ECONOMIC CO-OPERATION AND DEVELOPMENT HEALTH PROJECT. *Long-Term Care for Older People*. Paris: OECD Publications, 2005.

OSTROM, Elinor. *Governing the Commons: Evolution of Institutions for Collective Action*. Cambridge: Cambridge University Press, 1990.

OUTRAM, Quentin. "'It's Terminal Either Way': An Analysis of Armed Conflict in Liberia, 1989-1996", *Review of African Political Economy*, v. 24, n. 73, p. 355-72, set. 1997.

PAKENHAM, Thomas. *The Scramble for Africa: White Man's Conquest of the Dark Continent from 1876 to 1912*. Nova York: Avon Books, 1991.

PAPADOPOULOS, Dimitris, STEPHENSON, Niamh; TSIANOS, Vassilis. *Escape Routes: Control and Subversion in the 21st Century*. Londres: Pluto Press, 2008.

PARREÑAS, Rhacel Salazar. *Servants of Globalization: Women, Migration and Domestic Work*. Stanford: Stanford University Press, 2001.

PATEL, Raj. *Stuffed and Starved: The Hidden Battle for the World Food System*. Brooklyn: Melville House Publishing, 2007.

_____. *The Value of Nothing: How to Reshape Market Society and Redefine Democracy*. Nova York: St Martin's Press, 2009.

PEAR, Robert. "Violations Reported in 94% of Nursing Homes", *The New York Times*, 29 set. 2008.

PEOPLE'S CAMPAIGN AGAINST IMPERIALIST GLOBALIZATION. "Globalization: Displacement, Commodification and Modern-day Slavery of Women". *Proceedings of the Workshop on Women and Globalization*, 23 nov. 1996. Cidade Quezon: Gabriela, 1996.

PETERS, Julie; WOLPER, Andrea (Orgs.). *Women's Rights, Human Rights: International Feminist Perspectives*. Nova York: Routledge, 1995.

PHILIPPS, Lisa. "Silent Partners: The Role of Unpaid Market Labor in Families", *Feminist Economics*, v. 14, n. 2, p. 37-57, abr. 2008.

PIETILÄ, Hilkka; VICKERS, Jeanne. *Making Women Matter: The Role of the United Nations*. Londres: Zed Books, 1990, 1994.

PITELIS, Christos N.; SUGDEN, Roger. *The Nature of the Transnational Firm*. Nova York: Routledge, 1991.

PLATT, Leah. "Regulating the Global Brothel", *The American Prospect*, v. 12, n. 12, p. 10-4, jul. 2001.

PODLASHUC, Leopold. "Saving Women: Saving Commons". In: SALLEH, Ariel (Org.). *Eco-Sufficiency and Global Justice: Women Write Political Ecology*. Londres: Pluto Press, 2009, p. 268-90.

POLANYI, Karl. *The Great Transformation: The Political and Economic Origins of Our Time*. Boston: Beacon Press, 1957.

PORTER, Marilyn; JUDD, Ellen (Orgs.). *Feminists Doing Development: A Practical Critique*. Londres: Zed Books, 1999.

POTTS, Lydia. *The World Labor Market: A History of Migration*. Londres: Zed Books, 1990.

POVOLEDO, Elisabetta. "Italian Plan to Deal with Migrants Could Affect Residents Who Rely on Them", *The New York Times*, 21 jun. 2008.

PRUNIER, Gérard. *The Rwanda Crisis: History of a Genocide*. Nova York: Columbia University Press, 1995.

PULLELLA, Phillip. "UN Highlights Trade in People", *St. Petersburg Times*, 15 dez. 2000.

PYLE, Jean L. "Transnational Migration and Gendered Care Work: Introduction", *Globalizations*, v. 3, n. 3, p. 283-96, 2006.

_____. "Globalization and the Increase in Transnational Care Work: The Flip Side", *Globalization*, v. 3, n. 3, p. 297-316, 2006.

RAINERO, Roman H. (Org.). *Nuove Questioni di Storia Contemporanea*, v. II. Milão: Marzorati, 1985.

RAU, Bill. *From Feast to Famine: Official Cures and Grassroots Remedies to Africa's Food Crisis*. Londres: Zed Books, 1991.

RAYMOND, Janice. "At Issue: Children for Organ Export?", *Reproductive and Genetic Engineering*, v. 2, n. 3, p. 237-45, 1989.

_____. "The International Traffic in Women: Women Used in Systems of Surrogacy and Reproduction", *Reproductive and Genetic Engineering*, v. 2, n. 1, p. 51-7, 1989.

_____. "Prostitution as Violence against Women: NGO Stonewalling in Beijing and Elsewhere", *Women's Studies International Forum*, v. 21, n. 1, p. 1-9, 1998.

_____. *Women as Wombs: The New Reproductive Technologies and the Struggle for Women's Freedom*. São Francisco: Harpers, 1994.

REYSOO, Fenneke (Org.). *Économie mondialisée et identités de genre*. Genebra: Institut Universitaire d'Études du Developpement, 2002.

RICH, Bruce. *Mortgaging the Earth: The World Bank, Environmental Impoverishment and the Crisis of Development*. Boston: Beacon Press, 1994.

ROMERO, Mary. *Maid in the U.S.A.* Nova York/Londres: Routledge, 1992.

ROY-CAMPBELL, Zaline Makini. "The Politics of Education in Tanzania: From Colonialism to Liberalization." In: CAMPBELL, Horace; STEIN, Howard. (Orgs.). *Tanzania and the IMF: the Dinamics of Liberalization*. Harare: Natprint, 1991, p. 147-69.

SALLEH, Ariel. *Ecofeminism as Politics: Nature, Marx and the Postmodern*. Londres: Zed Books, 1997.

_____ (Org.). *Eco-Sufficiency and Global Justice: Women Write Political Ecology*. Londres: Pluto Press, 2009.

SANTANERA, Francesco. "Violenze e abusi dovuti anche alla mancata applicazione delle leggi", *Prospettive Assistenziali*, jan./mar. 2010.

SARKAR, Saral. *Eco-Socialism or Eco-Capitalism? A Critical Analysis of Humanity's Fundamental Choices*. Londres: Zed Books, 1999.

SASSEN, Saskia. "Labor Migrations and the New Industrial Division of Labor". In: NASH, June; FERNANDEZ-KELLEY, Maria P. (Orgs.). *Women, Men and the International Division of Labor*. Albany: Suny University Press, 1983, p. 175-204.

_____. *The Mobility of Labor and Capital: A Study In International Investment and Labor Flow*. Cambridge: Cambridge University Press, 1988, 1990.

SAWYER, Roger. *Children Enslaved*. Londres/Nova York: Routledge, 1988.

SCHLEMMER, Bernard (Org.). *The Exploited Child*. Londres: Zed Books, 2000.

SCHREIBER, Laurie. "Catch Shares or Share-Croppers?", *The Fishermen's Voice*, v. 14, n. 12, dez. 2009.

SCHULTZ, Susanne. "Dissolved Boundaries and 'Affective Labor': On the Disappearance of Reproductive Labor and Feminist Critique in *Empire*", *Capitalism, Nature and Socialism*, v. 17, n. 1, p. 77-82, mar. 2006.

SCOTT, James C. *Weapons of the Weak: Everyday Forms of Peasant Resistance*. New Haven: Yale University Press, 1985.

SECCOMBE, Wally. *Weathering the Storm: Working-Class Families from The Industrial Revolution to The Fertility Decline*. Londres: Verso, 1993, 1995.

SEGUINO, Stephanie. "Plus Ça Change? Evidence on Global Trends in

Gender Norms and Stereotypes", *Feminist Economics*, v. 13, n. 2, p. 1-28, fev. 2007.

SERAFINI, Alessandro (Org.). *L'Operaio Multinazionale in Europa*. Milão: Feltrinelli, 1974.

SETTIMI, Laura et al. "Cancer Risk among Female Agricultural Workers: A Multi-Center Case-Control Study", *American Journal of Industrial Medicine*, v. 36, p. 135-41, jul. 1999.

SHANAHAN, Eileen. "Study on Definitions of Jobless Urged", *The New York Times*, 11 jan. 1976.

SHAW, Lois B.; LEE, Sunhwa. "Growing Old in the U.S.: Gender and Income Inadequacy." In: FOLBRE, Nancy; SHAW, Lois B.; STARK, Agneta (Orgs.). *Warm Hands in Cold Age: Gender and Aging*. Nova York: Routledge, 2007, p. 174-98.

SHEPPARD, Nathaniel. "More Teen-Aged Girls Are Turning to Prostitution, Youth Agencies Say", *The New York Times*, 5 abr. 1976.

SHIVA, Vandana. *Staying Alive: Women, Ecology and Development*. Londres: Zed Books, 1989.

_____. *Ecology and the Politics of Survival: Conflicts Over Natural Resources in India*. Nova Delhi/Londres: Sage Publications, 1991.

_____. "The Chikpo Women's Concept of Freedom", In: MIES Maria; SHIVA, Vandana. *Ecofeminism*. Londres: Zed Books, 1993, p. 246-50.

_____. *Close to Home: Women Reconnect Ecology, Health and Development Worldwide*. Filadélfia: New Society Publishers, 1994.

_____. *Stolen Harvest: The Hijacking of the Global Food Supply*. Boston: South End Press, 2000.

_____. *Earth Democracy: Justice, Sustainability and Peace*. Cambridge: South End Press, 2005.

SIGLE-RUSHTON, Wendy; WALDFOGEL, Jane. "Motherhood and Women's Earnings in Anglo-American, Continental European and Nordic Countries", *Feminist Economics*, v. 13, n. 2, p. 55-91, abr. 2007.

SILVERBLATT, Irene. *Moon, Sun and Witches: Gender Ideologies and Class in Inca and Colonial Peru*. Princeton: Princeton University Press, 1987.

SMEEDING, Timothy M.; SANDSTRÖM, Susanna. "Poverty and Income Maintenance in Old Age: A Cross-National View of Low Income Older Women". In: FOLBRE, Nancy; SHAW, Lois B.; STARK, Agneta (Orgs.). *Warm Hands in Cold Age*. Nova York: Routledge, 2007, p. 163-74.

SMITH BARRETT, Nancy. "The Economy Ahead of Us: Will Women Have Different Roles?". In: KREPS, Juanita Morris (Org.). *Women and the American Economy: A Look to the 1980s*. Englewood Cliffs: Prentice Hall, 1976, p. 155-72.

SMITH, Joan; WALLERSTEIN, Immanuel; EVERS, Hans-Dieter (Orgs.). *Households and the World-Economy (Explorations in the World Economy)*. Beverly Hills: Sage, 1984.

SNYDER, Margaret; TADESSE, Mary. *African Women and Development: A History*. Londres: Zed Books, 1995.

SOGGE, David. "Angola: Surviving against Rollback and Petrodollars". In: MACRAE, Joanna; ZWI, Anthony (Orgs.). *War and Hunger: Rethinking International Responses to Complex Emergencies*. Londres: Zed Books, 1994, p. 92-110.

SOHN-RETHEL, Alfred. *Intellectual and Manual Labor: A Critique of Epistemology*. Londres: Macmillan, 1978.

SPARR, Pamela (Org.). *Mortgaging Women's Lives: Feminist Critiques of Structural Adjustment*. Londres: Zed Books, 1994.

SPINOZA, Benedictus de. *On the Improvement of the Understanding: The Ethics. Correspondence*. Nova York: Dover Publication, 1955. [Ed. bras.: *Ética*. São Paulo: Autêntica, 2009.]

STALKER, Peter. *The Work of Strangers: A Survey of International Labour Migration*. Genebra: International Labour Office, 1994.

STANLEY, Alessandra. "Nationalism Slows Foreign Adoption in Russia", *TheNew York Times*, 8 dez. 1994.

_____. "Adoption of Russian Children Tied Up in Red Tape", *The New York Times*, 17 ago. 1995.

STAPLES, David E. *No Place Like Home: Organizing Home-Based Labor in the Era of Structural Adjustment*. Nova York: Routledge, 2006.

STARK, Agneta. "Warm Hands in Cold Age: On the Need of a New World Order of Care". In: FOLBRE, Nancy; SHAW, Lois B.; STARK, Agneta (Orgs.). *Warm Hands in Cold Age: Gender and Aging*. Nova York: Routledge, 2007, p. 7-36.

STEADY, Filomina Chioma. *Women and Children First: Environment, Poverty and Sustainable Development*. Rochester: Schenkman Books, 1993.

STICHTER, Sharon B.; PARPART, Jane L. (Orgs.). *Patriarchy and Class: African Women in the Home and the Workforce*. Boulder/Londres: Westview Press, 1988.

_____. *Women, Employment and the Family in the International Division of Labour*. Filadélfia: Temple University Press, 1990.

STIENSTRA, Deborah. *Women's Movements and International Organizations*. Nova York: St. Martin's Press, 1994.

STONE, Martin. *The Agony of Algeria*. Nova York: Columbia University Press, 1997.

SUMMERFIELD, Gale; PYLE, Jean; DESAI, Manisha. "Preface to the Symposium: Globalizations, Transnational Migrations and Gendered Care Work", *Globalizations*, v. 3, n. 3, p. 281-2, set. 2006.

TABET, Paola. "'I'm the Meat, I'm the Knife': Sexual Service, Migration and Repression in Some African Societies", *Feminist Issues*, v. 11, n. 4, p. 3-22, primavera de 1991.

TANNER, Victor. "Liberia Railroading Peace", *Review of African Political Economy*, v. 25, n. 75, p. 133-47, mar. 1998.

TEAM COLORS (HUGHES, Craig; VAN METER, Kevin). "The Importance of Support: Building Foundations, Creating Community Sustaining Movements", *Rolling Thunder*, n. 6, p. 29-39, outono de 2008.

TERRANOVA, Tiziana. "Free Labor: Producing Culture for the Digital Economy", *Social Text*, 63, v. 18, n. 2, p. 33-58, verão de 2000.

TER HAAR, Gerrie (Org.). *Imagining Evil: Witchcraft Beliefs and Accusations in Contemporary Africa*. Trenton: Africa World Press, 2007.

THE ECOLOGIST. *Whose Common Future?: Reclaiming the Commons*. Londres: Earthscan, 1993.

THE ECONOMIST. "In the Shadows", *The Economist*, v. 356, n. 8185, 24 ago. 2000. Disponível em: <https://www.economist.com/europe/2000/08/24/in-the-shadows>.

_____. "Commons Sense", *The Economist*, 31 jul. 2008. Disponível em: <http://www.economist.com/node/11848182>.

THE GLOBAL ASSEMBLY LINE. Documentário. Direção: Lorraine Gray. Wayne: New Day Films, 1986. 1 bobina (56 min), son., color., 16 mm.

THE NATION et al. "Women of the World Unite: On Globalizing Gender Justice". In: The United Nations World Conference on Women: Action for Equality, Development and Peace, 4, 1995, Beijing. *The Nation*, 11 set. 1995.

THOMAS, Dorothy Q. "Holding Governments Accountable by Public Pressure". In: KERR, Joanna (Org.). *Ours by Right: Women's Rights as Human Rights*. Londres: Zed Books, 1993, p. 82-8.

THOMPSON, Ginger. "Mexican Labor Protest Gets Result", *The New York Times*, 8 out. 2001.

THORBECK, Susanne. *Voices from the City: Women of Bangkok*. Londres: Zed Books, 1987.

TIANO, Susan. "Maquiladora Women: A New Category of Workers?". In: WARD, Kathryn. *Women Workers and Global Restructuring*. Ithaca: Cornell University/Industrial Labor Relations Press, 1990.p. 193-223.

TISHEVA, Genoveva. "Some Aspects of the Impact of Globalization on Gender Issues in Bulgaria". In: REYSOO, Fenneke (Org.). *Économie mondialisée et identités de genre*. Genebra: Institut Universitaire d'Études du Developpement, 2002, p. 97-106.

TOPOUZIS, Daphni. "Feminization of Poverty". In: JACKSON, Robert M. (Org.). *Global Issues: 93/94*. Guilford: The Dushkin Publishing Group, 1993.

TRIPP, Aili Mari. *Women and Politics in Uganda*. Oxford: James Currey, 2000.

TRUONG, Thanh-Dam. *Sex and Morality: Prostitution and Tourism in Southeast Asia*. Londres: Zed Books, 1990.

TURBULENCE. *Turbulence: Ideas for Movement*, v. 5, dez. 2009. Disponível em: <http://turbulence.org.uk>.

TURNER, Terisa E.; FERGUSON, Bryan J. (Org.). *Arise Ye Mighty People!: Gender, Class and Race in Popular Struggles*. Trenton: Africa World Press, 1994.

TURNER, Terisa E.; BROWNHILL, Leigh S. "African Jubilee: Mau Mau Resurgence and the Fight for Fertility in Kenya, 1986-2002". In: _____ (Orgs.). *Canadian Journal of Development Studies - Gender, Feminism and the Civil Commons*, v. 22, p. 1037-88, fev. 2001.

TURNER, Terisa E.; OSHARE, M.O. "Women's Uprisings against the Nigerian Oil Industry". In: TURNER, Terisa E. (Org.). *Arise Ye Mighty People!: Gender, Class and Race in Popular Struggles*. Trenton: Africa World Press, 1994, p.123-160.

TURSHEN, Meredeth (Org.). *Women and Health in Africa*. Trenton: Africa World Press, 1991.

UNITED NATIONS. *United Nations and Decolonization: a Teaching Guide*. Nova York: United Nations, 1984.

_____. *The Nairobi Forward Looking Strategies for the Advancement of Women*. Nairobi: United Nations, 1985.

_____. *Beijing Declaration and Platform for Action Adopted by the Fourth World Conference on Women: Action for Equality, Development and Peace*. Beijing: United Nations, 1995.

_____. *From Nairobi to Beijing*. Nova York: United Nations, 1995.

_____. *The World 's Women 1995: Trends and Statistics*. Nova York: United Nations, 1995a.

_____. *[The] Beijing Declaration and Platform for Action*. Nova York: United Nations, 1996.

_____. *The United Nations and the Advancement of Women: 1945-1996*. Nova York: United Nations, 1996.

UNITED NATIONS CONFERENCE ON ENVIRONMENT AND DEVELOPMENT (UNCED) Network News. "Women in Environment and Development", Rio de Janeiro, fev. 1992.

UNITED NATIONS HIGH COMMISSION FOR REFUGEES (UNHCR). *The State of the World's Refugees: The Challenge of Protection*. Nova York: Penguin, 1993.

UNITED NATIONS POPULATION FUND. *State of the World Population 2001*. Nova York: United Nations, 2001.

U.S. BUREAU OF LABOR STATISTICS. *Monthly Labor Report*, v. 103, n. 5, maio 1980.

U.S. DEPARTMENT OF COMMERCE. *Service Industries: Trends and Prospects*. Washington: U.S. Government Printing Office, 1975.

U.S.DEPARTMENT OF HEALTH, Education and Welfare. *Work in America. Report of a special task force to the Secretary of HEW (Health Education and Welfare)*. Boston: MIT Press, 1975.

VILLAPANDO, Venny. "The Business of Selling Mail-Order Brides". In: ASIAN WOMEN UNITED OF CALIFORNIA (Org.). *Making Waves: An Anthology of Writings by and about Asian American Women*. Boston: Beacon Press, 1989, p. 318-36.

WAAL, Alex de. *Famine Crimes: Politics and the Disaster Relief Industry in Africa*. Londres: Zed Books, 1997.

WACHTER, Michael L. "The Labor Market and Illegal Immigration: The Outlook for the 1980s", *Industrial and Labor Relations Review*, v. 33, n. 3, p. 342-54, abr. 1980.

WALLERSTEIN, Immanuel. *The Modern World System*. Nova York: Academic

Press, 1974. [Ed. port.: *O sistema mundial moderno*. Porto: Edições Afrontamento, 1980.]

WALTON, John; SEDDON, David. *Free Markets and Food Riots: The Politics of Global Adjustment*. Oxford: Basil Blackwell, 1994.

WAN, Wind. "A Dialogue with 'Small Sister' Organizer Yim Yuelin", *Inter-Asia Cultural Studies*, v. 2, n. 2, p. 319-23, 2001.

WARD, Kathryn. *Women Workers and Global Restructuring*. Ithaca: Cornell University/Industrial Labor Relations Press, 1990.

WATSON, Elizabeth A.; MEARS, Jane. *Women, Work and Care of the Elderly*. Burlington: Ashgate, 1999.

WEEKS, Kathi. "Life Within and Against Work: Affective Labor, Feminist Critique and Post-Fordist Politics", *Ephemera*, v. 7, n. 1, p. 233-49, 2007.

When Language Runs Dry: A Zine for People with Chronic Pain and Their Allies. Disponível em: <http://chronicpainzine.blogspot.com>.

WICHTERICH, Christa. *The Globalized Woman: Reports from a Future of Inequality*. Londres: Zed Books, 2000.

WILLIAMS, Phil. "The Nature of Drug-Trafficking Networks", *Current History*, v. 97, n. 618, p. 154-9, abr. 1998.

WILSON, Peter Lamborn; WEINBERG, Bill (Orgs.). *Avant Gardening: Ecological Struggle in the City and the World*. Brooklyn: Autonomedia, 1999.

WISSINGER, Elizabeth. "Modelling a Way of Life: Immaterial and Affective Labour in the Fashion Modelling Industry", *Ephemera*, v. 7, n. 1, p. 250-69, 2007.

WOLF, Diana L. "Linking Women's Labor with the Global Economy: Factory Workers and their Families in Rural Java". In: WARD, Kathryn (Org.). *Women Workers and Global Restructuring*. Ithaca: Cornell University/Industrial Labor Relations Press, 1990, p. 25-47.

WOMEN AND HEALTH, UNITED STATES. *Public Health Reports*. Washington: U.S. Government Printing Office, 1980.

WORLD INVESTMENT REPORT. *Transnational Corporations and Integrated International Production*. Nova York: United Nations, 1993.

WORLD VALUES SURVEY. *Data from the World Values Survey*. Disponível em: <http://www.worldvaluessurvey.org>.

THE WORST: *A Compilation Zine on Grief and Loss*, v. 1, 2008. Disponível em: <https://theworstgriefzine.com>.

ZAJICEK, Anna; CALASANTI, Toni; GINTHER, Cristie; SUMMERS, Julie. "Intersectionality and Age Relations: Unpaid Care Work and Chicanas". CALASANTI, Toni M.; SLEVIN, Kathleen F. (Orgs.). *Age Matters: Realigning Feminist Thinking*. Nova York: Routledge, 2006, p. 175-97.

ZIMMERMAN, Mary K. et al. *Global Dimensions of Gender and Carework*. Stanford: Stanford University Press, 2006.

ZONED FOR SLAVERY: THE CHILD BEHIND THE TABEL. Documentário. Direção: National Labor Committee. Nova York: Crowing Rooster Arts, 1995. 1 VHS (23 min), son., color.

TRADUÇÃO	COLETIVO SYCORAX
	CECILIA FARIAS
	CECÍLIA ROSAS
	JULIANA BITTENCOURT
	LEILA GIOVANA IZIDORO
	LIA URBINI
	SHISLENI DE OLIVEIRA-MACEDO
EDIÇÃO	TADEU BREDA
PREPARAÇÃO	PAULA CARVALHO
REVISÃO	COLETIVO SYCORAX
	LETÍCIA FÉRES
	LAURA MASSUNARI
CAPA	BIANCA OLIVEIRA
PROJETO GRÁFICO	BIANCA OLIVEIRA
	KAREN KA
COLABORADORAS	ELISA ROSAS
	LIANA ROCHA
	MARIANA RUGGIERI
	MONIQUE PRADA

COLETIVO SYCORAX
coletivosycorax.org
coletivosycorax@gmail.com

elefante

editoraelefante.com.br
contato@editoraelefante.com.br
fb.com/editoraelefante
@editoraelefante

[cc] Elefante, 2019
[cc] Silvia Federici, 2019
Tradução [cc] Coletivo Sycorax, 2019

Esta obra pode ser livremente compartilhada, copiada, distribuída e transmitida, desde que as autorias sejam citadas e não se faça uso comercial ou institucional não autorizado de seu conteúdo.

Título original:
Revolution at Point Zero: Housework, Reproduction, and Feminist Struggle
[cc] pm Press, 2012

Primeira edição, abril de 2019
Sexta reimpressão, março de 2025
São Paulo, Brasil

Dados Internacionais de Catalogação na Publicação (CIP)
Angélica Ilacqua CRB-8/7057

Federici, Silvia
O ponto zero da revolução: trabalho doméstico, reprodução
e luta feminista / Silvia Federici; tradução de Coletivo
Sycorax — São Paulo: Elefante, 2019.
388 p.

ISBN 978-85-93115-26-4

Título original: Revolution at Point Zero: Housework,
Reproduction, and Feminist Struggle

1. Mulheres I. Título II. Coletivo Sycorax

19-0793   CDD 305.42

Índices para catálogo sistemático:
1. Feminismo

TIPOGRAFIA	GUARDIAN & AKHAND
PAPEL	SUPREMO 250 G/M^2 & PÓLEN NATURAL 80 G/M^2
IMPRESSÃO	PIFFERPRINT